集英社新書ノンフィクション

おかしゅうて、やがてかなしき

映画監督・岡本喜八と戦中派の肖像

前田啓介

はじめに

黒いレザーのジャケットに、黒いズボン、黒い野球帽と全身黒ずくめのいでたち。煙草《たばこ》をふかし、丸みを帯びた声と訥々《とつとつ》とした語り口。おかしくも哀《かな》しい、その作品たち。

二〇二三（令和五）年二月十八日午前、私は豊橋に向かう東海道新幹線の車内でその人物のことを考え続けていた。映画監督、岡本喜八。

代表作『日本のいちばん長い日』をはじめ、戦争に材を取った作品を多く撮り続けた名監督であり、敬意をこめて〝鬼才〟と評されることが多い。東京から一時間二十分、これは、ささやかだが、痛烈だった岡本喜八の戦争体験の原点を求める、小さな旅だった。

新幹線の座席に身を沈め、車窓を流れる景色を横目に、私は三十八年前の一九八五（昭和六十）年一月十六日に放送されたドキュメンタリー番組『NHK教養セミナー「昭和の20歳」（2）―生と死の間で～昭和20年―』の映像を脳裏に浮かべていた。放送当時、六十歳の喜八は、細身の身体《からだ》にトレードマークとなった黒ずくめのいでたちで、豊橋陸軍予備士官学校だった場所を訪ねていた。

一九二四（大正十三）年二月十七日生まれの岡本喜八は、太平洋戦争最末期の一九四五（昭和二十）年一月、二十歳の時、特別甲種幹部候補生として、千葉県松戸市にあった陸軍工兵学校に入学した。二十一歳になった喜八は、四月二十九日、松戸から愛知県豊橋市にあった豊橋陸軍予備士官学校へと移駐し、本土決戦に備えていた。しかし、その日はついに訪れず、終戦を迎えた。

新幹線を降り、豊橋駅南口に隣接する新豊橋駅から豊橋鉄道渥美《あつみ》線に乗り換える。ここからは五分ほどで愛知大学前駅に到着する。駅名の通り、目の前には愛知大学がある。

愛知大学の敷地内に立てられた案内板によると、明治時代に設置された陸軍第一五師団は一九二五年に廃止されたが、一九二七年に下士官候補者を教育する陸軍教導学校となり、一九三九年には、甲種幹部候補生を養成するため、陸軍予備士官学校が置かれた。戦後の一九四六年、中国・上海《シャンハイ》にあった東亜同文書院の関係者が創設した愛知大学がその跡地に入った。跡地といっても、当時はまだ陸軍予備士官学校時代の建物がほとんどそのまま残されており、その敷地は、田原《たはら》街道（国道二五九号線）をはさんで、県内有数の名門校として知られる愛知県立時習《じしゅう》館《かん》高校までと、広大だった。松戸から豊橋に移駐してきた喜八たちの部隊は、現在の時習館高校の敷地に入った。

私が訪れた日は、土曜日ということもあってか、愛知大学も時習館高校も、人影はまばらだった。四十年近く前、この場所を訪れた喜八は、番組のスタッフから促されたのだろう、「豊橋予備士官学校の本部があったところです」と話しはじめ、さらに四十年前の出来事へと視聴者を誘《いざな》って行った。敷地内を歩きながら、「僕らは器材庫の点検をやっていた。ちょうどその最中に、器材庫から三〇メートル先、たぶんあのあたりになると思うんだけど」と言うと、目の前を大まかに指さす。そして、「爆弾が落ちた。それでほとんどが亡くなった」と訥々と語る。さらに、「この辺、全然様子が変わってますから、ちょっと分かんないけど、たぶんこの辺に落っこちたのではなかろうかという気がします」と言いながら、じっと敷地内を見わたした。

場面は変わり、神奈川県川崎市にある個人事務所、喜八プロダクション（以下、喜八プロ）の室内で、椅子に腰掛け、煙草をふかす喜八の姿をカメラは捉えていた。煙草を手にしたまま、喜八は豊橋での回想の続きを話し出した。

「ざーっという落下音が聞こえてきた。空襲警報も警戒警報もなかった。たぶんB29がエンジンか何かを止めて入ってきて、一発だけ僕らの三〇メートル先に落っことした。これはもう一瞬のうちに地獄図絵といいますかね。悲惨なもんです。ほとんど、何人生きていたかな、たぶん候補生は三人くらい、ボクを含めてと思いますけどね」

丸みを帯びた声で、喜八は仲間が負傷した凄惨な様子を再現していく。このときは、命拾いしたが、死は間近に迫っていた。

「僕は苦しいときとか、たとえば、要するにしょっちゅう死みたいなものを考えるわけでしょ。結局、自分の寿命みたいなものをね。あの決めちゃったんですよ。うまくいって二十三歳、下手すりゃ二十一歳っていうふうに自分で決めちゃったんですよ」

喜八の話は続く。

「自分の寿命を二十一、二十三で頭打ちにしちゃう。寿命、自分の人生ってそれしかないんだと」

一つひとつの言葉を選んでいるような話しぶりだ。そして、自身を映すカメラを見すえ、こう言い切った。

「本当の何か、青春じゃないような気がしますけど」

この番組には、喜八以外にも二人の出演者がいた。一九二五（大正十四）年生まれの女性史研究家、もろさわようこと、喜八と同じ一九二四（大正十三）年生まれの教育者、丸木政臣《まさおみ》だ。丸木は熊本師範学校を繰り上げ卒業し、熊本予備士官学校に入学。鹿児島で沖縄米軍の上陸作戦に備えて準備中に終戦を迎えた。戦後は教育者の道を歩み、和光学園の校長を務めるなどした。

制作側から番組タイトルである「昭和の20歳」に沿った質問が出されたのだろう。丸木がこう語る。

「二十歳《はたち》と言えば燃えさかるような青春の時期でしょ。青春の時期が大変暗くてね。希望をまったく閉ざされていたということが、今思い出されますね。毎日毎日、ほんとに明日っていうことを考える暇《いとま》のないようなね、それが私の二十歳だったと思います」

そして、言葉を紡ぐ。

「私たちは生きていたいけどもね、生きているということは、千にひとつも希望がない。したがって、自分の与えられた宿命、運命のために死んでいくんだという感じだったのではないでしょうか」

一九四五年八月十五日の終戦時、十代後半から二十代前半だった大正十年代生まれの若者たちは、戦地となった南の島で、その周辺の海域で、または中国大陸で、果ては極寒のシベリアでその命を落とした。戦争末期には米軍が日本各地を爆撃したので、日本国内にいることさえ、命を保証しなかった。死ぬのだ、と自分の運命を見定めていた彼らは、突然訪れた終戦に戸惑いながらも、日本社会が復興から発展へと急激に歩みを早めた時代、その端緒から原動力となり、長く社会を牽引《けんいん》した。それが「戦中派」という世代だった。彼らの心中には、戦中の軍隊や軍学校で虐げられた日々への怒りや恨み、さらに、生き残ったことへの喜び、時にそれ以上の強い感情として、戦死した仲間への後ろめたさがあった。

私が喜八プロの事務所内で、喜八の次女で女優の岡本真実《まみ》さん（一九六二／昭和三十七年生）と一緒に膨大な資料を整理していた時のことだ。作業をしながら、喜八との思い出を問わず語りに話してくれる真実さん。しばらく熱っぽくしゃべると、「私が話しかけると仕事できないよね」と言って語るのをやめ、そのうち「（喜八は）いつも同じことばかり書いているでしょ」と、笑みを浮かべた。

確かに、喜八は豊橋陸軍予備士官学校時代、目の前で仲間が亡くなった時のことを、自著をはじめとするエッセイの中で、くり返し書いた。さらに、復員して戻って来ると、近所の友人の多くが亡くなっていたことも、くり返し語った。それは、たとえばこんなふうに。


復員して、まず、愕然《がくぜん》としたのは、町内の、いわゆる餓鬼友達たちが、一人も帰って来なかったことである。（『鈍行列車キハ60』）

先述のドキュメンタリー番組でも、やはり、その「餓鬼友達」について話が及んだ。

「僕が復員して帰ってきたときには、町内の餓鬼友達なんてのは一人も帰ってなかったし、僕の商業学校のクラス五〇人のうち二五人、半分は死んでました」

米軍の爆撃で仲間を喪《うしな》いながらも、実戦の一歩手前で終戦となり、命を拾った喜八ほど、この世代の一員であることに自覚的であり、「戦中派」の心情をそこかしこにこめた作品を撮り続けた映画監督はいない。喜八が生涯を通じてこだわり抜いた「戦中派」とは一体何なのか。

戦中派という名称自体、戦争が遠くなるにつれて、馴染《なじ》みが薄くなっている。名称はさておき、かつてその人たちは、私たちの周りにたくさんいたはずなのだ。私は一九八一（昭和五十六）年生まれだが、父方母方、双方とも祖父は一九二五（大正十四）年生まれだった。母方の祖父は、海軍飛行予科練習生となり、仲間が特攻隊員として飛び立っていく中、その時を自らも待ちつつ、現在の山形県東根《ひがしね》市にあった神町《じんまち》海軍航空隊で終戦を迎えた。

この祖父は、私が小学三年生の時に亡くなったので、戦争体験について、祖父から直接聞いたことはない。祖父の枕元にあった、戦友の顔写真を付した名簿だけが、祖父から直接感じた戦争の記憶だった。何の意図で、祖父がその名簿をそばに置いていたかは分からないが、幼かった私には、白黒の陰影を帯びた写真に写る人たちの表情が、妙に恐ろしかったことだけは覚えている。戦後、電気工事の会社を興し、相応の成功を収めた後も、いや、その後だったからこそ、亡くなった戦友のことが忘れがたかったのではないか。自らの生死を分けた現実に、目を背けることはできなかったのかも知れない。戦争について調べ、体験者の多くから話を聞いた今なら、その気持ちを想像することはできる。祖父の中にも、おそらく岡本喜八や先述の丸木政臣と同じような心情があったのだ。

私が、岡本喜八の中に、戦中派の心情を見、そのことを掘り下げたくなったのは、この祖父の存在が大きかったと思う。

大まかに言うと、私と年齢の近い三十代、四十代であれば、戦中派は祖父の世代に当たる。五十代、六十代であれば父親が戦中派となる。もう亡くなられた方も多いだろうが、記憶の中で、懐かしい面影を残すあの人も、戦中派であった。そのことを想像するだけで、彼らが戦争を通して何を見て、何を感じ、そして、どういう思いを持って戦後を生き抜いたのか、あるいは、戦後社会とどう対峙《たいじ》し、何を受け入れ、何を拒絶したのか、そのことに関心を持たずにはいられないのではないか。

その答えは、岡本喜八、そして彼の残した作品の中にきっとある。

目次

章扉デザイン・作品リスト作成／MOTHER

・映画タイトルのあとの（　）内の西暦は公開年です。
・資料の引用は原則として、旧字体を新字体に、旧仮名遣いは新仮名遣いに改めました。また、日記・手紙等の手書きの資料は読みやすさを考慮して句読点など表記を適宜整えました。
・資料の引用には一部、今日の人権意識に照らして不適切な表現がありますが、当時の時代性に鑑み、原文のままとしました。

第一章

米子《よなご》

大工の八代目

二〇二三（令和五）年三月下旬、山陰の鳥取県米子《よなご》市では、満開の桜の下に人が集っていた。桜の花を背景に写真撮影をする人を横目に登ること約十五分。三六〇度の展望が可能な米子城址《じょうし》の頂に立つと、眼下に広がる市街地だけではなく、霊峰大山《だいせん》、日本海を望み、振り向けば中海《なかうみ》までも見渡すことができる。岡本喜八も、城山と呼ばれるこの場所から景色を眺めるのが好きだった。

岡本喜八、本名、岡本喜八郎は父、敞一《しょういち》（一八九四／明治二十七年生）と米子の隣町、島根県安来《やすぎ》市の小原《おばら》家から嫁いできた母、松枝（一九〇〇／明治三十三年生）の長男として一九二四（大正十三）年二月十七日、鳥取県米子市四日市町《よつかいちまち》三十七番地で生まれた。四歳上に姉が一人おり、文子《ふみこ》といった。もっとも、米子市が市制を敷くのは、三年後の一九二七（昭和二）年だから、正確にはこの時はまだ西伯《さいはく》郡米子町だった。

喜八自身が岡本家の古い記録を調べ、エッセイ集『あやうし鞍馬天狗《くらまてんぐ》』に記している。それによると、岡本家の初代は一七九六（寛政八）年に没した市左ェ門で、喜八は八代目だった。喜八の妻、みね子さん（一九三七／昭和十二年生）は「喜八郎」の「八」は、八代目を意味していたと聞いている。実家周辺には岡本姓が多く、それぞれ「朝日町」や「川ばた」といった屋号で呼ばれ、喜八の家は「大工屋」だった。祖父の梅太郎は、かつて宮大工の棟梁《とうりょう》をしており、喜八はこの祖父から「岡本家代々の生業《なりわい》は大工」だと聞いていた。地域の「顔」だったという梅太郎は、自分の建てた神社や寺を見せるため、喜八郎少年を連れ歩いた。

梅太郎が手がけた建物のひとつが、喜八の自宅から歩いて五分ほどのところにある西念寺《さいねんじ》だ。境内を入ってすぐのところには喜八の父、敵一が建立した岡本家の墓がある。住職に話を聞いたところ、梅太郎は寺の本堂ではなく、裏手にある書院を建てたと教えてくれた。

ここから米子の歴史を振り返りながら、喜八が少年期を過ごした街の様子を見ていきたい。

米子城は、西伯耆《にしほうき》の領主となった吉川広家《きっかわひろいえ》が一五九一（天正十九）年に築城を開始するが、一六〇〇（慶長五）年の関ヶ原合戦に敗れると、城の完成を見ることなく、国替えとなった。翌年、中村一忠《かずただ》が領主となり、一六〇二年頃、米子城は完成した。加藤氏、池田氏と城主が代わり、一六三二（寛永九）年から荒尾《あらお》氏が城主となった。

明治維新を経て、米子城は士族に払い下げられ、一八七三（明治六）年には建物の大半が売られてしまい、取り壊されることになった。四層五重を誇った天守が、とてもその価値に見合わないような値段で売り払われるという突拍子もない話は、喜八が好むところで、『あやうし鞍馬天狗』にその顛末《てんまつ》を記している。

明治八年とかに、通称蛇体新助《じゃたいしんすけ》、本名山本新助という廃品回収業者が、元藩主からたった三十七円で買いとって、火をかけてもやして焼跡からクズ鉄をひろってガッポリと稼いだからだそうである。

しかし、史実はやや異なる。一九三九(昭和十四)年刊行の『米子自治史』によると、藩主から無償で受け取った士族が、町の責任者に買い取りを交渉したがうまくいかず、維持費もかさむため、古道具屋の山本新助に「三七円」で売却したという。山本は、買い取った城の処置について「火をかけて焼払い残った金物のみを売ることにして届出た」ものの、許可が出ず、やむなく取り壊すことにしたというのが実際のところのようだ。それを『米子自治史』では、山本が火をかけようとしたのは、「武家政治に対する反感からではなかったか」と深読みしている。

掲載誌は不明であるが「わが故郷」と題された喜八のエッセイには、この城山での思い出がつづられている。

私たち小学生は夏休みになると、早起き会のハンコを貰《もら》うために、標高百メートルばかりの天守跡をめざして、毎朝毎朝、かつての雑兵の如《ごと》くワラワラと駈《か》け登ったものである。

早起きのセミの声と、朝焼けに染まった中海の赤さを思い出す。

米子市民の精神的な拠り所《よりどころ》である大山も、喜八にとっては忘れがたい存在だった。城山から眺めた大山の景色について、一九九〇(平成二)年一月刊行の雑誌『國立公園』四八〇号で回想している。「私の郷里米子は、伯耆大山の山裾にある」で始まるその文章は、城山での早起き会について言及した後、「毎朝、山を下りながら眺めた景色は、忘れ難い」と続き、こう感慨をこめる。

東の空に、伯耆富士とも呼ばれた大山が、朝日を背にして聳《そび》えていて、その頂上あたりの影を、まだ眠っている米子の街一杯に落としていた。五十年を過ぎた今でも、変るまい。

米子城址からの眺めを喜八は愛した。(著者撮影)

商業都市米子

米子は、古くから商業の盛んな街として知られていたが、一九九〇（平成二）年刊行の『米子商業史』によると、江戸時代の名残を残す近世的な商業都市から近代的な商工業都市へと変化した大きなきっかけは、一九〇二（明治三十五）年の山陰線開通だった。その後、区画の整備、商業活動に必要な地元銀行の設立が続き、一九〇九年には、電話の開通と電灯の点灯が実現した。大正となる直前の一九一二年、京都駅から出雲今市《いずもいまいち》駅（現在の出雲市駅）まで山陰線全線が開通し、米子の経済にも大きな影響を与えた。一九一六（大正五）年の時点で、米子には合名会社や合資会社、株式会社が合計四三社あったが、その半数以上が、一九一二年から一六年までに新しく設立されたものだった。大正十年代には、近代都市としてさらなる発展が企図され、区域の拡大と人口の増加のため、町村合併をし、一九二七（昭和二）年に市制へと移行した。

先ほど紹介したエッセイ「わが故郷」で、喜八は米子について島根県松江市と比較して、次のように持ち上げている。

隣県松江が、シットリと山陰の京都の落着きを見せているのとは対照の妙、米子は、山陰の大阪を目指してマッシグラの感がある。

これはやはり、昔から米子が、城下町のくせに町人の町として栄えており、〝米子は人の集まるところ〟と言われる程、開放的な気風があったせいに違いない。

元読売新聞文化部の記者で、長年映画の記事を書いてきた平井輝章《てるあき》さんは、中学時代を米子で過ごした。平井さんと私とは、同じ読売新聞文化部の記者ではあっても、あまりに大先輩であり、面識はなかったが、喜八の妻、みね子さんから「新聞記者としてじゃなく、私たちの友達として岡本も私もアドバイスをもらういろいろと深い仲」と聞かされていたので、会って話をうかがうことにした。

二〇二二年十一月下旬、一九二九（昭和四）年生まれの平井さんは、間もなく九十三歳という年齢を感じさせない矍鑠《かくしやく》とした様子で、「山陰の都市と言えば、東から鳥取ね、それから倉吉《くらよし》、米子、安来、そして出雲。米子は商業都市で、山陰本線、伯備《はくび》線、境《さかい》線が交わる鉄道の要地でもありました」と往時を振り返ってくれた。

後に映画担当の記者となるくらいなので、子供の頃から大の映画好きだった平井さんによると、米子には映画館が三つあった。駅前通りには、「米子東宝」と呼ばれる東宝の常設小屋があり、足繁《あししげ》く通ったという。

岡本商店の息子

では、喜八が生まれ育った四日市町とはどんな地域だったのだろうか。『米子商業史』を手がかりにたどってみたい。町名の由来は、日野川下流の旧戸上山《とかみやま》城下四日市村の住民が移住したからとされているが、江戸時代、この町が営業特権として鍛冶や鋳物などを行っていたことから、鍛冶町の別名もあった。

喜八が生まれた二年後の一九二六（大正十五）年十月一日時点の米子の戸数は、六六四五戸で、人口が三万五二二二人なのに対し、四日市町は八三戸で、四〇三人だった。

祖父の梅太郎は大工を生業としていたが、一九二八（昭和三）年二月四日の『官報』によれば、この前年の十二月十三日、喜八の実家の住所である「米子市四日市町三十七番地」に、雑貨商「合資会社岡本商店」を設立している。最初に名前があるのは父、敞一で、一〇〇〇円を出資している。次いで、祖父梅太郎の名前があり、同じく一〇〇〇円を出資した。

一九三四年版の『米子商工案内』には、「折箱製造（雑貨、メリヤス）　岡本敞一」との記載がある。弁当の折箱を作り、雑貨の販売をするだけではなく、メリヤスの製品も売っていたのだ。登記上は敞一が代表に据えられていたが、通りに面した店を母が取り仕切り、梅太郎と祖母のタケノは隠居部屋で寝起きしながら、交代で店番を手伝っていた。そして、隠居部屋の二階では、父が駅弁の折箱を作っていた。喜八が明道《めいどう》尋常高等小学校に入学した一九三〇年当時は、店員も男女一人ずついた。

この頃の母についての印象を喜八はエッセイ集『鈍行列車キハ60』の中で、「背が高くて、やさしくて、やさしさの反面、キリリとしたところがあった」と回想している。母については憧憬を伴う美しい思い出をつづる喜八だが、父の場合はそうでもない。「背中を丸めて、チマチマと駅弁の折箱を作っていた」と、その姿を描写し、かつて大工の棟梁で豪放磊落《らいらく》だった祖父に比べて、「父は、かなり小心、すこぶる神経質に思えた」と、どこか醒《さ》めたような調子で書く。

もっとも敵一の日常生活での細心ぶりは異様なほどで、外出時には、常にどこでも消毒できるように、アルコールをしみこませた脱脂綿を入れた指頭消毒器を持ち、それだけならまだしも、刺し身に熱湯をかけ、西瓜《すいか》は塩で洗い、包丁も塩で清めてから使い、バナナは皮に南洋のバイ菌がついているからと言って喜八に食べさせなかったという。

アルチザンの血

明治が大正に変わった一九一二年に刊行された『山陰実業名鑑』に、梅太郎の名前が記載されている。一九二七（昭和二）年や二八年刊行の『商工資産信用録』にも、雑貨商として梅太郎の名前があった。梅太郎は一八六八（明治元）年の生まれなので、一九一二（大正元）年末にはまだ四十四歳だったが、すでに、大工より実業家として知られていたということだろう。

この『商工資産信用録』によると、岡本商店の資本金は「五千円以上一万円未満」のカテゴリーに位置している。日本銀行のウェブサイト記載の「企業物価指数」を参照に、企業物価指数の差から価格の上昇率を割り出し、それを現在の貨幣価値に置き換えると、一九二七年、二八年の五〇〇〇円の価値はおおよそ三九〇万円となる。このカテゴリーの中では、岡本商店の信用度は最も高いランクに位置づけられていた。

また、一九三七、三八年の『小間物化粧品年鑑』を見ると、梅太郎が米子雑貨小間物商組合の幹事を務めていたことがわかった。

しかも、一九二七年に市制に移行した米子市で、梅太郎は記録で確認できる限り、この年から一九三九年まで四日市町の区長を務めた。喜八の回想の通り、梅太郎が大工としての実績を持つゆえに、町の「顔」であったという面はあるかも知れないが、商人の町でもあった四日市町で、その地域の代表となるのだから、人格はもとより、実業家としての成功も必要だったと思われる。

松枝の実家があった島根県安来市には、今も喜八の従弟《いとこ》である小原淳男《あつお》さんが住んでいると喜八の次女、岡本真実さんから聞き、米子を訪れた二〇二三（令和五）年三月末、安来にまで足をのばした。岡本家で「小原のあっちゃん」と呼ばれる淳男さんは、一九三八（昭和十三）年生まれ。喜八とは十四歳離れている。私が訪れた日は、喜八が穿《は》いていたという黒いズボンを身に着けていたが、すらりとした体形だけではなく、顔つきも喜八に似ている。淳男さんのもとには、岡本家の古い写真が残されており、その中には、喜八の幼い頃の写真もあった。淳男さんの妻、美恵子さん（一九四二／昭和十七年生）がアルバムに貼られた写真を見ながら、感心したような調子で言う。

「当時写真を写すっていうのは、誰でもできたことじゃないと思うんですよ。こんなにたくさん。しかも、ちゃんとした着物を着せて、写真屋さんで撮っていますからね」

その小原家も地元の名家であり、話を聞くと、近しい親族の中には高額納税者で、銅像が建つほどの成功を収めた実業家もいることが分かった。しかし、この金銭的、閨閥《けいばつ》的に恵まれていたという事実を、喜八は公言したがらなかった。エッセイ集『ヘソの曲り角』でも、「暮らしが豊かだった訳でもさらさらない。私を旧制専門学校にやるのが、せい一杯だった筈《はず》である」と書くくらいだ。

大切にしたのは、「祖父からは『頑固』と『へそまがり』をうけついだ」とか「職人気質《かたぎ》と、活動屋気質は、かなりにたところがある」（『あやうし鞍馬天狗』）と書くように、祖父が大工という職人であるということだった。それが、喜八のアイデンティティーを支える土台となった。『山陰の経済』一九八六年八月号に掲載されたインタビューでも、「そういう職人気質みたいなものは、私も大事にしたいと思っています」と明確に語っている。その意味を『あやうし鞍馬天狗』の中でより詳しく説明する。

大工の血筋には、いざ仕事となったら頑固一点張り、コツコツとわき目もふらないかわりに、納得できない注文には首をふり、ヘソをまげだしたらトメドなくまがる、といったところもあるのだが、そんな、言わば職人気質も、気がついたころには、ちゃんとうけついでいたものである。

梅太郎が書院の建造を手がけた西念寺の住職も、かつて喜八がテレビ番組の撮影のため同寺を訪れたことを覚えており、「もの作りの原点を訪ねて、ということで来られた」と語る。喜八にとっては、職人監督の由来を大工の家系に求めることが重要だった。

だからこそ『時代』一九八〇年二月二十日号で、喜八はこう断言する。

ぼくのからだのなかには、アルチザンの血が流れている。

戦争の時代へ

大正十年代生まれほど、戦争の時代と歩調を揃《そろ》えることが運命付けられた世代はない。

一九三一（昭和六）年九月十八日、関東軍参謀、石原莞爾《いしわらかんじ》が板垣征四郎ら一部の参謀と謀って、自身が練り上げてきた満蒙《まんもう》領有計画を実現するため、行動を開始した。奉天《ほうてん》（現在の瀋陽《しんよう》）付近の柳条湖《りゅうじょうこ》で満鉄線を爆破し、これを「暴戻《ぼうれい》なる支那軍隊」によるものだとすると、一気呵成《かせい》に約一万四〇〇〇の兵力で奉天、営口《えいこう》、安東《あんとう》、遼陽《りょうよう》、長春など南満洲の主要都市を次々と占領した。関東軍は陸軍中央や政府の不拡大方針を無視する形で、戦線を拡大していき、翌年二月、ハルビンを占領し東北三省を征圧、一九三二年三月一日には満洲国を成立させた（山室信一『キメラ―満洲国の肖像　増補版』）。

第一次世界大戦後、世界中で平和を求める動きが強くなり、対外膨張や軍事行動が否定的に捉えられるようになる。日本では一九一〇年代から、陸軍の政治的影響力に対する世論の批判的な論調が高まっていた。軍事史に詳しい帝京大学の高杉洋平専任講師は「日本でも、平和主義とアンチ・ミリタリズム（反軍国主義）の風潮が強くなっていった」と指摘する。さらには、軍縮によって、軍人への風当たりは強くなった。

それが満洲事変の成功によって一変する。マスメディアや世論は手のひらを返したように、戦果を礼賛した。日本政治外交史が専門の明治学院大学の佐々木雄一准教授はその著書『近代日本外交史』で、一九二〇年代には、軍に対して批判的な意見が主流であった「有力新聞などの世論」が、満洲事変をきっかけに、「軍の論理を是認し、対外強硬論を唱え、軍事行動を後押しするようになった」と述べる。

歴史学者である帝京大学の筒井清忠《きよただ》教授は、著書『戦前日本のポピュリズム』で、満洲事変をメディアがどう報じたかを仔細《しさい》に分析している。筒井教授の言葉を借りれば、事変後、メディアや世論の態度は「大旋回」する。かつて「征夷《せいい》大将軍」という言葉を使って軍部を批判した朝日新聞は、満洲事変報道を誇らしげに掲げる「東西朝日満州事変新聞展」を催し、社説も満洲で独立国ができることを歓迎する論調へと変化していく。そして、「世論は急速にその支持に傾いて」いき、政党人までもそれを追認した。

事変の影響は、鳥取県内にも及んだ。一九六九年刊行の『鳥取県史』によれば、事変勃発の三か月後に、郷土連隊である歩兵第四〇連隊から一個大隊が出征した。その後、四〇連隊の主力や、歩兵第六三連隊も渡満して、熱河《ねっか》作戦などに参加し、一九三四年五月、両連隊は帰還した。この間、一部帰還した兵士によって、戦闘の様子が語られるうちに、軍国思想が急速に浸透していき、戦地に送る慰問袋や兵器の生産、軍人援護のために国民が軍に金を拠出する国防献金も盛んになった。

一九三二年四月には国防献金の一環として、鳥取と島根の両県民の献金で、献納機「山陰号」（九一式戦闘機）が作られた。献納機という言葉は耳慣れない。インターネットを使って検索すると、献納機についての調査結果を公開する「陸軍愛国号献納機調査報告」というサイトに行き当たった。それによると、献納機とは「企業や一般人の方たちが国防献金等として集めたお金を軍に供出し軍用機を献納したもの」で、「昭和7年の陸軍あいこく1号」が始まりとされ、「瞬く間に全国的レベルに広がりました」と書かれてある。ちなみに、陸軍の場合は愛国号、海軍だと報国号と言うらしい。山陰号は愛国号だった。

山陰号製作の費用は八万円で、その献金の中には、小学生の修学旅行の費用や女子児童が貝《かい》杓子《じやくし》を作って売った金などが含まれていた。県史の執筆者は「『非常時』・『挙国一致』の風が県民の間に盛り上がってきたことを思わせる」と記している。

戦中派の定義

誕生日が二月十七日と、早生まれの喜八は、満洲事変勃発の前年である一九三〇（昭和五）年、自宅から歩いて十分とかからない明道尋常高等小学校に入学した。満洲事変は教育の場にも影響を与え、国定国語教科書の記述に変化をもたらした。

北海道教育大学附属図書館のサイトによると、教科書の国定制度は一九〇四（明治三十七）年四月に始まり、第三期とされる一九一八（大正七）年から一九三二（昭和七）年のものは、「内容的には、児童自身を主人公にしたものや、童話・童謡などの文学教材をはじめ、外国紹介あるいは外国人の主人公など国際的視野に立った教材が多く採用された」という。だが、一九三三年に改訂された第四期の国定教科書の教材の中には「忠君愛国的な軍国主義の教科書へと予感させる」ものが多くなった。
学校の授業だけではない。子供たちの遊びの場にも影響があったことが、喜八の『あやうし鞍馬天狗』での回想からうかがえる。

チャンバラゴッコも、戦争ゴッコにかわっていた。手製のオモチャも、ゴム鉄砲、紙鉄砲、杉の実鉄砲や、カタン糸のシンでつくった戦車といった兵器だらけとなる。

そして、喜八はこう慨嘆する。

大正十二、三年生まれの一年生は、平和と戦争の追っかけっこを体験した、といってもおかしくない。
スタート直後は、平和が先行していたが、まもなく戦争がおいついてきて、しばらく肩をならべてきそいあっていたが、やがて、直線コースからは戦争が無謀ともおもえるスパートをかけて、平和はみるみるおいていかれる、といったゲーム展開である。

喜八たち「戦中派」世代が社会に向かって歩みはじめた時、日本は、戦争に向かって進み出した。ここで、「戦中派」という言葉について、整理したい。

社会学者で、慶応義塾大学教授の小熊《おぐま》英二氏の大著『〈民主〉と〈愛国〉』によれば、この言葉は、元陸軍軍人で、戦後は評論家となった村上兵衛《ひょうえ》（一九二三／大正十二年生）が使用したことをきっかけに一九五五（昭和三十）年頃から広まったものだ。「後年には、この言葉は戦争体験のある世代すべてを総称するものになったが、当初は敗戦時に一〇代後半から二〇代前半の青春期だった世代を指した」と小熊は説明する。敗戦時に三十歳前後だった世代は「戦前派」、より年少で敗戦時に十歳前後だった世代は「戦後派」と呼ばれた。

小熊氏は、戦前に一定の人格形成を終えていた戦前派とは違い、戦中派は「ものごころついたときから戦争のなかにいた」という。それはどういうことか。先述した「戦中派世代が社会に向かって歩みはじめた時、日本は、戦争に向かって進み出した」ということと重なるのだ。たとえば、喜八と同じ終戦時二十一歳だった者は、満洲事変の勃発した一九三一年には七歳となる。日中戦争がはじまった時は十三歳、断続的に続く戦争の時代の渦中に身を置き、十七歳の時、開戦を迎えた太平洋戦争では、「最大の動員対象にされ、もっとも死傷者」を多く出し、身をさらした。小熊氏はさらにこう述べる。

生まれたときから戦争状態だった彼らには、戦争に批判的な思想をもっている人間がいたことも、戦争以外の状態が存在することも、想像できにくいものだった。

最初のうちは日本軍の調子がよかったから、国民は諸手《もろて》を挙げて歓喜することができた。そうやって社会は徐々に軍国主義的色合いを濃くしていき、人々の歩調も徐々に戦争に向かって揃っていった。満洲事変を日中戦争、太平洋戦争、より究極的には敗戦に至る「ポイント・オブ・ノー・リターン（不可逆点）」だとする主張もあるが、喜八たち戦中派にとっては、ここが人生の起点となった。

母の面影

幼少期の喜八に話を戻そう。母の松枝が、島根県安来市の小原家から嫁いできたことはすでに述べた。米子と安来は県こそ違えども、山陰本線に乗れば一駅の隣町であり、同じ文化圏、商業圏だ。

喜八は毎夏、母に連れられて、安来市で開かれたお盆の祭である月ノ輪神事を訪れていた。しかしやがて、優しくも、気丈なところもあった松枝は、病気のため寝たきりとなり、祭にも一緒に行けなくなった。父や祖父母は、母の病気は「肋膜《ろくまく》」と言い通したが、実際は結核だった。喜八の従弟の小原淳男さんによると、最初に小原家から敞一に嫁いだ松枝の姉、喜美子も病気で亡くなっている。

神経質だった父、敞一は、伝染するからと喜八に母の部屋へ行くことを禁じた。『あやうし鞍馬天狗』によると、ある日、父の目を盗んで、恐る恐る母が寝ていた二階の部屋へと続く階段を登り、そっと母の姿を見た。母はその姿に気付き、うっすらと笑みを浮かべた。それは優しい母の姿だった。思わず近づこうとした喜八に、母は近づかないようにと、細い手を振った。

わたしは、「国境線」の階段のテッペンにすわりこむ。学校のことでも話したのか、それともだまりこんでいただけなのかは、おぼえがない。

少年期、母との間に起こった、喜八にとって忘れがたい出来事がもうひとつある。日本海側に住んだことがある人ならば、よく分かると思うが、この地方では曇天の日が多く、雷も珍しくはない。この日はものすごい雷雨だったが、雷が嫌いだった母は、喜八と姉を抱えて、こう叫んだ。

「死なばモロトモぞおーッ！」

母のこの歌舞伎調ともいうべき前時代的なセリフは、やがて岡本家ではユーモアをもって語られるようになった。喜八が紡ぐ物語は、その映像作品やエッセイでも、ペーソスとユーモアが一体となっている。

ただ、喜八がユーモアに転化させることも、そういう見方さえも拒否した出来事がある。それは、母の死にまつわる思い出だ。自宅からは、わずか堀をひとつ隔てたところに大きな病院があったのに、母は診てもらえなかった。小原淳男さんは「すぐそばに博愛病院という病院があった。こんなに近くにあるので、どうして診せてあげないんだという思いがあった」と喜八の思いを推し量る。

病院で診察を受けさせなかった理由は、結核患者が家にいるのを知られたくないという世間体だった。そう確信した時に、喜八の無念、やるせなさはいやがうえにも増した。その思いを押し殺すように喜八は『あやうし鞍馬天狗』でこう書く。

いくら不治の病といわれ、いくら伝染するといわれていたとしても、どうして母は、ちゃんとした病院にいれてもらえなかったのだろうか？

母の死

母が亡くなったのは、一九三二（昭和七）年十一月四日の夜、喜八が尋常高等小学校三年生の時だった。城下町の名残を残す外堀の水面と、イチジクの木の見える部屋で、母は息を引き取った。喜八は枕元に座り、水を含ませた綿で、母の唇を濡《ぬ》らした。母は寝ているだけで、まだ生きているように見えた。ただ、棺《ひつぎ》の蓋が閉じられ、母の姿が見えなくなった途端、激しい哀しみが襲ってきた。その時のことを後年、喜八は東京12チャンネル（現・テレビ東京）で放送された「人に歴史あり」というトーク番組のインタビューで答えている。その台本が喜八プロに残されており、喜八のセリフも記されていた。

父が棺のフタをしめたとき悲しみがこみあげてきた。釘《くぎ》を打つ音が一つずつするたびに悲しみが幼い自分のハラワタに食いこんだ。

母が亡くなった夜、喜八は姉の文子に抱きしめられて寝た。

私は姉の小さなフクラミにイガグリ頭を押しつけて眠った。日頃、そっけない素振りばかりの姉が、そンなカタチで姉弟愛をムキ出しにしてくれたのは、その夜一度コッキリである。

（『推理』一九七〇年六月特大号）

母の野辺送りの日、喜八郎少年は大人たちと同じように、裃《かみしも》に袴《はかま》といういでたちに、額には死人が付けるような三角の白い布切れを付けた。岡本家に残る身体検査表によると、この時期の身長は一一七センチちょっと、体重も二〇キロ程度。喜八郎少年は小さい身体で、母の位《い》牌《はい》を抱いて、野辺送りの列に連なった。

トコトコ、トコトコ。コノミチガ、ドコマデモ、ツヅケバイイ。

（『あやうし鞍馬天狗』）

若くして逝った、自分のもとから去った母の面影を、喜八は終生、忘れることがなかった。

母は小町娘といわれたほど美しい人だった。いまもぼくの胸中には、美しい母の姿が灼《や》きついている。

（『時代』一九八〇年二月二十日号）

喜八の妻、みね子さんが結婚後、喜八の生家を訪れた時に見て以来、六十年たっても忘れがたい光景について教えてくれたことがある。生家の一室の欄間《らんま》に和紙が張り付けてあり、喜八の字でこう書かれてあったという。

雨ニモ負ケズ風ニモ負ケズ……

言わずと知れた宮澤賢治の詩である。みね子さんは少し顔をゆがめ、私の目を見ながら、感情を押し殺した口調で続けた。

「中学生くらいの時の字かな。漢字とカタカナで和紙に筆で書いてある。監督が子供の時、書いた字を初めて見たし、感動した。字のうまいへたではなく、気持ちが伝わる字。お母さんを思って、淋《さび》しい時に、筆で一生懸命書いたんだと思う。お母さんが亡くなって、何かでこの詩を読んで書いたんだろうって……。どんなにお母さんが恋しかったのか。監督の持つ哀しさや優しさは、子供の頃の経験があると思う」

テロルが染みこむ

この年（一九三二年）、五・一五事件が起こる。昭和恐慌で国民が困窮する中、政党や財閥などへの不満や反発から、海軍青年将校らが決起し、犬養毅《いぬかいつよし》首相が暗殺された。事件を起こした将校たちに世間は強く共感し、減刑運動が広まった。近現代史が専門の帝京大学の小山俊樹《こやまとしき》教授は、この事件によって「政党政治が終わり、軍人が国民の支持を得たことは、その後の軍部の台頭へとつながっていく」と指摘する。

翌一九三三（昭和八）年、小学四年生となった喜八の身長は一二三センチ、体重も二一・八キロと少し大きくなった。外では元気よく遊ぶが、家ではほとんど口を利かない。成績が頗《すこぶ》る優秀というわけではなかったが、学校は休まず通った。

この頃の喜八の夢は一風変わっていた。『あやうし鞍馬天狗』によれば、「とにかく、いろんなニンゲンになってみたかった」というのだが、そのラインナップはというと、以下の通りである。


馬賊、マンガ家、私立探偵、タイヤキ屋、ラジオの組立工、忍術つかい、登山家、空手の達人

真面目に書くと可笑《おか》しいが、忍者になるために、練習も積んだ。風呂の中で、節を抜いた竹筒をくわえて水中に潜んでみたり、水上を歩けるというお手製の下駄を履いて実際に水面を歩こうとしてみたりしたが一歩も進まなかった。

次に喜八が凝ったのが、漫画を描くことだった。著書『ななめがね』にこう書くくらいだ。

私はマンガ家で身を立てるつもりであった。少年倶楽部《くらぶ》の読者欄にやたらと投稿した。

漫画を描く喜八を見たという証言がある。後年、安来市に足立《あだち》美術館を作った実業家の足立全康《ぜんこう》は喜八と年の離れた友人であり、一九六八年に、喜八が『肉弾』を撮った際には資金援助を行っている。この全康の息子、足立常雄は、喜八と明道尋常高等小学校の同級生だった。常雄の息子で、足立美術館の館長を務める足立隆則《たかのり》さん（一九四七／昭和二十二年生）は、常雄が教室で喜八の隣の席になった時に、喜八が「漫画のようなものを描いていた」と語っていたのを覚えている。

『あやうし鞍馬天狗』によれば、この頃描いた漫画のひとつに、「なぜか爆弾のかわりに巨大なエンピツをかかえた肉弾三勇士が、ハンドルつきの巨大なエンピツけずりに突入してる」という〝作品〟があった。

「肉弾三勇士」とは何か。一九三二年一月下旬に起こった第一次上海事変で、独立工兵第一八大隊の日本軍兵士三人が、爆弾を詰めた筒を抱えて中国軍に突撃し、血路を開いて戦死した。新聞は彼らを「肉弾三勇士」として称賛し、その戦いぶりは、芝居や映画にもなった。喜八もまさか後年、自分がこの工兵を養成する学校に入ることになるとは想像さえしなかっただろう。

『読売新聞』では一二人の女学生を集め、「学窓を出る女学生座談会」と名付けた座談会を開催し、その模様を、同年三月二十四日付の夕刊で「軍国と新女性」という主題に、「肉弾三勇士」と副題を付け、掲載している。主催者側が「今度の事変において、日本の軍人中最も武勲顕著なりし人」や「御感動になった点を…」と尋ねると、女学生の一人は「やはり肉弾三勇士であります。戦いというものは勝てば生きて帰れるんですけども、三勇士だけは最初から生きて帰れるという考えはない。徹頭徹尾、死んで尽すという強い責任観念でなすったこと―そこに非常な忠烈さがあります」と語る。座談会は、「三人の名によって日本人全体の武勇を揚げることになると思います。つまり日本人の代表としての三勇士の美しい行動をたたえたいのです」という女学生の言葉で締めくくられている。

満洲事変から一直線に日米開戦へと突き進んだわけではないとは言え、時代は確実に戦争に向かっていた。一九三三年、日本は国際連盟を脱退する。ただ、国際連盟を脱退しても、日本は国際会議には出席しており、何とかして、国際社会の中に踏みとどまろうとしていた。

三年後の一九三六年二月二十六日、青年将校たちが、首相官邸や大臣、重臣の邸宅を立て続けに襲い、斎藤実《まこと》内大臣、高橋是清《これきよ》大蔵大臣らを殺害した。いわゆる二・二六事件である。テロルの狂気が、やり場のない不安が、墨が水に溶けていくように、社会にジワジワと広がっていった。こんな時代の空気の中で喜八は生きていた。

姉の死

日本中を騒がした二・二六事件から間もなく、喜八は尋常高等小学校を卒業し、一九三六（昭和十一）年四月四日、米子商蚕学校商業科へと入学する。同級生は五三人だった。名門、米子中学（米子東高校となった現在も、鳥取県内有数の進学校だ）は甲子園にも出場し、その名を知られていたが、父の敞一は喜八を銀行員にしようとして米子商蚕学校への入学を薦めた。

大正初期から鳥取県では養蚕が米に次ぐ県の重要産業となっていた。養蚕の技術者を養成する専門教育機関の設立を要望する声が高まる中、県は一九二七年四月、養蚕が盛んで学校設立の要望も強かった県西部、西伯郡大高村尾高《おおたかそんおだか》（現在の米子市尾高）に、県立蚕業学校を開校した。この学校が翌年四月に商業科を併設し、県立米子商蚕学校となった。一九二九年には米子市長砂町《なすなちよう》に新校舎を建設し、ここに移った。太平洋戦争末期に校名が変更となり、この全国でも極めて珍しい商蚕の名称は消え、戦後に数回の校名変更を経て、現在の県立米子南高校となった。

岡本家には、セーラー服を着た姉の文子と、詰め襟の制服を身に着けた喜八がおさまった写真が残されている。かすかに笑みを浮かべた、この凛々《りり》しくも美しい少女を待ち受ける運命を思うと、胸に迫るものがある。

商蚕学校の入学式が行われた十五日後、四月十九日の早朝、文子は亡くなった。まだ十七歳だった。死因は母と同じ結核。卒業式まで女学校に通っており、寝こんだのはわずかの間だった。喜八はこう慮《おもんぱか》る（『あやうし鞍馬天狗』）。

無口でおとなしくて、やさしくしてくれたという記憶しかないから、胸のいたみやくるしみにもじっとたえながら、学校に通いつづけたのではなかろうか？

文子も母と一緒で、設備の整った病院で診てもらえず、部屋に寝ているだけだった。ある日、喜八が姉の様子をのぞくと、か細い声で「鏡を見せて」と言ってきた。手鏡を渡すと、白い手でそれを受け取り、チラッと見ただけで、そっと喜八に返し、黙って目をつぶった。姉が亡くなったのは、それから二、三日後のことだった。

横たわる姉に、親戚が化粧を施し、「人形のようだ」と言い合った。『鈍行列車キハ60』に記された文章には、喜八の怒りがこもっている。

私は、母にしろ姉にしろ、どうしてちゃんとした病院に入れて貰えなかったかに、ワダカマリを持ったものだ。

そのワダカマリの対象は、父であり、世間体である。

姉・文子と喜八。二人きりのきょうだいだった。（喜八プロダクション提供）

喜八がこのように憤るのは、姉と同い年だった親戚の女性は同じ頃に結核を発病したものの、病院に入り、治療を受け退院、その後結婚し、孫まで見ることができたからだ。結核患者を出したという世間体を気にする父と、その世間体という何か得体の知れないものに、母も姉も奪われたという気持ちがあった。

とは言え、まだ十二歳になったばかりの少年だ。当初は呆然《ぼうぜん》とした状態だったとしても、商蚕学校の一年生としての生活を、一日一日を乗り越えるように、何とか過ごしていたのではないだろうか。それを喜八流に表現すると、「一学年は、姉の死の打撃も手伝ってか、可もなく不可もない、ま、言わば文部省スイセン的な一年間である」となる。服装の規定もちゃんと守り、「白線二本入りの学生帽」をかぶり、冬には「黒い小倉服」で、「マント」を着用した。しかし、これも一年生までで、二年生になると、制服制帽を銘々改造し出した。帽子を軽石でこすって破いてみたり、剃刀《かみそり》で切ってすだれのようにして、それにミシンをかけたり、靴墨を塗ってブラシで磨いてみたりと、旧制高校のような弊衣破帽を真似《まね》してみせた。あるいは、海兵学校の制服のように、丈を短く詰めたり、ズボンの裾をラッパのようにしたりもした。

なぜこんなことをしたのか。一九八九（平成元）年刊行の『創立六十年周年記念誌』（米子南商業高校）にそれを知る手がかりがある。それまで制服は黒（冬服）と霜降り（夏服）の詰め襟だったが、一九三七年四月の新入生から、国防色と言われたカーキ色の折れ襟となり、帽子も黒の丸帽からカーキ色となった。同書には、同年入学の商業科一年生の写真が掲載されているが、ゲートルを巻き、まだあどけない顔をしていることを除けば、いでたちは、まるで日本軍兵士のようだった。

『あやうし鞍馬天狗』の中に、このことを喜八流に表現した一文がある。

すぐあとから、カーキ色の軍国色がおっかけてくる。そんなもんにおいつかれてたまるか？　ピッチをあげろ。にげまくれ。

だから、あえて粗野な振舞いで押し通そうとしたのだ。

日中戦争勃発

喜八が二年生になった一九三七（昭和十二）年の七月七日夜、北京《ペキン》郊外に駐屯していた日本軍が盧溝橋《ろこうきょう》近辺で発砲されたことをきっかけに日中両軍の衝突が起こった。これが八年に及ぶ日中戦争の始まりだった。

陸軍内でも戦線の拡大に反対する石原莞爾たちに対し、武藤章《あきら》作戦課長らの拡大派が反発し、せめぎ合っていたが、ついに拡大派が押し切る。

十二月十三日、日本軍は首都・南京《ナンキン》を占領。中央公論社特派員として、南京陥落後の華中方面の作戦に従軍した作家の石川達三は、『生きてゐる兵隊』の中で、「南京は敵の首都である。兵隊はそれが嬉《うれ》しかった。常熟《じょうじゅく》や無錫《むしゃく》と違って南京を乗っとることは決定的な勝利を意味する」と書いた。決定的な勝利を得ることは、戦争が終わり郷里に帰れることを意味していたから、兵隊は喜んだ（加藤陽子『満州事変から日中戦争へ』）。だが、戦争は終わらなかった。

翌一九三八年五月中旬には、日本軍は華中北部の要衝であった徐州を占領するが、中国国民政府軍に決定的な打撃を与えることはできなかった。さらに、約三〇万の軍隊を動員し、華中揚子江《ようすこう》中流域の要衝・漢口《かんこう》（武漢）と、華南の中核交易都市・広州（広東《カントン》）の攻略を実施する。漢口には一時、国民政府の主要機関が置かれ、広州は、国民政府への主要補給ルートの物資輸送拠点だった。日本軍は、両都市の攻略によって、中国の主要都市を実質的に支配し、日中戦争を解決できると考えていた（川田稔『昭和陸軍全史2』）。十月下旬、日本軍は漢口、広州を占領したが、国民政府は首都を重慶《じゅうけい》に移して戦いを続けた。またしても戦争は終わらなかった。

しかも、一九三九年末には国民政府軍が攻勢を仕掛け、一九四〇年夏には、華北の八路軍（共産党軍）による反抗作戦が行われ、日本軍に打撃を与えた（吉田裕『アジア・太平洋戦争』）。

一九三七年に動員された日本軍兵士の数は九三万人に達し、その内訳は応召兵が五九万四〇〇〇人と、現役兵三三万六〇〇〇人の倍ほどとなった。困難な戦いを強いられた上に、帰還兵の口からは、現地で略奪や強姦《ごうかん》を行ったという話が語られ、軍は取締にも苦慮した（加藤陽子、前掲書）。

戦争の影響は満洲事変の時と同じく、鳥取県にも及んだ。『鳥取県史』によると、盧溝橋事件から二十日後には第一〇師団に動員下令があり、隷下の歩兵第四〇連隊、歩兵第六三連隊も八月七日には動員を完結させ、中国大陸へと向かった。武功をあげ、徐州を占領した際は、「郷土部隊の奮戦を讃《たた》えて旗行列と提灯《ちょうちん》行列で賑《にぎ》わった」という。喜八の周りでも召集され、出征していく人が現れてきた。喜八の実家の店で五、六年働いていた店員も輜重兵《しちょうへい》として戦地に向かった。日本軍の優勢だったとは言え、その被害は小さくなく、一九三九年五月三十一日時点の戦死者は陸海軍合わせて一四〇〇〇人以上を数えた。「男女の妖しい姿態の写真」を喜八に「お守りだ」と言って見せ、それをサイフに大切にしまった前述の店員も、間もなく戦死してしまった（『推理』一九七〇年六月特大号）。

日に日に泥沼化していく戦況。だが、日中戦争が始まった時、まさか戦争があと八年も続くと予想できた人がどれほどいただろうか。当時の心境を喜八は『あやうし鞍馬天狗』でこうつづった。

もっとも、そのころは、まだ、やがて戦争もおわるだろうとおもっていたし、兵隊検査のある二十歳も、まだまだ先のこととおもっていたものだ。

戦争と歩調を合わせて

『創立五十周年記念誌』や『創立六十周年記念誌』を読むと、喜八が米子商蚕学校に入学した一九三六（昭和十一）年は、軍事教練以外に目立って軍事色の強い行事などは見られない。しかし、同校では、翌一九三七年四月の最終週から毎週、校長室、教員室、事務室、さらに各教室に天皇の御製《ぎょせい》を掲げ、日夕と拝誦《はいしょう》することになった。十一月には、御真影《ごしんえい》奉安殿が完成している。この時代に、それまで御真影奉安殿がなかったのも不思議ではあるが、当時の校長も、このことについて「日本臣民を教育する学校としては遺憾なことであった」と書いている。

日中戦争の戦線拡大に伴い、米子商蚕学校の卒業生の間でも出征者や戦没者が増えていた。一九四〇年にもなると、学校の行事は、軍事教練や勤労奉仕に加え、海軍軍人の講演、卒業生戦死者の墓参、慰問袋の作製、軍の飛行場の見学、防空訓練、さらに、この年の九月に結ばれた日独伊三国同盟に関する詔書の奉読式と、明らかに軍事色が濃くなっていった。

『創立五十周年記念誌』には戦前の学生たちの手記がいくつも掲載されている。一九三一年入学の判沢弘《はんざわひろし》は一九三六年に卒業しており、この年に入学した喜八とは入れ違いだ。判沢の在学中は「まだ本格的な戦時体制下ではなかった」ものの、「登下校の途次、教師や上級生に遭えば、挙手の礼をせねばならなかったし、また、いつ頃からか、巻き脚半をつけて登校させられていた」と記している。ただ、後年のことを思えば、「教育内容や学校生活の中には、まだ、どれほどの軍国主義も浸透してはいなかった」と振り返っている。

仲田優は一九三九年の入学とあるので、在学期間は喜八と重なっている。仲田は、「在学当時は国防一色の時代でもあった」と記し、こう回想する。

現在の学生諸君には全然夢想だにもできない軍事教練なるものが、中等学校以上総《す》べて実施された。毎週午後の数時間、グランドや校外での訓練はまことに酷《きび》しいものがあった。このような訓練の中に自分も近い将来いつの日か軍隊へ、という潜在意識があった。

仲田と同じ一九三九年入学でも、飯塚昭は「戦況日増しにきびしさを増す当時であったが、中学生活にはまだどこかにゆとりがあったと思う。勤労奉仕で養蚕の手伝いとか稲刈りなどにかり出されたが、農家の方々との暖いほのぼのとした交流が忘れられない。家庭生活にあっても、親子の限りない情愛を感じながら毎日を過ごすことのできた古き良き時代でもあった」と記している。すでに日中戦争は始まっていたが、既述の通り、まだ日本軍は優勢であった。戦況がどうしようもなく悪化したのは一九四一年の日米開戦で始まった太平洋戦争の中盤、一九四二年以降だろう。

一九四一年に入学したものの、繰り上げ卒業となった山中慶寿は在学時を振り返り、「太平洋戦争の最も激しいころであった」と書いている。そのため「学問をすることよりも、軍事教練に励むこと、生産増強のため勤労奉仕活動を行うことの方が優先する時代であった」と記す。そのような時代を生きた学生特有の心境を次のようにつづっている。

一日も早く立派な軍人となって国のために殉ずることが何よりも必要であり、私たち自身もそうなることを当然のように希《こいねが》う日々であった。同期生の幾人かは、予科練や少年兵を志願し、学業中途にして戦場に赴きそのまま帰らざる人となったものもある。

そんな「激しい戦争の最中に学校生活を送った」にもかかわらず、それでも「学生としての楽しい想《おも》い出《で》もいくつかあった」と山中は書き記している。

戦争の姿ははっきりとは見えないけれども、カーキ色の制服やゲートルが、日々の行事が、彼らを戦争を意識せざるを得ない状態へと追いやっていった。だが、その中でも、彼らは若者らしさを失っておらず、それを奪われたくはなかった。『鈍行列車キハ60』によると、喜八たち学生の行動を制限するべく、米子市内の学校の教師が集まり、「教護連盟」という組織を結成。男女の交際、食堂や喫茶店、飲食店、さらには映画館や芝居小屋への出入りを禁じ、それを取り締まるなどしたという。

『創立五十周年記念誌』には、米子商蚕学校時代の校長や職員、一回生ら五人による座談会の記事が掲載されており、商業科一回生の福田泰信が、当時の学校の規律について言及している。

とにかくきびしいもんでした。いまの生徒たちが考えも及ばぬでしょうね。女学生と話してもいけない。映画見てはいけない。料理屋・そば屋にはいってはいけない。あれはいけない、これはいけないでしょう。誘われてつい映画をみて見つかったことがありました。親仁《おやじ》も呼びつけられて親子づれで叱かられたんですが、操行はすぐ丙です。

前出の飯塚昭も、「映画館や飲食店の出入りは停学覚悟」だったと記している。ただ、それを破るのが学生でもある。飯塚も、禁止されていたが、米子市内にあった「電気館」で『格子なき牢獄《ろうごく》』を、「みゆき座」(『米子商業史』では「御幸座」となっている)では阪東《ばんどう》妻三郎主演の『無法松の一生』を観《み》たと回想している。

喜八にとっても商蚕時代の日々は忘れがたかった。『鈍行列車キハ60』で「人生の中で一番面白い時だと思う」と振り返っており、この時代のエピソードを、面白可笑しく、くり返し書いた。

この時分、喜八には気の合う仲間が五、六人いた。その属性を喜八流に説明すると、世の中は「優等生と劣等生、天才と並才、大企業と中小企業、お金もちと中流以下、美男美女と十人並以下」に分かれ、前者は全体の三パーセント、残りは九七パーセントとなるそうだ。そして、喜八の仲間は自身も含め、この九七パーセントに入り、軟派とも言えず、そうかと言って、他校の生徒と派手な喧嘩《けんか》をするような硬派でもない。「教護連盟」の裏をかいて、その御法度を破り、「うまくいったらバンザイ三唱でもしようかという、しいていえば、まことに餓鬼っぽい抵抗派だったのではなかろうか?」という連中だった(『あやうし鞍馬天狗』)。

グループの長も決めていたが、彼はもともとあだ名が「団長」だった。命名の由来は「新学期に、一つ上のクラスから留年してきたので、『一日の長』があったから」だが、喜八らしく、茶化すだけでは終わらない。文章はこう続くのだ。

(この団長も、あの戦争で死んだ)

面白可笑しく仲間と過ごした後の、妙な淋しさがある。丸括弧に入れて記したところに、文章の本筋とは直接関係ないが、どうしても、このことを記しておきたかった喜八の心情が見て取れる。

同世代の女性との微笑《ほほえ》ましい思い出もできた。

喜八たちが数人で道路を歩いていると、向こうから同じ市内の女学生たちが来る。素知らぬふりをして、ふたつのグループが、横一列になって近づいていく。すれ違いざま、お互いに列をドンと押すと、一番端にいた者同士がぶつかる。その一瞬の「接触」に心をときめかし、「接触」の成功者は一日中、上の空だった。

その日は喜八がぶつかる番だった。「だんだん息があらくなり、ドキドキがたかまってくる。その緊張感が、なんともいえない」待ちに待った瞬間が訪れた。しかし、ぶつかった相手に、いつものような柔らかさがない。どういうわけか、ぶつかったのは、喜八たちを目の敵《かたき》にしていた学校の英語教師だった。夢中になりすぎて、後ろから教師が近づいていたことに気付かなかったのだ。早速、職員室にあやまりに行き、横一列に並ぶと、一人ひとり平手うちをされたのだった。

スキーの達人

喜八がスキーを好み、得意としたことは、喜八ファンの間では有名な話だ。『あやうし鞍馬天狗』には米子商蚕学校時代、大山で開かれたスキー大会に出場した時のエピソードが載っている。喜八はスキー部のマネージャーだったが、部員が喜八を含めて八人しかいなかったため、出場することになった。しかも、団体競技のリレー以外の滑走、回転、大回転など全種目に出ることにした。一〇キロ耐久レースにも出場したが、「わたしがゴールにはいったときには、閉会式の国歌斉唱のまっさいちゅうであった」とオチが付いた。

同書には、「商蚕スキー部員として大会に出場」とキャプションを付けて、このスキー大会の写真まで載っている。喜八も写っているが、現物が喜八プロに残されていた。写真の裏には喜八の字で「昭和十三年一月十六日」、「大山にて」、「商蚕スキー部員として大会に出場せし時」と記されていた。

一九三八（昭和十三）年三月発行の米子商蚕学校の『校友会報』第一一号を確認すると、このスキー大会の名称が「第四回国立公園記念　大山スキー競技大会」で、一九三八年一月十五日と十六日に開催されたことが分かった。商蚕は対校リレー競技で三位となり、全体の得点でも二位に付けたが、その好成績を牽引したのが、蚕業科の清水進という人物だった。『校友会報』では、「清水君の技量は素晴らしい。驚歎《きようたん》するばかりだ」と絶賛している。

清水は翌年の第五回大会にも出場し、距離・回転競技で優勝し、特に距離では「関西スキー界のピカ一」と称された立命館大学の選手らを破った上、大会新記録を樹立している。一九三九年三月刊行の『校友会報』第一二号には、「清水君はその身の軽さを利して次から次へと抜いていく」、「期待通り清水君の進出もの凄《すご》く」と、その活躍を誇示する記載があった。ここでは喜八の名前も記されており、ほかの選手とともに「ベストを尽して走った」と讃えられていた。

ちなみに、一九四〇年三月発行の『校友会報』第一三号には、第六回大会の結果が記されており、清水は出場した四種目中、二位だったジャンプを除き、距離、回転、滑走すべてで優勝していた。『校友会報』の執筆者も「かくてスキー部開設以来の好成績を残して、大山スキー大会も終った」と昂揚《こうよう》した調子で書いている。

『創立六十周年記念誌』に、喜八の三学年下でスキー部員だった仙崎武の文章が載っている。仙崎は「練達のスキーヤーを擁していた」として、清水を筆頭に六人の名前を挙げているが、その中にはちゃんと「岡本喜八郎」の名前も入っていた。

スキーの達人と大山の雪原を駆けめぐる日々を喜八は送っていたのだ。

ソバを食って始末書

一九三九（昭和十四）年、米子の夏。二十歳までは、あと五年あった。それを長いと見るか、短いと見るか。謳歌《おうか》したささやかな青春の一コマを、喜八は『あやうし鞍馬天狗』の中でつづっている。

わがとるにたりないグループは、涼風にさそわれるようにして、「ソバでも食いにいくか」ということになった。

そんなことは、ま、本来どうってことはない、いわば、日常茶飯のことなのだが、当時としては、かなりのスリルとサスペンスがあったかわりに、それ相応の覚悟をひつようとした「策動」だったのである。

喜八はこのエピソードをくり返し書いたが、『ヘソの曲り角』の記述を引用すると、こういうことになる。

生徒ハ映画館・芝居小屋ニ出入リスベカラズ、生徒ハ飲食店、料理屋ニテ飲食スベカラズ、などという馬鹿馬鹿しい規則もあった。ベカラズと言われれば、ベクアリタイと思うのが人情だ。

第一色んな事を体験して知識を広めたい年頃には滅法邪魔っけな法律だ。教師たちは教護連盟なんぞという特高警察みたいなものを組織して無法者に目を光らせた。

その目をかすめて悪法を破るのはたまらない魅力だ。

喜八たちの「悪法」破りは決行された。

夜、仲間とともに五銭のかけソバを勢いよく食べていると、背中の硝子戸《ガラスど》が開いて、「御用！　そのまま！」との声。自転車のランプを片手に、店の中に入って来たのは、担任の男性教師だった。自転車のランプで、喜八たちの顔を一人ひとり確かめると、「よおし、この五名の者、明日職員会議にかける。覚悟しておけッ！」と申し渡した。

喜八たちがソバを食べていることを、仲間の一人が密告したことで、露見したのだ。翌日、職員会議が開かれ、五人の処分が退学と決まった。慌てたのは、親たちだった。処分の取り消しを求め、市の有力者たちを訪ね歩いた。もちろん、喜八の父、敞一も東奔西走、「そのころなかなか手にはいらなくなってた酒を、わが家の商品のコーモリガサとの物々交換で手にいれて、三本もひそかに担任の家にはこんだ」という（『あやうし鞍馬天狗』）。

その甲斐《かい》あってか、喜八たちの処分は退学から、始末書の提出で済まされることになった。嘘《うそ》のような話だが、どうやら、この話は本当のようだ。もちろん、創立記念誌にはまったく記載がない。しかし、岡本家には、この時の始末書の控えが残されている。それは「始末書　米子市四日市町三十七番地　岡本喜八郎」で始まる。

右之者《の》、貴校第四学年生徒トシテ在学中、先般校則ニ反シテ飲食店ニ出入シ、生徒トシテ為《な》スベカラザリシ行為ヲ為シタル件ニ対シテハ、一方ナラズ御迷惑相掛ケ申訳無之《これなき》次第ニ有之、万謝仕《つかまつ》リ候。御同情ニヨリ御寛大ナル御処分相受ケ不肖等《ら》一同感謝ニ不堪《たえず》、今後本人ハ元ヨリ不肖等保護者ニ於《おい》テモ監督ヲ一層厳ニシテ、掛ル事件ヲ過《いささか》モ繰返サザルハ勿論《もちろん》、将来ハ善良ナル生徒トシテ校則ヲ遵守仕リ候事ヲ誓約仕リ候（以下略）

喜八自身、この出来事を振り返り、「今考えると笑いが止まらない」と書いておいて、続く文章で、「当時の仲間たちは殆《ほと》んど終戦間際にフィリッピン沖で沈んでしまった」と記す（『ヘソの曲り角』）。『新修　米子市史』は市出身の戦死者について、「レイテ・ミンダナオ・ルソンの島や周辺海域を含むフィリピンでの戦没者が圧倒的に多く」と記している。ふと、秋風が吹いたような淋しい気持ちにさせられる。

東京への修学旅行

一九四〇（昭和十五）年六月、喜八たちの学年は修学旅行に出かける。『創立五十周年記念誌』によれば、その日程は、六月十四日から二十一日までで、行き先は大阪奈良、東京方面だった。この時の修学旅行の様子は、米子商蚕学校の『校友会報』に詳しい。『校友会報』は一九二八年の第一号から一九四一年の第一四号まで毎年刊行され、米子南高校にはすべて保管されている。鳥取県立図書館にも一号から一一号まで所蔵されているが、それ以降のものを見る場合は、同校まで足を運ぶ必要がある。

余談だが、一九三七年三月刊行の『校友会報』第一〇号には校友会役員の名簿が載っていて、その中に雑誌部からの委員として「岡本喜八郎」の名前が登場する。この部の活動内容は不明だが、喜八自身の文章や喜八について書かれた書籍で一切言及がないという点では、興味深い事実だ。

修学旅行の話に戻ろう。『あやうし鞍馬天狗』に、「はじめて見る東京である。だが、その東京のなにを見たか、どこをどう見物してあるいたのかは、みょうなことにまるっきりといっていいほどおぼえがない」と書いているので、一九四一年三月刊行の『校友会報』第一四号を見てみる。幸い、喜八と同じ商業科五年の山形宗正が旅行記を書いていた。

それによると、出発日の六月十四日は晴天だった。午後八時五十分までに米子駅に集合し、九時二十分の夜行列車で大阪に向かった。大阪では、大阪城にある第四師団司令部などを見学した。そこから奈良に足をのばし、山形が興奮気味に記した「此《こ》の旅行の最大の憧憬の的たる東京へ」は、十六日午後六時五十九分の夜行列車で出発、翌十七日早朝六時三十五分、雨の降る首都へと到着した。山形は「学生生徒も女も子供もサラリーマンも、老いた者も若い者も皆颯爽《さつそう》と歩く。米子では見られない風景だ」とつづっている。喜八も同じように感じたのだろうか。『あやうし鞍馬天狗』には「なにしろ田舎っぺ、大都会のフンイキにのまれて、ただただポケーッとあるいた」とある。

そんな喜八の数少ない思い出が、東京駅近くの「うすよごれたちいさな定食食堂」で、「納豆に玉子、アジのひらきに浅草ノリ四、五まいとタクアン二、三きれ、そして舌のやけそうにあつい味噌《みそ》しると丼めし」を食べ、これが「おいしかった」ことだ。これについて、山形も同じような場面を描写している。

朝食は同駅に近い変な裏小路を通って無料宿泊所の様な所で食べた。華やかな大東京の裏にはこんな処《ところ》もあるのかと思うと悲哀を感ぜざるを得ない。然《しか》も其《そ》の朝食たるや、どんぶりの様な物に山盛りに盛った飯一杯と味の悪い腐った様な味噌汁一杯だ。

喜八が記したような、納豆、卵、アジの開きは出てこないし、まして、美味《うま》いどころか、一三銭という値段が安いことだけが取り柄で、山形は「毎日食べて居るとやりきれないだろうと思う」とまで書いている。

喜八の東京でのもうひとつの思い出は、自由行動の日に、有楽町にあった日本劇場で、主演・長谷川一夫、李香蘭《りこうらん》、監督・伏水修《ふしみずおさむ》の映画『支那の夜』を観たことだ。そう『あやうし鞍馬天狗』で記しているが、『校友会報』には、映画についての記述は見当たらない。「ちょうど封切っていた」と書く通り、『支那の夜』は六月五日に日劇で封切りとなり、「空前のヒット」となった（田中純一郎『日本映画発達史Ⅲ』）。米子で映画を観る時は、教師らの目を盗んでの落ち着かない鑑賞だったので、この時ばかりは、「はじめて映画らしい映画をゆっくりと見たような気ぶん」になることができ、「二回半ばかり見た」という。そして、こう記した。

映画に興味をもちはじめたのは、たぶん、その日がキッカケだったのかもしれない。

後年の回想とは言え、東京での映画鑑賞の体験は、映画監督岡本喜八誕生につながる、記念碑的な出来事だった。

大学進学

喜八が米子商蚕学校の卒業を控えていた頃、父親の雑貨店は仕入れ先の大阪の問屋から、商品が入りづらくなっていた。日中戦争が始まって以降、商業は次第に強化される経済統制によって、その活動を徐々に制限されていった。戦時経済の全面統制の根拠となった法律「国家総動員法」が一九三八（昭和十三）年に公布されると、国家による流通統制権も確立する。さらにその後、民需物資は完全に統制されることとなり、取扱商品も減少した（岡田千尋「戦時統制下の中小商業」『彦根論叢』）。

そんな中で、父親は商売の先行きに見切りをつけようとしていた。だからこそ、喜八を「ちゃんとした銀行員」にするため、大学の商科への入学を認めた、と喜八は推測する（『あやうし鞍馬天狗』）。ともあれ、喜八は明治大学専門部商科へと入学することになる。

ここで、今では見聞きすることのなくなった専門部という言葉について、少し説明が必要だろう。教育社会学者、天野郁夫氏の『高等教育の時代』によると、慶応、早稲田、明治、中央、法政、日大などは明治前期に法学系私学の専門学校として設立された。それらの学校はやがて商学や経済などの新しい専門分野を加え、規模を拡大する。

一九一八（大正七）年以降、大学令によって大学に昇格してからも、それまでの専門学校レベルの教育課程を付属の「専門部」や「専門学校」としてそのまま残した。予科を合わせて卒業まで六年かかる大学に対して、専門部は三年だった。入学者の選抜基準は大学予科に比べると低く、進学者の確保が容易であったため、各学校とも、より多くの授業料収入を得るのに、専門部を役立てていた。

明治大学は、一八八一（明治十四）年、明治法律学校として創設され、一九二〇年、大学令による設立認可を受け、明治大学となった（『白雲なびく駿河台―明治大学100年学生史』）。

再び『高等教育の時代』によると、各大学は昭和のはじめ頃で、専門部の授業料を年間九〇円以下に設定しているところが多いが、明治の専門部は一一一円と、専門部の中では早稲田の一二〇円に次いで二番目に高かった。これを受け、天野氏は「この時期にはまだ、一握りの選ばれた俸給生活者であった大企業の新入社員の初任給が、月額で大学卒六〇～七〇円前後、専門学校卒四〇～五〇円前後であったことからすれば、それが相対的にかなりの高額であったことがわかる」と述べる。しかも、授業料は学生生活を送るのに必要な学費の一部であって、それ以外に生活費もかかっていた。

文部省の外局である教学局が一九三八（昭和十三）年十一月に行った「学生生徒生活調査」には、私立専門の生活費が月額三七・一円、私立大学では四七・七円と記載されている。学生時代の喜八は五〇円の仕送りを受けていたので、これがいかに十分な額であったかが分かる。

一九三八年に文部省が実施した、尋常小学校卒業者の卒業から三年後の動向に関するサンプル調査（「尋常小学校卒業者ノ動向ニ関スル調査」男子、女子それぞれ約八〇〇〇人）の結果が『高等教育の時代』に載っている。それによると、中等学校進学者の比率は、男子が中学校へ一一・

九パーセント、実業学校へは七・六パーセント、女子の場合は高等女学校に二〇・九パーセントとなり、どちらもほぼ五人に一人の進学率だった。天野氏は「中等学校進学者のほとんどは資産中以上の家庭の出身であり、逆に不進学者の中に資産上位層はほとんど存在しない」と指摘している。さらに、「中等学校からさらに上級学校、とりわけ私立学校への進学となれば、家庭の経済力が大きくものをいったことは、あらためていうまでもないだろう」としている。米子商蚕学校という中等学校への進学さえ、誰しもが許されたわけではなかった。まして、私学の上級学校への進学である。喜八が否定しようとも、負担に耐えうるだけの経済力が岡本家にはあったのだろう。

皆勤賞

一九四一（昭和十六）年三月八日、喜八は米子商蚕学校商業科四九人の一人として、同校を卒業した。『あやうし鞍馬天狗』には、卒業時の席次が四九人中一四位と記されている。半分より上で、飛び抜けて優秀というわけではないが、何より喜八が壮挙だったと自負するのが皆勤だった。喜八自身の伝によると「五年間無遅刻無欠席」で、しかも、尋常高等小学校の六年間と合わせて、十一年間の皆勤賞だった。これが存外、喜八にとっては心棒となった。『あやうし鞍馬天狗』で、「優等生と太刀うちできそうなのは、たんねんに学校に通うことぐらいしかない、とでもおもっていたのであろうか？　映画づくりでも、天才のないわれわれ並才は、たんねんに考え、たんねんにとって、たんねんにしあげるしか手がないのだから」と書き、こう続ける。

優等賞とちがって、世間一般にはつうようしないのだが、わたし個人にとって、この実績は、その後あれやこれやの「壁」にぶちあたったときに、かっこうのツッカイボーになってくれたし、なんとか「壁」をのりこえようとノタウチマワッてるわたしの手を、ひっぱったり尻をヨイショしてくれた、とおもっている。

実際、のちに喜八が東宝を受けた時の履歴書（下書きか控え）にも「賞罰」として「明道尋常小学校、米子商蚕学校ニ於テ皆勤賞ヲ受ク」と記しているし、陸軍工兵学校に入校する際の「身上申告書」（記載例の用紙に下書きをしたもの）でも、「賞罰」の欄に明道尋常小学校と米子商蚕学校に加え、明治大学での教練も精勤賞だったことを記しているのだ。

米子南高校で『校友会報』を閲覧した際、廊下の壁に掛けられた喜八直筆の色紙も見せてもらった。一九九〇（平成二）年十一月二十九日に書かれたものだ。

居残りて
居坐《いすわ》りつづけ
居直れり

岡本喜八

喜八の取材で何度も見かけた、針金で造形したような特徴的な文字からは、ここまでこうしてやってきたのだという自負と、これでしか生きられなかったというはにかみが、ない交ぜになって表れていた。皆勤賞を心棒とした喜八が、たどり着いたひとつの境地だった。

岡本喜八郎十七歳、一九四一年春、祖母が作ってくれた三食分の折り詰め弁当を持ち、朝、山陰本線米子駅を発《た》ち、東京へと向かった。開戦まであと八か月、終戦まではあと四年四か月。

第二章

なぜ死ななければならないのか

吉祥寺《きちじょうじ》前の若井家

岡本喜八は一九四一（昭和十六）年四月七日、明治大学専門部商科に入学した。最初に下宿をしたのは、現在も文京区本駒込《ほんこまごめ》にある吉祥寺の前にあった、若井家の一室だった。エッセイ集『あやうし鞍馬天狗』によると、「気風《きっぷ》のいいサワヤカな一家だったから、まことに住みごこちはよかった」ようだ。

この家の次男には、喜八と同じ明治大学の政治経済学部に通う若井徳次という人物がいた。大学の先輩にあたる若井は、一九一七（大正六）年生まれで当時二十四歳、喜八より七歳年上だった。若井の自伝『還《かえ》らざる戦友《とも》』によれば、一九四一年十二月に明治大学を繰り上げ卒業し、翌年二月、東部第七八部隊に初年兵として入営した。その後、甲種幹部候補生となり、防空学校を終えると、見習士官となった。一九四三年二月、激戦地ビルマ（現在のミャンマー）に出征。高射砲部隊に所属し、イギリス軍と戦った。同年十月には少尉に任官し、最後は中尉となった。一九四七年五月、約二年間の抑留生活を生き抜き、復員を果たした。

喜八が自伝でも明らかにしていない若井との関係について、若井の三女の小宮晴美さんに手紙で尋ねた。晴美さんは、若井が戦後に結婚し小宮姓となり、喜八と同じ二〇〇五（平成十七）年に亡くなった（晴美さんはそれを「奇《く》しくも」と表現していた）と教えてくれた。晴美さんは、徳次が喜八について話をしていたこと自体は覚えているものの、その内容までは残念ながら記憶していなかった。ただ、その後の晴美さんとのやり取りの中で、喜八のいた時代の若井家の様子がわかかった。

父には二人の弟がいましたが、幼い頃亡くなりました。母親は仏さまのようにやさしい人だったようです。ですから、七歳年下の岡本喜八さんを、父は弟のように、祖母は子供のようにかわいがったのではないかなと勝手に想像してしまいました。

余談だが、若井家の「玄関脇の風呂場」には、「銅板造りの風呂釜」があった。若井家に喜八が下宿していたのはわずか二か月ほどだが、この立派な風呂に、風呂嫌いで知られた喜八が果たして何度入ったのだろうか、と想像がふくらむ。

千駄ヶ谷《せんだがや》の青木荘

上京して二か月ほどたった頃、喜八は若井家から引っ越している。喜八自身が残したさまざまな資料によって、転居先が「東京市渋谷区千駄ヶ谷二丁目四百二十七番地青木荘」だと分かった(筆者註:一九四三年七月に「東京市」は「東京都」になる)。

『あやうし鞍馬天狗』によれば、「四畳半一間、三尺の押しいれ、ながしとガスコンロ台つきで、月十三円五十銭」だった。別の回想では、部屋代を「14円50銭」としているものもある（『白雲なびく駿河台―明治大学100年学生史』）。

ともあれ、信濃町《しなのまち》駅には徒歩五分ほどで、近くには「外食券食堂があったものだから、米穀配給を外食券にきりかえた」という。この一文に国立公文書館アジア歴史資料センターのサイトをもとに説明を加えてみる。一九四一（昭和十六）年一月、農林省の外局として戦時の食糧統制を担う食糧管理局が発足した。三月には、主食や燃料などを配給で割り当てる「生活必需物資統制令」が国家総動員法に基づく勅令として発せられ、四月から東京、横浜、名古屋、京都、大阪、神戸の六大都市で米などの穀物は配給通帳制になり、家庭外で食事する場合は、外食券が発行され、食堂に持っていって食事をしなければならなかった。

「東京市渋谷区千駄ヶ谷二丁目四百二十七番地」とは、現在の東京都渋谷区神宮前二丁目十三番地の六あたりだ。『渋谷区戦災区域図』を見ると、一九四五年五月二十五日の空襲の焼失地域に入っているが、その時、青木荘が焼けてしまったかどうかまでは不明だ。もっとも喜八自身は一九四五年一月に、千葉県松戸市にあった陸軍工兵学校に入校しているので、この空襲で被災はしていない。終戦から十二年たった一九五七年の住宅地図にはまだ、「千駄ヶ谷二丁目四百二十七番地」の番地が記されているが、そこに「青木荘」の文字はなかった。

明日は我が身

『あやうし鞍馬天狗』で喜八は、自室の窓から見える景色をこう書いている。

部屋の窓からは、堀を一つへだてて、東部第七部隊の馬場があって、昼間は、一個分隊ぐらいの通信兵が、胸にかけた手動式《てどうしき》無線通信器のハンドルを、ガリガリとまわしながら、「カンどうか？　メイどうか？」（カンは感度で、メイは明瞭ってことであろうか？）と、グルグルとあるきまわるのが見え、夕方になると、将校が馬をのりまわして、見習士官なんかがときどき落馬するのが見え、日が暮れはじめると、馬といれちがいにラッパ手が二、三人やってきて、「地方」または「シャバ」のこっちをむいてふきはじめるのだが、ときどきとんでもない音をだして、ビンタをくらうのが見えた。

「東部第七部隊」という聞き慣れない名称は、何を指しているのか。戦前の地図を見ても、それらしきものは見当たらない。それもそのはず、戦前の地図は軍事機密であり、たとえそこに存在しても、ご丁寧に名称が書かれているということはなかった。私が頼ったのは、戦争体験者からの聞き取りを長年続けている市民団体「戦場体験放映保存の会」の事務局次長、田所智子さんの紹介で知り合った渡辺穣《ゆたか》さんだった。渡辺さんは日本軍の制度に詳しく、会のアドバイザーを務めていた。渡辺さんからは「東部第七部隊」について、即座にメールで回答が送られてきた。

「東部第七部隊」（筆者註：渡辺さん曰《いわ》く本来は「東部七部隊」と「第」を付けずに用いるとのこと）の固有部隊名は「近衛《このえ》歩兵第四連隊」（略称：近歩四）で、外苑《がいえん》西通りの東側、現在の国立競技場前広場を含む敷地に部隊はあった。江戸時代からそこにあるという慈光寺の北側までがその範囲であり、「霞ケ丘《かすみがおか》団地交差点」が部隊の最南西部となるという。

地図を見ても明らかなのだが、現地に行ってみると、喜八がかつて住んでいた青木荘の目と鼻の先だったことがより実感できる。

また、渡辺さんは、喜八の記した訓練の内容についても解説してくれた。

　歩兵連隊ではありながら、機関銃隊などで馬を扱っているので、馬場もあります。将校は乗馬本分ですので、騎乗します。さまざまな練兵を行う広い衛戍地《えいじゅち》ですから、ラッパ吹奏場所も連隊本部前に限らず、何か所もありました。トチって殴られているのがラッパ手の新米、殴っているのがラッパ手の古参なのでしょう。新米の実践も兼ねているのですが、どうしても吹けなかった場合は、代わって古参が吹奏します。

では、「カンどうか？　メイどうか？」とはどういうことなのだろうか。それについても渡辺さんの回答は明快だった。

歩兵連隊には、さまざまな特業があります。ラッパも特業の一つですし、炊事・衛生兵・縫工・銃工・鳩《はと》などがあります。通信も特業の一つで、無線と有線に分かれます。「カンメイ」は「感明」のことですが、陸軍ではなぜか「感度」と「明瞭度」に分けて「カンどうか？　メイどうか？」と聞きます。通信手がそのように呼称しているのも、衛戍地ならば頻繁に見られる光景です。有線構成が完了し、電話機を接続して（筆者註：喜八は「手動式無線通信器」と述べているが、実際は有線の電話機）、最初に行う導通点検で「カンどうか？　メイどうか？」と確認します。

さらに、渡辺さんは興味深いことを教えてくれた。

近歩四の兵舎は近歩六に引き継がれましたので、もし岡本喜八が軍旗を見たことがあるならば、それは高い確率で近歩六の軍旗、一九四四年七月以降であれば連隊旗手は村上宏《ひろ》城《き》少尉だったはずです。

元陸軍の軍人で、戦後は評論家として活動した村上兵衛（本名、宏城）が近歩六の連隊旗手を務めていたというのだ。『日本陸海軍総合事典』によれば、村上がこの地にいたのは、一九四四（昭和十九）年七月から翌年七月までで、確かに喜八が青木荘にいた時期と重なる。第一章で言及したが、「戦中派」という言葉が広まるきっかけを作ったことでも知られる村上と喜八が堀を隔てて、同時期を過ごしていたという奇縁に驚かされる。

一九六〇（昭和三十五）年に公開された喜八作品八作目の『独立愚連隊西へ』は、軍旗を捜索することが物語の軸となっているが、目の当たりにした軍隊の理不尽さと、たなびく軍旗という光景が重なったのかも知れない。

喜八の饒舌《じょうぜつ》な回想についてそれぞれ裏付けを取ると、虚実の境が鮮明になり、実像が立ち現れてくる。そうであるからこそ、軍隊の隣に住んで、自分の住む世界との違いに驚き、「末はわが身」と首をすくめていたことも、心のどこかには、「泥沼化していた大陸の戦火も下火になって、やがてきえるだろうとおもっていた」（『あやうし鞍馬天狗』）ことも、真に迫って来るのである。

映画の街・新宿

上京した喜八が病みつきになったのが、映画だった。

文部省の外局である教学局が調べた一九三八（昭和十三）年十一月の「学生生徒生活調査」をもとに、教育社会学者の天野郁夫氏が整理した結果によると、当時の男子学生たちの「趣味・娯楽」の一位は「映画」で、帝国大学の場合、四七パーセントを占めており、私立大でも「読書」や「音楽」を抑え、三三パーセントで一位だった（『高等教育の時代』）。

そして、映画を愛する多くの学生が向かった先が新宿だった。その頃の新宿は、映画館が建ち並ぶ盛り場だった。新宿歴史博物館が発行した『キネマの楽しみ—新宿武蔵野館《むさしのかん》の黄金時代』には、戦前の新宿の映画館事情が詳細に記されているが、それによると、新宿駅のそばに初めてできた映画館は、一九二〇（大正九）年に開館し、「東京一の〝映画の殿堂〟」として讃えられた武蔵野館で、四年後には新宿松竹館が開館している。

昭和に入ると、一九二九年から一九三二年までの間に、帝都座、新宿帝国座、昭和館などが相次いで開館した。特に、伊勢丹と新宿通りをはさんで向かい側にあった日活直営の帝都座については、「その豪華さで武蔵野館を凌《しの》いで山の手一と言われ」たと評している。

デパートや映画館の裏通りには、カフェーが軒を連ね、夕暮れ時ともなると、赤や青色のネオンが瞬きはじめた。そんな新宿の街は「大東京ピカ一盛場として君臨」（『大東京と郊外の行楽』）や「最近異常の発展振りを示している」（『日本地理風俗大系』第二巻）と表現された。喜八も『鈍行列車キハ60』で、一九四一年当時の新宿の映画館の光景を、昂揚した調子で書いている。

新宿には、「光音座」「帝都座五階」「昭和館」「新宿文化」といった、欧米旧作名画上映館、通称、名画座が五、六館あったし、伊勢丹横の「光音座」の下にはアイス・スケート場があって、そこの食堂には、何故《なぜ》か、当時はもはや、かなりの貴重品だった「小倉ホットケーキ」があったし、「ムーラン・ルージュ」というお客は殆ど学生の、軽演劇の小屋もあった。

前出の『キネマの楽しみ』によると帝都座は地上七階、地下二階の鉄骨鉄筋コンクリート造りで、外壁をタイル張りにし、装飾金物はブロンズ製、一階部分には「帝都座」、七階の外壁にはローマ字で「TEITOZA」と表示されていた。さらに内部の柱、壁、階段の腰、手すりはフランス産の大理石を使うなど装飾美を極めた。観客席は一階から三階までで、螺旋《らせん》階段を登って五階まで行くと、当時一流とされたダンスホールがあった。柱がひとつもない広いホールには、バンドが二組、一二〇名のダンサーがおり、一種の格式を持ち、学生服や酒気を帯びた状態では入場を断られたという。

光音座は一九三七年十二月末に開館し、名画やニュース映画を上映していた。場所は現在の新宿駅から四谷《よつや》方面に歩いて行き、新宿三丁目の交差点を渡った左角にあった。『キネマの楽しみ』はその特色を、「食品のデパート三福の四階のダンスホールを改装して映画館にした。五色のシャンデリアが二つ廻《まわ》っていた」と記している。喜八も「二階か三階にあって、どうやらダンスホールかなにかの改造だったらしく、天井にはミラーボールかシャンデリアがのこっていた」と、『あやうし鞍馬天狗』で回想している。三福とは一九三三年十二月に開店したデパートで、地下一階は大衆食堂で天ぷらやおでんなどを食べることができ、一階は食料品売場、二階は和洋中の料理を出す店、三階は高級食堂となっており、一流の鰻《うなぎ》や寿司《すし》、天ぷら、洋食などを提供するほか、喫茶パーラーもあった。その後、開店当時はダンスホールだった四階が改装されて映画館となった。

当時の雰囲気を感じるために、同時代の記事を調べてみると、『キネマ旬報』一九三八年一月十一日号に、その前年の十二月末に開館したばかりの光音座について、「我が国最初の高層映画劇場光音座」との見出しの記事があり、こう賛辞を送っていた。

直通エレヴェーターを持ち、一ケ数万円と称されるシャンデリア二箇とこれから出る光りの配合は新しき映画劇場として異色充分なものである。

『キネマ旬報』一九六〇年四月下旬号の「旬報万年筆」というコーナーにも、光音座についての回想が掲載されている。「東宝の新進監督O氏と話していた時、たまたま『光音座』の思い出に及んだ」で始まる文章がそれだ。これまで説明してきた内容と重なる部分もあるが、同時代を生きた人物の貴重な証言であり、重複を厭《いと》わずに引用したい。

昔、新宿伊勢丹の近くに三福というデパートがあって、その五階《ママ》にダンスホールから転業した映画館があった。これが「光音座」で、外国の古い名画を再上映し、時には無声映画の特別興行などやっていたものである。今のようにエレベーターなどないから、良い番組の時は、五階から一階まで、ズラリと列ができる。階段に腰かけたり、ファン同士が映画論をしたり、ここからたくさんの映画青年、未来の映画監督が育ったのではあるまいか。

ここから、「典型的な『光音座』ファン」であったという執筆者が、光音座で観たというパプストの『パンドラの箱』や、デュヴィヴィエ、フェデー、ルノワールらに言及し、先述の「東宝の新進監督O氏」とのエピソードへとつながる。

青春を謳歌する、明治大学時代。（喜八プロダクション提供）

O監督と話をしていると、どうやら筆者が「幽霊西へ行く」の列にならんでいた同じ日の同じ時刻、彼もまたその列の一人であったらしい。

その後、東京都内のほかの名画座の話題になり、「こうした劇場に通いつめ、映画界に入った人が非常に多い。いわば、若い人たちのフィルム・ライブラリーであったわけだ」とつづる。ここに出てくる「東宝の新進監督O氏」とは喜八のことではないだろうか。一九六〇年の段階で、喜八は紛《まが》う方ない東宝の新進監督であり、『鈍行列車キハ60』の中でも、当時観た映画として、『幽霊西へ行く』を挙げているからだ。

「映画の殿堂」と讃えられた武蔵野館については、一九三一年に刊行された酒井潔《きよし》の『日本歓楽郷案内　改訂版』にこんな描写がある。

武蔵野館で映画を見るということは、そこが封切場であるという先走った考えよりも、寧《む》ろ一種の誇りを覚えるために見に行くのである。腕を組んだ外人や、良家の令嬢や、不良マダム、トッチャンボーイ、モダン・ガール、モダン・ボーイ。そうした人々の間にまじって、さも映画通らしい意見を吐き散らしている気障《きざ》な青年男女の如何《いか》に多いことよ！

やや皮肉っぽい物言いにはなっているが、満洲事変前にはこういう、文化に溺れるような雰囲気が街に満ちていた。戦争の影はまだ感じられない。

一九四〇年に刊行された雑誌『区劃《くかく》整理』二月号には、武蔵野館や帝都座をはじめとする新宿にある一六館もの「映画館の前には毎日朝から行列が並ぶ」という光景が記されている。すでに、日中戦争は泥沼化の様相を呈し、決定的な破滅へとつながる日米開戦の前年にもかかわらず、東京にはモダンで、どこか退廃的な雰囲気が漂っていた。

うまく行って二十三、下手をすりゃ二十一

喜八が上京してきたのは開戦まで八か月と迫った一九四一（昭和十六）年四月のことだった。この頃、日本は日米開戦のいわば橋頭堡《きょうとうほ》に立っていた。戦争を回避しようという動きと、それに反するような動きが、同時に起こっていたのだ。

すでに、日米通商航海条約は失効し、アメリカは対日経済制裁が可能となっていた。一九四〇年七月、アメリカは石油、屑鉄《くずてつ》、鋼などの重要物資を輸出統制品目に加え、八月には八七オクタン以上の航空機用ガソリンを禁輸、九月には屑鉄を禁輸とした。日本も日独伊三国条約を締結するなど、日米間の対立は深まっていた。このような状況下で、関係改善を模索し行われ

たのが日米交渉だった（森山優「日米交渉から開戦へ」『昭和史講義』）。

一九四一年四月から日米の本格的な政府間の交渉が始まるが、駐米大使、野村吉三郎（一八七七／明治十年生）と本国との意志疎通の悪さ、外相の松岡洋右《ようすけ》（一八八〇／明治十三年生）の介入などで交渉はまとまらなかった。日米関係を一気に悪化させたのが、一九四一年七月二十八日の日本軍による仏領インドシナ南部（現・ベトナム南部）進駐だった。米国は反発し、在米日本資産の凍結、さらに、日本への石油の全面禁輸に踏み切った。当時の日本には石油の備蓄はあったものの、平時で二年、戦時で一年半程度の量しかなかった。結果から見れば、そのすべてが開戦への伏線のようになって、日本の運命は進んでいく。

それでも、日本政府は日米交渉を継続しようとしていた。七月十八日に第三次内閣を組閣していた首相の近衛文麿《ふみまろ》（一八九一／明治二十四年生）は、ローズヴェルト大統領と直接会談で事態を打開しようとした。だがそれもうまくいかず、首相は近衛内閣の陸相だった東条英機（一八八四／明治十七年生）に交代する。交渉継続を求める天皇の意を汲《く》み、東条も交渉を続けていたが、十一月二十六日、中国や仏印からの全面撤退などを求める提案（ハル・ノート）によって、ついに、米英との開戦を決断した。

そんな国際情勢や政治の駆け引きを、十七歳の、まだ青年にもなりきらない少年が理解することができただろうか。喜八郎少年は一映画ファンとして良質の映画を求め、米子時代の渇望を癒やすかのように、映画を観ることに没頭していた。

後年、寄稿したエッセイで、その頃の心情をつづっている。文中に「半年目」とあるのは、上京して半年のことなので、一九四一年秋頃の話となる。「フェーデ」は、フランスの映画監督、ジャック・フェデー、「フォード」は喜八が愛した映画『駅馬車』の監督、ジョン・フォードのことだ（『映画芸術』一九九一年冬号）。

半年目あたりには、フェーデだフォードだと、監督の名前で見に行くようになったり、〈駅馬車〉なんかは十数回も見て、知らず知らずの内にカットまで覚えたりしたから、もはやファンと言うよりはマニアの域に入っていたのではなかろうか。かと言って、その頃、映画の受け手から作り手側にまわりたい、なんぞと大外《だいそ》れた気持ちを持った記憶はない。

一九四一年十二月八日、ついに日米開戦となる。

この時の心境について、喜八は後年、太宰治《だざいおさむ》の娘で作家の太田治子《はるこ》（一九四七／昭和二十二年生）との対談で、こう語っている（『SIGNATURE』一九八四年三月号）。

その日僕は、自分の寿命をうまく行って二十三、下手をすりゃ二十一、と思いましてね。それで覚悟しました。

太田が呆気《あっけ》にとられたように「何をですか」と聞き返す。

死ぬまでに映画を一本でも余計に見よう、と。

そう喜八が答えると、太田は実に素直に、「せつない気持ですね」と応じている。

もはやアメリカ映画を自由に観ることは難しくなっていた。一九四一年十二月七日限りで、アメリカ映画は全国の興行市場から姿を消し、アメリカ映画商社は閉鎖を命じられた（田中純一郎『日本映画発達史Ⅲ』）。

喜八日記見つかる

かつて、喜八は自著『ただただ右往左往』の中で、こう書いた。

日記というものを、ある期間つづけたのは二度しかない。一度は小学生の頃の夏休みの宿題だが、天気だけ書いといて、中身は泥縄式にまとめてデッチ上げた、ま、言わば創作だから、日記とは言いがたいし、二度目の、工兵学校と予備士官学校で合計八カ月書かされた筆書き（これがすこぶる苦手）の日記は、一週間分ずつまとめて区隊長殿の検閲（チェック）があって、「本日ノ反省スベキ点左ノ如シ、一ツ……」なんぞとタテマエしか書けなかったから、これまた日記とは言いがたい。

自身がそう書いたくらいだから青年期の日記はないはずだった。しかし、それはあったのだ。二〇二三（令和五）年三月末、喜八が撮影現場で使用していたシナリオに、喜八自身がどういう書きこみをしていたのかを調べるため、私はシナリオを保管していた島根県安来市にある足立美術館を訪ねた。

衣装ケースに入ったシナリオを一つひとつ取り出して写真を撮影していったところ、その中に、明らかにシナリオとは違うものがあることに気付いた。色褪《いろあ》せた朱色の表紙に、黒字ではっきりと「新重要日記」と印字されていたのだ。喜八の次女、真実さんからも日記の存在は聞いておらず、足立美術館から事前にもらっていた目録にも入っていなかった。それは、日記が私を呼んだかのような瞬間だった。

後日談となるが、私から話を聞いた真実さんは足立美術館から日記を取り寄せている。そして、驚いた様子で「新発見だよ。誰も知らないキハチだよ」と連絡をくれた。

予想外の対面に、恐る恐るページをめくっていくと、冒頭の「予記録」のページに「昭和十七年九月十八日（明治大学二年）筆を染む。」と書かれてあった。昭和十七（一九四二）年という年は、六月にミッドウェー海戦で敗れ、八月には米軍のガダルカナル島上陸を許すなど、日本が敗戦に決定的に傾斜していく分岐点ともなった年だった。その年の九月十八日から翌年の一九四三年十一月七日まで日記は付けられていた。

薄い罫線に沿って、針金で造形したような几帳《きちよう》面《めん》な文字が連なる。思いがこもると、一文字ずつ濃くはっきりと書いた。十八歳から十九歳の喜八からは、照れなのか、自嘲する文体、カタカナの多用など、後年の喜八に通じるものを見出《みいだ》すことができる。

まだ書きはじめたばかりの十月七日の日記を見てみよう。「一ヶ月半ブリに散髪に行」き、一時間丁寧に手入れをしてくれたのはよいのだが、思ったよりも高額の料金を取られてしまう。「アパートの小母《おば》さん」と書いているのは、青木荘の管理人か大家の女性のことだろう。その女性とこんなやり取りがあったことを書き記している。

〝ねェ小母さん　どう？　見違えたでしょう？〟って云《い》えば〝アラ、コッチが云わナイもんだから催促してるよ　ドコ　マアア　良い男！　有っても無くっても良い男よ。〟とこう

来た。チェッ　ナンジャラホイ
その後、風呂に入っているが、「コレも二十日ブリ位でアル。アカが壁の様に落ちて行った」と書くくらいなので、やはり風呂嫌いは相当だったようである。
日記には空襲警報、軍事教練などについて記されているが、戦時下の悲愴《ひそう》感はほとんど漂っていない。いじけたり、拗《す》ねたり、皮肉を記したりすることもまずない。どこまでも明るい。
大学の友人「竹内」との一九四三年二月六日の出来事を記す喜八の筆はユーモアに満ちている。

午後、竹内と自習室に行く。配給論
三時、自習室を出て、汁粉を食いに行く。入るや否や、竹内のヤツ、隣に座って居た日大生にこう云った。

「どう？　アマイですか？」って。

オレは、ゼンゼン彼氏のヅーヅーしさにオドロイたものでアル。

日大生の答が又、フルッて居る。

「さァ、まァ水よりは砂糖ッ気が有りますネ」とこう来る。

給仕の女の子がプーッとフクレてやがった。

多くの女性に焦がれて

かつて、コラムニストの山本夏彦（一九一五／大正四年生）は、その著書『誰か「戦前」を知らないか』で、戦時下であっても大衆は「その日その日を泣いたり笑ったりすること今日《こんにち》の如く暮してました」と語ったが、喜八たちも、時折、ふと戦争の影を感じさせながらも、戦時下を青少年らしい明るさで生きていた。

一九四三（昭和十八）年一月十九日の日記に出てくる「六さん」と「トンプク」さんは、ほかの日の記述から推測すると、故郷米子にいる女性で、どこまでの関係だったのか、はっきりしたことは分からないが、好意は寄せていたのだろう、日記にたびたび登場し、喜八を悩ませている。


昨夜、六さんとトンプクさんの夢を見た。

戦場、薄暗い戦場をオレはトンプクさんと歩いて居た。

と、大砲のタマが飛んで来て、オレは足に負傷した。

トンプクさんは消し飛んでしまったラシイ、見えなくなった。

すると何処《どこ》からか、六さんが来て、オレに肩を貸せて、山の上に抱き上げてくれた。そしてサヨナラと云って山を駆け下りて行ったのでアル。
オレは後を追った。そして米子の町を二人で歩いた。

喜八は、驚くほど〝生真面目〟に美人と出会うとそれを日記に記した。防空演習まで美人鑑賞の貴重な場と考えていた。

今日　明日　防空演習なり。或《あ》る友曰く〝防空演習でもないとネ　近所のシャンが見られねェでヤガンノサ〟と。
之は東京では真理でアル。

（一九四二年十月五日）

「シャン」とは、『日本国語大辞典』によると「顔だちの美しいこと、また、美人をいう俗語。元来は学生語」とあり、語誌として、「明治時代の旧制高等学校の学生が言い出し広まった語。大正から昭和戦前にかけて学生以外にもよく使われた。特に昭和初期には流行語となり、『シャン』を元に多く合成語が造られた」と記されている。

一九三五年刊行の夢野久作《きゅうさく》の『ドグラ・マグラ』には、「現在、死人の戸籍に這入《はい》っているその少女は、近いうちに自分のシャン振りと負けず劣らず……」、同じく夢野の『鉄鎚《かなづち》』（一九二九年）には、「それは二階の美人画とは全然正反対の風付《ふうつ》きをした少女であったが、それでいてF市界隈《かいわい》は愚か、東京あたりにでも滅多に居ないシャンであろうことが、世間狭い私にも容易にうなずかれた」とあり、一九二八年に雑誌『改造』で連載の始まった谷崎潤一郎の『卍《まんじ》』にも、「うち直接には知らんけど、あの人えらいシャンやいわれて、みんなが騒ぐのんやてなあ、あんたみたいに綺麗《きれい》かったら一緒に歩いててもちょうどええけど」とある。

「シャン」だけではなく、喜八は女性のことを日記でよく、「メッチェン」と表現している。これは、「若い娘」を意味するドイツ語で、福田眞人《まひと》の論文「明治翻訳語のおもしろさ」（『言語文化研究叢書』七号、二〇〇八年三月）によると、「新しい時代の寵児《ちょうじ》となった高等学校と大学の学生によって使用された」という。太宰治の小説で「メッチェンの来訪です。わが愛人」（『花火』、一九四二年『文芸』に発表）や、織田作之助の小説でも「おい、お前にもメッチェンを世話してやろうか」（『六白金星《りくはくきんせい》』、一九四六年『新生』に発表）とくだけた調子の会話の中に登場する。

　喜八も日記の中で、くだけた調子で使う。「浅草のメッチェンは色気がアリマス」（一九四三年五月二日）や「東横デパートへ行き、地下鉄で帰える。地下鉄の出口で見たエキゾチックなメッチェン印象濃し」（一九四三年五月八日）、「三越の前で又《また》してもウルワシキ、メッチェンを見る。深窓型で、不肖ボク等の如きプロレタリヤの手の届かない処の存在である」（一九四三年五月三十日）など、浅草、渋谷、銀座とあらゆるところで女性に目が行った。そして、「僕は元来人通りの多い処で人を待つ事に大いなるヨロコビを感じる。何となればゴク冷静にメッチェンを観察する事が可能で有るからで有る」（一九四二年十一月十二日）とご満悦な様子でつづった。

こんなことを書いた日もあった。

オンナ共がムヤミに目につく。イヤにキレイなドーブツだと、シミジミ思う。

（一九四三年二月二十三日）

しかも、漫画家を目指しただけあって、気に入った女性を見かけると、その日の日記に見事な女性の似顔絵を描くこともあった。後年の書籍の中には、喜八が女性嫌いであるかのように書かれたものがある。確かに奥手であったかも知れないが、実は「シャン」も「メッチェン」も「オンナ」も大好きだった。

勉強も頑張る喜八

喜八について書いたある新聞記事には、「父親は、この人を銀行員にさせたい希望だった。

しかし上京してもさっぱり勉強せず、映画館にばかり通っていたそうである」（『毎日新聞』一九六九年二月十一日付朝刊）とあるが、日記からは、真面目に学校に通い、必死に試験勉強をする喜八の姿を見つけることができる。たとえば、一九四三（昭和十八）年二月二十日の記述。文中の「兵営」とは、先述した「近衛歩兵第四連隊」の建物である。

試験も、もう終ったも同然になった。残った試験は二十三日の商算と取引所論でアル。（彼等はヘッチャラでアル）苦しかった。ゼンゼンツラカッタ。〝試験〟てェヤロウの横ッ面を何度、ハッタオしてヤリタク思った事か。毎晩、否毎朝三時か四時迄《まで》ムヤミに机にカジリついた。兵営の屋根のテッペンから天道サンが顔を出したコトもあった。

文句を言いつつも、試験勉強に励んでいる。

平素のベンキョウが足りないとは云え、コンナにカヨワキ人間を苦しめるのはアンマリッレナカロウゼと天にマシマス神サマをウランダのも一サイならずでアル。

然し、その苦しみの反対給付は何でアッタろうか？

〝交通論・実践道徳・商法のマケイクサ〟之でアル。

活動に行けナイのには弱った。オレとカツドウは、法律上、主物従物の関係にアルのでアル。

∴今日は、シケンが終ってから松映で〝続清水港〟を見た。

シケンのツカレを吹飛ばして余りアル、カツドーでアッタ。


『続清水港』は、後に喜八が助監督として付くことになる、マキノ正博（雅弘）監督の作品だ。この日の日記は、映画が喜八にとって欠くべからざる存在だったことを改めて教えてくれる。

喜八の愛した女優たち

試験の疲れを映画で癒やした二日後、二十二日の日記には、映画への思いを、痛烈なユーモアを交えて書き記している。

机に向ってたら、火災保険屋が、「一ロドーデス」とドアを叩《たた》きやがった。ハバカリ乍《なが》ら、コチトラは、学生でェ、親のスネをカジッテンだぞ、ベラボーメ、そんな金がアルカッテンダ。火事にナッタラ逃げちゃえば良いじゃネェか、保ケンにかける金が有ったらナ、カツドウを見た方がナンボかマシでェ。

どうだと言わんばかりの書きぶりだ。日記には、映画や芝居の記述が多いが、先に芝居について日記の記述を追ってみる。一九四二（昭和十七）年九月二十四日、宝塚歌劇を大学の友人「渡辺」と観に行った。

待合せ場所地下鉄赤坂見附のプラットフォームへ行って見ると、チェッ　宝塚の切符を忘れてた。アパートへ又、後戻り。

（中略）

宝塚へ行く。観客は女の子バカリで少々テレル。

春日野《かすがの》八千代は良い男でアル。千村《ちむら》克子、名三枚目。

ワレ思エラク〝初めて「宝塚」を見たけどレヴューって只《ただ》キレイなダケだナァ〟と柄が落ちるけど、ムーランルージュや清金《シミキン》の方がオレは好きだ。

「ムーランルージュ」とは、一九三一年に新宿で開館し、軽演劇やレビューを上演した「ムーラン・ルージュ新宿座」のことで、「清金」とは、浅草の軽演劇で活躍したコメディアンの清水金一のことだ。日記を読むと、清水金一の芝居に何度も足を運んでいたことが分かる。たとえば、一九四二年十月二日には、こんな記述がある。やはり、同行者は友人の「渡辺」だ。

眼帯を買ってアテガウ（筆者註：ここに眼帯を付けた似顔絵が描かれている。九七頁上段参照）ミッタナクテシャーネェ（筆者註：清水金一が流行《はや》らせたセリフと思われる）。ヒルから神田で待合わせて、渡辺とシミ金へ行く。片目のクセに行こうッてンだからスゲェや。がシミ金へ行けば、ユーウツもなにも吹っとんじゃう。喜劇役者じゃ　まず、彼をアゲるネ。

ムーラン・ルージュ新宿座も日記には、頻出する。一九四二年十月四日の日記。

カスリにハカマをツケテ　アパートを出る。
（中略）そのまま新宿へ出る。
ムーランへ行く。（中略）上に明日待子《あしたまつこ》　下に我等の御室絢子《アヤチャン》の依然たる客観的存在は嬉しい。
（中略）
絢ちゃん、見れば見る程シャンでヤガンノさ。アーア、可笑しな、ファンレターを五回も出さなきャ良かったナァ。

喜八のお気に入りは、この御室絢子という女優だった。五回もファンレターを出したというから相当な熱の入れようだったのだろう。もっとも、十二月五日の日記には、「嘗《かつ》て、オレをモーレツなファンにさせた御室絢子　未《いま》だ健在で有る」とあるので、かつてほどの熱量はなくなっていたようだ。

しかし、そうかと思うと、翌年二月二十五日の日記に、「ムーランは、相変らず良い。シミ金にウツツを抜かしてたけどやっぱりムーランの方が好きだ。シミ金をドギツイ『ビフテキ』だとすればムーランは純日本食のアッサリしたヤツだ」と、ムーラン・ルージュへの情熱が再燃したようで、御室絢子についても「一寸《ちよつと》ヴァムプ染みて来たケド、ベストワン」と見直している。だが、続けて「穂高映子の雛妓《すうぎ》姿、ワシャホレタ」と別の女優について書くように、女性への気の多さは、日記の中での喜八のお馴染みの姿となっている。

明日待子は、ムーラン・ルージュの歴史の中では非常によく知られた女優だが、御室絢子は

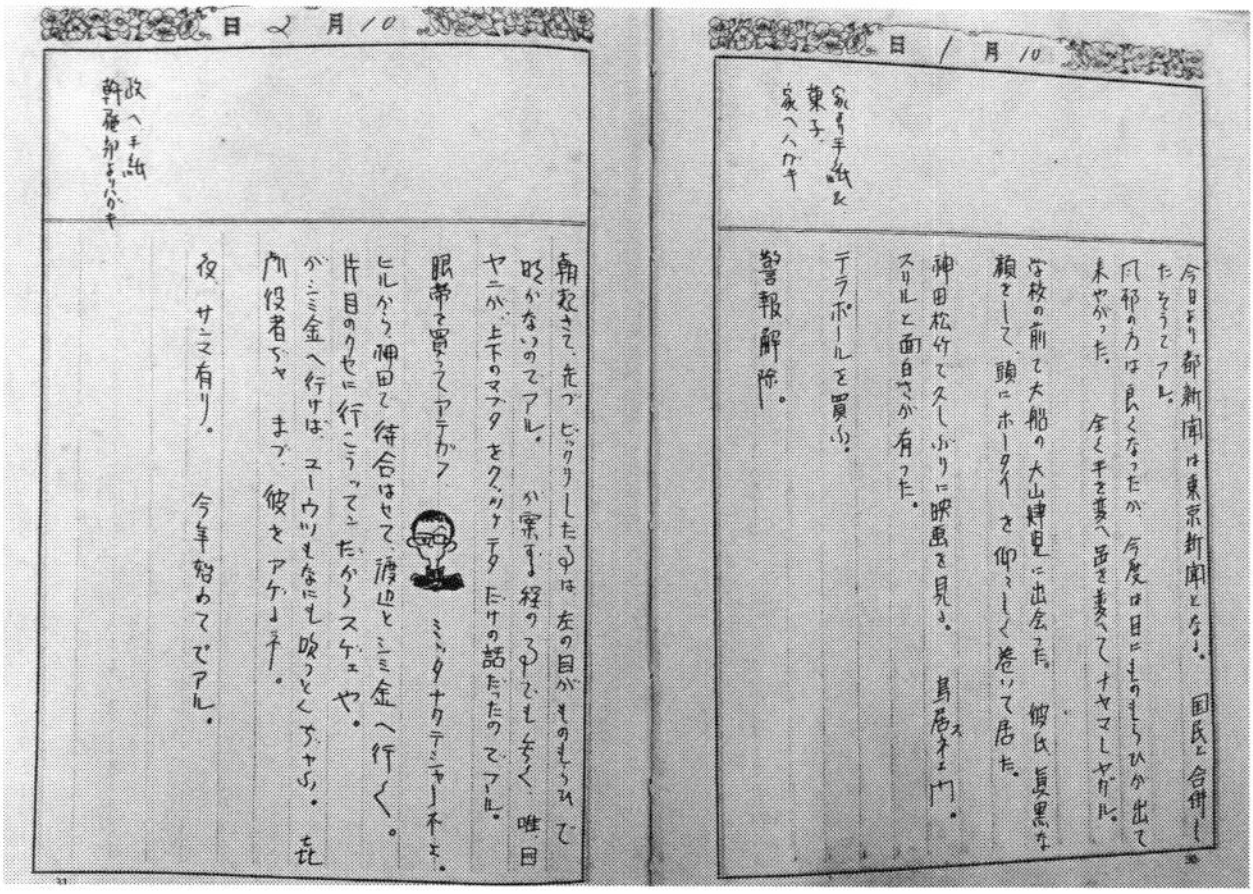

日 1 月 10

家より手紙と
菓子。
家へハガキ

今日より都新聞は東京新聞となる。国民と合併し
たそうでアル。
風邪の方は良くなったが、今度は目にものもらひが出て
来やがった。全く手を変へ品を変へてナヤマしヤガル。
学校の前で大船の大山健児に出会った。彼氏真黒な
顔をして、頭にホータイを仰々しく巻いて居た。
神田松竹で久しぶりに映画を見る。鳥居スネエ門。
スリルと面白さが有った。
テラポールを買ふ。
警報解除。

日 2 月 10

政へ手紙
新庄卯よりハガキ

朝起きて、先づビックリしたのは左の目がものもらひで
明かないのでアル。か案する程のものでも無く、唯目
ヤニが上下のマブタをくっつけテタだけの話だったのでアル。
眼帯を買ってアテがう　ミットモナクテシャーネエ。
ヒルから神田で待合はせて、渡辺とミミ金へ行く。
片目のクセに行こうってんだからスゲェや。
がミミ金へ行けばユーウツもなにも吹っとんぢやふ。芸
内役者ぢやまづ彼をアゲよう。
夜　サイレン有り。今年始めてでアル。

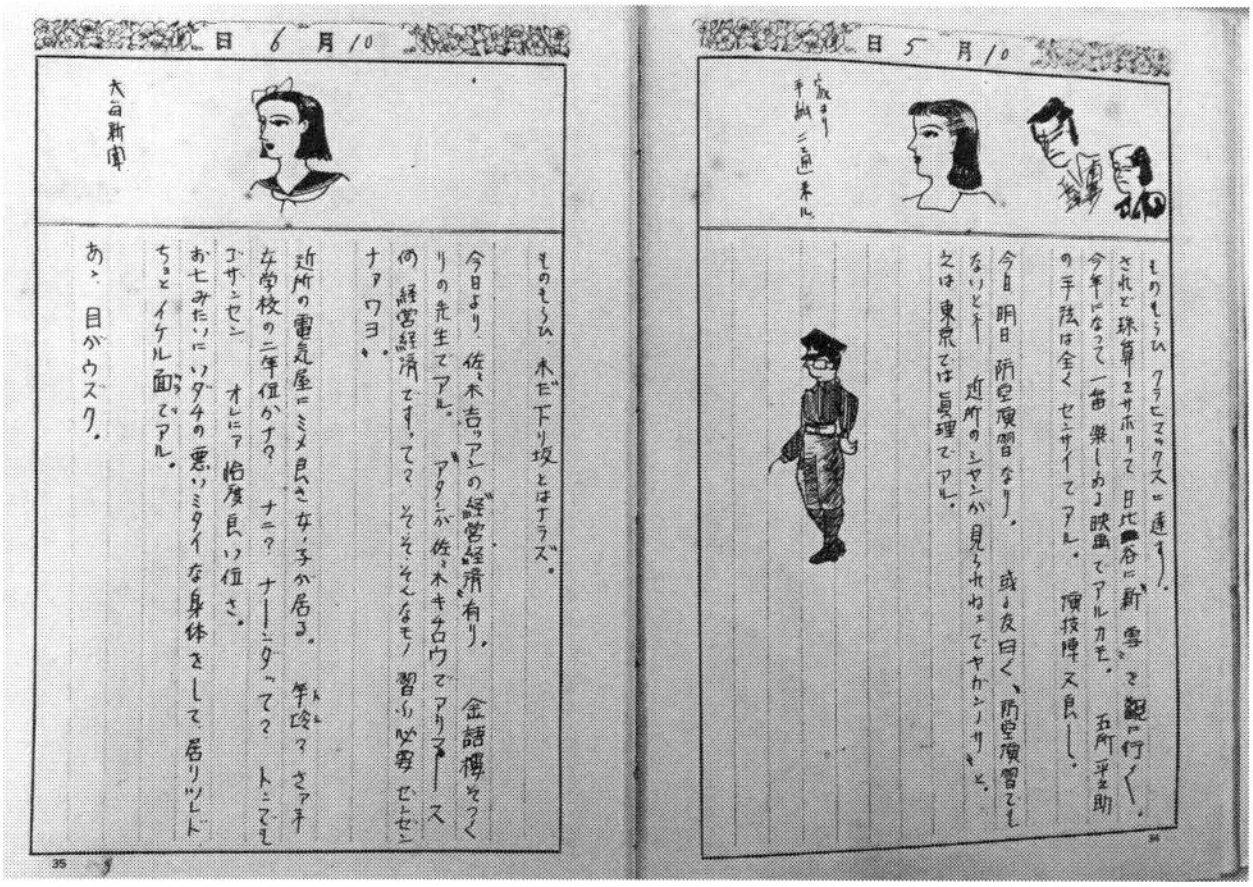

日 5 月 10

家より
手紙二通来ル

ものもらひクライマックスに達す。
されど珠算をサボりて日比谷に"新雪"を観に行く。
今年になって一番楽しめる映画でアルカモ。五所平之助
の手法は全くセンサイでアル。演技陣又良し。
今日明日防空演習なり。或る友曰く、防空演習でも
なりとも　近所のミヤンが見られねェでヤカンノサ、と。
之は東京では真理でアル。

日 6 月 10

大日新聞

ものもらひ未だ下り坂とはナラズ。
今日より、佐々木吉ッアンの経営経済有り。金語楼そっく
りの先生でアル。アタシが佐々木キチロウでアリマース
の経営経済です。てて　そそそくなモノ習ふ必要ゼンゼン
ナァワヨ。
近所の電気屋にミメ良き女の子が居る。年齢？　さアネ
女学校の二年位かナ？　ナニ？　ナーニタッテ？　トンデモ
ゴザンセン　オレにァ恰度良い位さ。
お七みたいにいタチの悪いミタイな身体をして居りツレド
ちょとイケル面でアル。
あゝ目がウズク。

（上）一九四二年十月二日の日記。（下）日記の余白には女性の似顔絵をはじめとした絵が描かれている。(喜八プロダクション提供)

『元祖アイドル「明日待子」がいた時代』掲載の一九四一年十二月十六日から三十日に上演された演目のパンフレット中に、その名前を認めることができた程度で、どういう女優だったのかを確認することはできなかった。喜八の一九四三年十月四日の日記には久しぶりにムーラン・ルージュへ行ったことが書かれており、そこに「御室絢子の去れるは悲し」とあるので、彼女はこの日以前にムーラン・ルージュを辞めているようだ。

ちなみに、喜八がエッセイで「伊勢丹横の『光音座』の下にはアイス・スケート場があって、そこの食堂には、何故か、当時はもはや、かなりの貴重品だった『小倉ホットケーキ』があった」と書いたことはすでに触れたが、スケート場とホットケーキについては、日記にも頻出する。特に、スケートは大好きで、日を空けず通った時期もあった。

それだからこそ、こんな感慨も催すのだろう。「テケツ」とは切符の売り子のことだ。

スケートに行く。之で伊勢丹で滑るのも、今シーズン最後だとオモンバカル。何となく名残り惜しい　ヤルセナイ気持だ。ワルツよさらば、テケツの姉ちゃんよさらば、そしてお、ホットケーキよさらば。

（一九四三年五月三十一日）

スケート場の、そのシーズンの営業終了という出来事を記したに過ぎないはずの日記だが、この頃を境に、自由で華やかな都市文化がまもなく終わろうとしているという事実と重ね合わせると、より索漠とした感情が読み手の胸に迫る。

映画愛

日記の中には、芝居以上に、映画に関する記述は多い。

「午後　日比谷で『歌ふタヌキ《ママ》御殿』を観る。クダラナイ映画なり」（一九四二年十一月六日）とか、新宿の「昭和館で〝ふるさとの風〟（新人のケッ作）」を観たり（一九四三年二月二十三日）、「新宿東宝で、〝花子さん〟帝都座で〝右門《うもん》護《まも》る影〟。前者は、マキノにも似合わず、ツマラナイ。返《ママ》って後者の方がタノシメル」（一九四三年二月二十六日）と東京各所でさまざまな映画を観ては、縦横に批評している。

あの巨匠たちの映画も喜八は観ている。「神田日活で姿三四郎を見る。ケッ作だ。新人黒沢明のウデ前にはシャッポを脱ぐ」（一九四三年四月九日）と黒澤を大絶賛する。その一方で、木下恵介には手厳しく、「午後、渋谷松竹で、ワタナベと、〝花咲く港〟を見る。クダラナイ大船エーガ。新人木下は東宝黒沢より落ちる」（一九四三年七月二十九日）とある。また、小津安二郎の『戸田家の兄妹《きょうだい》』については、こう記す。

東映食堂でランチを食らい、文化映画ゲキ場へ行く。フィルムは戸田家の兄弟。良かった。ダン然楽しいカツドウで有った。小津ちゃんウマイ。

（一九四三年五月二十七日）

喜八は生涯で多くの文章を残したが、小津について言及している記述は珍しいのではないだろうか。

一九四二（昭和十七）年十二月三日の午後、「神田松竹」で観た『ハワイ・マレー沖海戦』について、喜八は「特殊技術は正に上出来で有る。日本にも、こんな良い映画が出来る、と、チヨとウレシクなった」と高く評価しているが、実は、同じ日に、同じ映画館で、この映画を観た人物がいる。作家の山田風太郎だ。山田は一九二二（大正十一）年生まれで喜八より二歳年長。後に医学生となるが、この時は軍需工場に勤めていた。

山田の日記『戦中派虫けら日記』によると、「午後から神田の松竹映画劇場にゆく。今日封切りの『ハワイ・マレー沖海戦』を見るためである」とあり、その感想を「これは東宝がその航空映画に於ける本領を最高度に発揮したもの」と喜八と同じく高く評価する。だが、山田の場合、さらに続けて「日本人の心を奮い起さずにはおかない傑作であった」とし、「自分がいままでに見た映画のうち、最高のクラスに属する」と喜八以上に絶賛している。

ちなみに、喜八が傑作と評価した黒澤明の第一作『姿三四郎』も、喜八が観た二週間ほど前の一九四三年三月二十五日に、山田は会社の同僚たちと日劇で観ている。「興趣満々、しかも相当な芸術美も具《そな》えて見事である。出てからも全身が熱し、息もつまり、こぶしを固く握りしめていたほどである。これほど昂奮させた映画は近来まれである」と褒め、「これほど群衆をひきずりこむことが出来るなら、映画の監督もまた男の一大事業である」と記している。

山田風太郎日記

同世代であり、後にともに戦中派としての心情をそれぞれの作品に濃密に反映させた二人であるが、その日記の調子はまったく異なる。山田は、新聞に目を通し、時事についての所見をこまめに記している。

一九四三（昭和十八）年五月二十九日、アリューシャン列島にある小島、アッツ島の守備隊が全滅した。この時、玉砕という言葉が初めて公式に使用され、以降、多用されることになる。このアッツ島全滅に対し、喜八は後年、エッセイで「あきらかに配《ママ》色は濃厚であり、来年は満二十歳、兵隊検査の私にとっては、一日一日と『死期』が近づく、といった感じが否めなくなって来る」（『鈍行列車キハ60』）と記しているが、日記にはアッツ島についての記述はない。一方、山田は日記に「アッツ島守備隊全滅す。吹雪氷濤《ひょうとう》の中にアッツ島二千の神兵ことごとく戦死す。自分も戦争にゆきたくなった」（一九四三年五月三十日）と記し、憤りを隠さなかった。

両者の違いは、同じ出来事をどう記すかによってより鮮明になる。日米開戦一年となった一九四二年十二月八日の日記で、山田はまず、一年前のその日の出来事から書き起こし、「痛快とも何ともいいようのない壮大感に圧倒され、身体はしばらくぶるぶると震えていた」と書く。それからラジオをつけて、情報収集に勤《いそ》しみ、「昭和十六年十二月八日、この日、日本にとって歴史最大の栄光の日となるか。また恐るべき滅亡の日となるか。いや、われわれは断じて栄光の日たらしめなければならぬ」と記している。それに対し、喜八は「早いものでアル。大東亜戦争がオッパジマッてから、一年はカケ足で行ってしまった」と書く。山田の日記には見られない、そこはかとないユーモアがある。

山本五十六《いそろく》の戦死についても、両者がその感慨を記しているが、読み手に与える印象はやはり大きく異なる。新聞各紙は山本五十六戦死の報を、一九四三年五月二十二日付朝刊で伝えたが、それに対する山田の反応は次のようなものだった（筆者註：刊行された山田の『戦中派虫けら日記』には五月二十日の出来事として記されているが、山本の戦死が公にされたのは五月二十一日）。

○山本連合艦隊司令長官戦死。

このニュースをはじめて定時近い会社のざわめきの中にきいたとき、みな耳を疑った。デマの傑作だと笑った者があった。

が、それがほんとうだとわかったとき、みな茫然《ぼうぜん》と立ちあがった。眼《め》に涙をにじませている者もあった。

何ということだ。いったい何ということだ。

ああ、山本連合艦隊司令長官戦死！

一方の喜八は、新聞各紙が伝えた二十二日の四日前から富士山麓に軍事教練のため、野営に出かけていた。東京に戻ってきたのは、この日の夜だが、日記に山本五十六戦死に関する記述は見当たらず、六月五日に行われた国葬の日にその思いをつづっている。

今日は、故元帥山本五十六海軍大将閣下の国葬日である。
少し早めに起きて八時後楽園に集合、揺《よう》（ママ）拝式《はいしき》を行う。
海行かばを歌って居たら目がカスンで来た。
司令長官で戦死されるんだ。オレ達がタマに当って灰となるのも極々当り前の事ではなかろうか。

快活で軽妙な喜八の日記を読むと、時折こんなふうに、たまらなく哀しくなる一文に出会うことがある。この日から二十五年以上がたった後、映画監督岡本喜八となった喜八郎が、山本五十六について言及することになるのだが、それは第四章に譲りたい。

映画の作り手を目指す

卒業を控え、映画ファンから「かなりの映画マニア」（『鈍行列車キハ60』）となっていた喜八の心境に変化が生まれる。

「映画をどんどん見ているうちに、今度は見ているばかりでは物足りなくなってきたわけです。それでどうしても作る側に回りたい、と思うようになりましたね」

（『男性自身』一九八〇年三月五日号）

先述の作家、太田治子との対談では、こう語っている（『SIGNATURE』一九八四年三月号）。

当時、専門部は二年半で卒業ですが、その昭和十八年の秋には、死ぬまでに一日でもよいから映画の受け手から作り手側にまわっておきたいと思うようになっていました。

ただ、卒業と東宝への入社が一九四三（昭和十八）年秋なので、「作り手側」にまわりたいと思うのがこの時期では遅すぎる。

『鈍行列車キハ60』では、秋の卒業を控え、春に就職活動が始まった頃には、開戦の時の「死ぬまで、一本でも多く、映画を見ておこう！」という思いでは飽き足らなくなり、「死ぬまでに、一日でも良いから、映画の受け手から作り手側にまわって置きたい！」と思うようになったと書いている。そうすると、太田との対談にある「昭和十八年の秋」は、「昭和十七年の秋」の言い間違いではないだろうか。少なくとも「昭和十七年の秋」には、喜八が映画の作り手側になりたいと思うようになったという仮説を裏付ける記述が、日記に残されていた。作り手側になるために、喜八は具体的な行動を起こしているのだ。欄外に「映画志望等　家へ手紙」とある一九四二年十二月十一日の日記だ。

午後独りでスケートに行く。人は少なかった。女も二三人で有った。滑り終って二階喫茶室へ上る。トーストを食う。運動後のコーヒー、又、ヨキで有る。
武蔵野館で〝三代の盃《さかずき》〟を見る。大した事無し。
帰って親爺《おやじ》に手紙を書く。内容は将来の志望（映画演出家）を許してくれてェ事と、お袋の事と、女の事で有る。

途中で煙草のニコチンと、火鉢の一酸化炭素で頭が痛くなったので、風呂へ行く。又、書く。便箋に九枚も書いてしまった。コレ程、ジョウリを尽して書いたんだから、親爺も分ってくれる事と思う。もしも分らなかったら、ヨッポど話せんオヤジで有る事よ、でアル。

十二時就寝。

日記中、作り手側になりたいという意志を明確に書いているのは、この日が初めてである。十二月十一日の段階で、親を説得しようというのだから、その思い自体は、それより前から芽生えていたということだろう。

後年、映画評論家の石上三登志《いしがみみつとし》（一九三九／昭和十四年生）との対談で、石上から「どうして東宝にお入りになろうと思われたんですか？」と問われた時は、「東宝が好きだったんですね」と端的に答えている（『キネマ旬報』一九八三年一月上旬号）が、一九四三年四月十日の時点では、松竹を受けることも検討していた。次の日記中の「奉職係」は、今で言う大学の就職課だろう。

奉職係に人物調書を持って行く。試験の時にはオッカナかったキングコングの如き風ボウのオッサンが色々テイネイに教えてくれた。曰く「趣味ならショウガナイけど、松竹なんかよりもっと良いトコへ行った方が良かァナイかナ？　正金なんかドウ？　良いぜ？　君の成績なら行けるけどナ。」オレは少々ウレシクなったものでアル。

「正金」とは、横浜正金銀行（現・三菱ＵＦＪ銀行）のことだ。一八八〇（明治十三）年に設立され、外国為替専門の銀行となり、世界三大為替銀行としても知られた。エリート行員への道を期待されて、まんざらでもない気持ちになっている。

このエピソードに似た話を喜八はエッセイで書いている。学生課の前に貼り出された求人のビラの中に、東宝からの募集があり、就職係に応募することを伝えると、「え？　東宝？　戦争中だよ、良いの？」と念を押しながら、申しこみ用紙をくれたというのだ（『鈍行列車キハ60』）。だが、このエピソードの原型は松竹入社を検討していた時のものだった。松竹か東宝かの悩みは、一か月後も続いていた。

行手は松竹か、ハタマタ東宝か。（一九四三年五月十日）

二月二十五日の日記の欄外に「シューショク写真ウツス」とあり、その約一か月後の四月九日の日記には「写真を取りに行く。モノスゲェ顔でヤガンのさ」と書いている。

この写真の出来に余程不満だったのだろう、五月二十四日に再度、就職試験用に撮影した写真を取りに行っている。このあたりで東宝を受けると決意し、写真を撮り直したのではないか。今度の写真の出来映えは満足できるものだったようだ。

就職写真を受取りに行く。その眼は情熱的で有り、その濃き眉は意志の強さを現す。されど、その鼻は助平を表象して余り有るなりと誰かがヌカシタ。

それから、一か月ほどたった七月三日の日記には、この日観た映画の中に「アコガレの東宝の撮影所がアラワレタ」と書き、その三日後には、「就職は、東宝映画カブシキ会社へ履歴書てェヤッカイ且《かつ》ムツカシイものを呈出したけど、未だ海のモノとも山のモノともワカラナイ」とあり、もう気持ちは揺らいでいない。

喜八は最終的に東宝しか受けていないが、その理由は日記からは判然とせず、「東宝が好きだった」からという理由も否定できない。ただ、東宝を受けると決めたものの、友人たちが次々と就職を決めて行くと、プレッシャーを感じるようになる。

改森、日本内燃機に受かった由、之で、グループの内、五人も入社したってェ訳である。

渡辺が、日本光学、稲本が住友通信、吉田哲が日本通運、大和田が、三井造船、残るはオレと吉田義と竹内、ガンバラざァナルメェ
（一九四三年七月十二日）

ここに登場する友人たちは、「渡辺」を筆頭に、日記では常連の面々だ。
ちなみに、この日の日記はこう続く。

会計学と、宣伝広告の本をヒモトク、入社試験で、突込まれたらテイヘンであるからでアル。
チキショウ、殆んど忘れてヤガル。

軽妙な調子とは裏腹に、殊勝な態度で入社試験に挑もうとしていた。

東宝入社試験

東宝の入社試験は、一九四三（昭和十八）年七月十四日午後一時からだった。その前日には、友人の「竹内」が「東京光学」という会社に受かったと本人から聞き、「いよいよ、こいつァ是が非でも東宝に入れて貰わなくちゃいけねェ」と発奮し、いそいそと準備に勤しんだ。

風呂へ行き、ヒゲをソリ、洋服のホコロビを繕い、万年筆にインクを入れる。明日の入社試験の準備で有る。イソガシイ。

入社試験は二日に分けて行われ、七月十四日は身体検査だった。その日の日記はこう始まる。

一時より東宝本社で入社試験が有るので、午前中の授業もサボってしまう。半時間程前に、銀座に向って都電に乗る。そして尾張町《おわりちょう》の地下で深呼吸を四五十回実施して気を落着けた。

緊張感が伝わってくる内容だ。日記は続く。

泥棒猫の様にビルに入ったら受付の小父《おじ》さんが、二階へ上ってくれと云った。二階の食堂では、社員達が、メシをかき込んで居た。

控室には明治の二部法科生が一人ポツネンと座って居た。

一時半頃から身体検査は始った。ケー・早・明・立・日・法の順序である。(何でも之だからヤだ）全部で三十五、六名来てるらしかった。

検査は極々簡単だった。オレボレ（筆者註：「オイボレ」のことか）の医者が聴診器てェモノで胸の裏表に十ヶ所程、電話を掛けて聞いて居たが、

「病気した事アリマスカ？」「ハァ全ゼンナイです。」

てんでアザヤカに終った。

電車賃クレルカと思ったけど、一銭もくれなかった。帰る。


翌日の七月十五日は筆記試験だった。この日は防空演習だったため、喜八はゲートルを巻いて東宝に向かった。やや長いが、この日が映画監督岡本喜八の誕生にかかわる重要な一日であることは疑いようもないので、一部端折《はしよ》りながらも、なるべくそのまま入社試験の様子を紹介したい。


昨日の通りに二階へ上ったら人事課の若いのが到着順をツケて居た。余は六番目であった。早く来て良かった。

九時半頃から食堂で筆記試験が始る。A、B、C、三問出て一題選択の論文である。余は〝映画の国策性〟てェのを書き初め、四枚やっとの思いで書き上げた。大体書けたと思う。

やれやれ之で筆記は終ったと思ってたら又、一時間常識問題が出た。P・K・ラヂオロケーター・映画法等十題である。余はせいぜい四ッ位しか書けなかった。新聞の第一面を読まないバチである。

十一時半、夫々《それぞれ》一円ずつおベントウ代を貰ってメシ食いに出る。政経の学生とカレー丼にカブリつく。

行く処がナイので、スグ東宝に帰って一時迄話し乍ら待つ事にする。食堂に降りて来る事務員達は殆んど、シヤンに思えた。そして一様にスマートで有った。

（中略）

一時間半程して、ようやく順番が来て、人事課のお兄ちゃんに連れられ六階迄、テクテクと階段を登って行った。

一緒に登った明・立・日の七人の学生達とゴーシヤな応接室に待って居ると、二三番目当《ママ》りにオカモトさんと呼びに来た。

トタンにムヤミに心臓がドッキンドッキンとトドロイタものである。

ドアを開け、閉めて、一礼したら、下に敷かれたジュータンがモノ凄く立派でアル事に気がツキ、こいつァ靴を脱がなくちゃナルメェかなと思った。

試験官は五人、ネイモウ（筆者註：獰猛《どうもう》の誤読か）な顔をして、このアワレな囚人みないな《ママ》受験者に無エンリョなジロジロ的視線を送った。そして代る代る軽機の様にポンポンと質問の雨を降らせた。

「年齢は？」って聞いたから「ハァ二十です」と答えたら「若いデスねェ」とさも感嘆之久しゅうしたミタイに隣同志《ママ》が顔を見合わせた。

「入ったらどんな課を志望しますか？」

「ハァまァ事務的な仕事より活動的で急しい仕事に廻して戴けたら幸いに思います。」

「でしたら劇場なんかデスね　ウチの会社でしたら。」

正《まさ》か、切符切りはサセラレナイからと思って、

「ハァ　それでも結構です。」

とは、云ったものの後から考えて見たら、劇場勤めなんて余んまり良きもんじゃない。スタジオの方がズット良い。

其の他、成績・家庭の事情・性質・スポーツ等、突込まれたりシボラレたりで、モミクチャにされて部屋を出た。

頭をコーフンの為、ボー然とさせ、漠然とした足取りで外に出たら、「ドーデシタ？」と、政経の学生（笠原とか云った）が寄って来た。希望の課を、企画部だと云ったら、試験官が、プロデュサーなんてェ商売は相当年コーを経たモノがやるんだと油をシボラレタ由。

どうも入れっこ無さそうな気がする。何人取るか分んないけど、あんなに志望者が居たんじゃァ。

帰ってセイコンつき果てて寝転んで居たら、爆撃機に向って、ハヤブサが、ヒラリヒラリと戦いをイドンで居た。海軍予備学生を受けときァ良かったな。と敗ザン者みたいな気持にナッタ。

当然と言えばその通りだが、結果が分かり、映画監督となった地点から振り返ったエッセイと、自分が何者になれるのか分からないどころか、目先の合否さえ知り得なかった時に記した日記では、悲愴感も、喜びの工合《ぐあい》もまるで違う。入社試験を受けるより、「海軍予備学生」になったほうがよかったと書き、「敗ザン者みたいな気持にナッタ」と慨嘆し、さらに後述するが、自分は「兵隊向きかもしれない」と開き直る喜八の姿は、日記中でしか出会うことはできない。

待ち焦がれた採用通知

試験ではまったく手応えを得ることができなかったが、それでも、以後数日の間、喜八は朝に夕に採用を知らせる電報が来ることを待ち望んだ。その心境がよく出ているのが、試験翌日の七月十六日の日記だ。


朝、電報も速達も来なかった。フラレタかな？

（中略）

ヒル間も何にも来なかった。

夕方も電報のデの字も配達されなかった。

イヨイヨこりゃオッコッタらしい。

駄目と知ったら日本タイプライターを受けよう。それもフラレタらまァ荷物をマトメテ田舎に引上げるんだネ、チキショウ　ミジメなもんだよ、そうなったら。

早く、兵隊に行った方が良いかもしれない。オレってェ男は、兵隊向きかもしれない。

あァ、何て、ムシャクシャするコッタろう。


文字通り、待てど暮らせど東宝からの採用通知が届かないので、喜八は結局、「日本タイプライター」を受験している。東宝からの合否を待つ間、諦めたり諦め切れなかったりと気持ちが行ったり来たりしている。しかも、「オヤヂから手紙が来た。東宝入社の吉報を待つだってサ、ヤンナッちゃう」（七月二十一日）ということまであり、喜八はすっかり参ってしまう。
しかし、七月二十二日、ついに東宝から採用通知が届いた。喜八は歓喜する。「銘記せよ七月二十二日。待ちに待ったる東宝より採用通知来たる」で始まる日記は、その文字の上に赤鉛筆で大きく力強く「バンザイ!!」と書いてある。喜八の喜びを嚙《か》みしめる様子が伝わるよう、そのまま引用したい。

大和田と渋谷にビールを呑《の》みに行ったが、呑めそうも無く暖き風なるツマラヌ活動を見てアパートへ帰り、アーア寝ようかなと思ってたら修子さん（筆者註：喜八が下宿した青木荘の管理人か大家の女性の娘か）が来たワよッと寝巻姿でスッ飛んで来た。オレはシュンカン呼吸の止るのを感じた。フルエル手で封を切ったら、採用に決定すの字が目に写った。オレはガゼン　ホガラカになった。修子さんは良かったわネェとオレの肩の骨をポンと叩いた。もうテッキリダメだと思ってたので嬉しさ又格別でアル。十二時頃迄、ネムレズ。
（その気持ワカル。）

喜八は、自伝やインタビューなどで入社試験の時のことを何度も書き、答えている。これはささやかな違いだが、『鈍行列車キハ60』で、筆記試験の論文の課題が「国策映画について」

とあるのは、日記では「映画の国策性」となっている。一方、合格したことは「ツキ」だったと捉える喜八の〝根拠〟は、面接試験官の総務部長が喜八と同郷で、しかも祖父の梅太郎と知り合いであることが面接の席上判明したことだった。喜八はそれが分かった時、「シメタ」と思い、「これが、ツキのツキはじめ」であったと記している。総務部長は、「N総務部長」となっており、「私のコドモの頃からずっと米子市長で、〝文人市長〟と言われていたNさんの弟さんであった」と説明する。「N総務部長」とは、東宝の総務部長だった野坂三郎のことで、その兄は野坂寛治《かんじ》といい、この時期は鳥取県議会議員だった。野坂寛治が米子市長となったのは、戦後の一九四五（昭和二十）年十一月からで、一九六三（昭和三十八）年四月まで十七年間在職した。

面接の様子を事細かに書いた日記には、面接官に野坂がいたこと、梅太郎の話題が出たことについては、記されていなかった。しかも、面接後の喜八はその運のよさを喜ぶというより、むしろ分かりやすいほど落ちこんでいたのだ。

父との関係

「助監督になれた！」と大喜びで、米子にいる父、敞一に手紙を出したら、敞一は「一家眷族《けんぞく》に集まって貰って、親族会議を開」き、「そんな水商売に入れたら、嫁が貰えなくなるのではなかろうか?」と提起したと、『鈍行列車キハ60』に書いている。そんな父の姿を、「それにしても、父の右往左往ぶりはどうだろう?」とからかう。

しかし、すでに見たように、喜八は一九四二(昭和十七)年十二月の段階で「映画演出家」を志望することを父に伝えていた。今回、喜八に関する資料を調査する中で、この時、喜八が父に出した「便箋に九枚」の〝嘆願書〟に対する返事が、喜八の日記の中にはさまれた状態で見つかった。それは一枚の便箋いっぱいにつづられていた。

拝啓本日手紙拝見シマシタ。就職ノ事ハ本人ノ特性ニ合ッタ自信ノアル事ガ第一番デアルノデ、演出家ニ成ルノモ決シテ反対デハアリマセン。映画学校ニ入学スル事モ反対ハシマセンガ、其レニ就テ二三不明ノ点モアリ、尋ネテ見タイ事モアリ、面談ノ必要ガアリマスカラ冬休ミニ帰省シテカラ小原、野田、持田トモ相談シテカラ決定シテ下サイ。マズ何ニ成ルニシテモ成リ損ッテハ取返シガ附キマセンカラ自信ヲ以《もっ》テ何デモ必ズ其モノニ成功(立身出世ハ別トシテ)セネバナリマセン。デハ面談ノ上ユックリ話ヲ決メマショウ。

父ヨリ

昭和17年12月14日

喜八郎殿

手紙からは喜八が「映画演出家」になるため、専門部を卒業した後、直接映画会社ではなく、まず「映画学校」に入ろうとしていたことが分かる。そんな息子のわがままに対しても、父親は頭ごなしに否定しない。小原をはじめとする親戚に相談すること、何より会って話をして決めようと伝えるなど冷静に対応している。

この手紙を見た後で振り返ると、前述のように、東宝への入社が決まる前日に敞一が「東宝入社の吉報を待つ」と書いた手紙を喜八に送ったことからは、息子を思う父親の愛情が痛々しいほど伝わる。だが、理性的で細心に振舞おうとする父親の態度を、喜八は小うるさく思い、時にプレッシャーに感じていた。

結果として、喜八は実母については情愛たっぷりに回想したが、敞一については茶化すことが多くなった。東宝入社後、喜八は給料から月々一円ずつ仕送りをしたが、その「シワシワの一円札を、一枚ずつ丹念にアイロンを当てて、大事に仕舞っていた」(『鈍行列車キハ60』)という、ややもすれば父の小心さをことさら強調するエピソードは、日記や手紙によって、喜八の意図したところとは違った意味を持つのである。

どうも判らない、親爺であった。もっとも、親爺にしてみれば、どうにもこうにも判らない、セガレだったかも知れないのだが。

喜八は父親に自分の映画にかける思いを分かってほしかったし、父親も父親なりにその思いを汲み取ろうとしていた。何より、この敞一からの返事が、喜八の日記の中にはさまった状態で残されていたことに意味がないとは思えない。決して器用ではなく、もしかして最後まで分かりあえなかったかも知れない親子の、ひたすらに濃い情愛が、この手紙をめぐる短い物語から伝わってくる。喜八は、その愛を認めつつも、抵抗し続けた。『近代中小企業』という雑誌の一九八〇年五月号への寄稿で、喜八はこう書いている。

三歳《ママ》の頃に、母を亡くし、中学校の頃に、たった一人の姉を亡くした。したがって、僕は父の盲愛を受けて育った。父の大きな愛に甘えていたわけだが、ここで僕は「反抗」という血を新たに自身の肉体に流し込んだ。

母への思い

一方で、母親との関係はどうだったのだろうか。話は少しさかのぼるが、一九四三（昭和十八）年六月六日、母が祖母とともに、米子から上京することを手紙で知らせてきた。それに対し喜八は「お袋が八日頃上京するラシイ。ウレシイ」と率直に日記に記した。ここで言う「お袋」とは、父親が再婚した政枝のことだ。一九一五（大正四）年生まれで、喜八とは九歳しか違わなかった。喜八の従弟である小原淳男さんの語るところによれば、政枝は米子有数の料亭であり、後に皆生《かいけ》温泉で旅館業を営む「ひさご屋」で働いていた女性だった。ひさご屋には、喜八の叔母の一人が嫁いでいた。淳男さんによれば、政枝の実家とは親戚ではなかったという。

第一章で見たように、後年、喜八は実母であり、八歳の時に亡くなった松枝のことを、自著などでくり返し書いた。そこに実母に対する強い思いが感じ取れるのだが、日記の中では、後妻である政枝に対しても思いを寄せており、継母への嫌悪は見られず、むしろ政枝を思慕し、愛されたいと願っていたことが伝わってくる。

米子へ帰省し、東京に戻る時、見送りに来てくれた政枝に対して、「ホントに良いおフクロだ。（何時《いつ》かゆっくり、おフクロ論を書こう）」（一九四三年四月五日、六日。筆者註：原本の日記にふたつの日付が書かれている）と書き、「おフクロが手紙をくれた。オレは嬉しかった。先月迄は想像もしなかった事だ」（同月二十一日）と喜び、「おフクロが何か食ってくれと云って十円送ってくれた。オレは本当に嬉しかった。が、食ってしまうのは何だかモッタイない。アルバムでも買おうかな？　マッタク良いおフクロであるアル」（五月七日）と感動している。

特に、一九四三年五月二十六日の日記には、政枝から本人の写真を送ってもらったことを、

「おフクロが写真を送ってクレタ。心のカテが出来てウレシイ」とまで書いている。そして、嬉しさのあまり、その写真を下宿のおばさんに見せている。

それから二週間ほどたった六月九日、「朝八時半頃の急行でおフクロとお祖母《ばあ》さんが上京した」。喜八は張りきって、十日から十三日まで、二人を明治神宮、東郷神社、浅草、神田立花亭、銀座三越、歌舞伎座などを案内した。

ところが、六月十四日「ソフ　チュウキ　ツク」と連絡があった。あえて、祖母には知らせず、翌日、二人を米子に見送った。「正に青天のヘキレキとや云わんか」であった。

祖父の死と「名カントク」への道

入社まで一か月ほどとなった一九四三（昭和十八）年八月三十一日、東宝の「サツエイ所より面会通知」があり、九月三日、喜八は撮影所に行く。この日の日記には、ほかの日よりも濃く、大きな字でこう書いた。

〝余の運命キマレル日〟

撮影処に行く。と、助カントクの椅子がオレを待って居た。手の舞足の踏むトコロを知らずでアル。

『日本国語大辞典』によると、「手の舞い足の踏む所を知らず」とは、「うれしさにたえられないさま。非常に喜んで有頂天になっているさま。小おどりするさま」とある。まさに、欣喜《きんき》雀躍《じゃくやく》の喜びようであった。

実は、その二日前の九月一日、米子から祖父、梅太郎が死去したとの電報を受け取っていたのだが、その時のことを喜八は九月四日の日記にこう記している。

ソフシスの悲電の来たる。

来たるべきものが遂《つい》に来たの感じ。死目に逢《あ》えなかったのを悲しむ。

帰郷した喜八は、五日の日記に決意を記した。

お祖父《じい》さん、余の事ばかり云って黄泉《よみ》の国に旅立ったと。転《うた》た、感慨無量。

幹候も受かろう。名カントクになろう。お祖父さん。

「幹候」とは、陸軍の幹部候補生のことだ。翌年には二十歳となり、徴兵年齢に達することになる。そうすれば、軍隊に入ることになるが、大学まで行っているのだ、一兵卒ではなく、「幹候」の試験に受かり、将校として戦場に赴く。これは喜八だけではなく、当時の多くの学徒が選ぶ道だった。

この時、喜八は十九歳。名監督への道を夢描いていた。やりたいことは山ほどあった。その手の届くところにいた。だが、同時に、戦地に赴くという、当時の若者としてやらねばならないことも覚悟していた。それは死を前提とした哀しい宿命だった。まさに夢と現実の狭間《はざま》に、喜八は立っていた。

助監督としての日々

一九四三（昭和十八）年九月二十五日、喜八は明治大学専門部を卒業した。「今日はハレの卒業式でアル」と書き出したこの日の日記によれば、「面白くも無い」式を途中で抜けて、喫茶店で紅茶を飲んで、戻ってみたら、すでに式は終わっていた。受け取った成績表は芳しくなかったが、「ま、ともアレ、無事、卒デ業（し）たんだからオメデタイこった」と相変わらず、軽妙な調子で書いている。続けて、「然し、早いもんでアル。たった此の前、入った様な気がする」と感慨深げに振り返った。九月三十日、翌日の入社日を前に、散髪にも行った。

いよいよ明日から、芸術家のタマゴで有る。何だかオッカねェ気持だ。

そして、こんなことも記している。

六ちゃんと逢引《あいび》きの前夜ミタイに落着かナイ。

「六ちゃん」（六さん）のことはすでに一度触れたが、喜八が思いを寄せる米子の女性のことだ。
十月一日、「新入社第一歩」。八時半頃スタジオに着き、人事課で総務部長の野坂三郎と人事課長の二人に会い、その後、演出家の部屋などを案内してもらい、午後三時頃には帰った。
翌日も演出家の部屋で、演出家を五、六人紹介してもらうが、名前を片っ端から忘れた中で、ただ一人、「姿三四郎の黒沢さんだけ覚えた」と記す。喜八が前述の四月九日の日記で絶賛した映画『姿三四郎』で、この年の三月に監督デビューしたばかりの黒澤明（一九一〇／明治四十三年生）との初めての出会いだった。
この時、演出家の部屋では、黒澤の次回作のタイトルについて話し合いが行われていた。これから引用する日記に登場する「谷口」とは、後に喜八が助監督に付くことになる谷口千吉、「田辺」は同期入社の助監督のことだ。同期入社の助監督については、名字だけ日記に記しているが、田辺以外に、「西岡クン」、「野田クン」がいた。終戦直後の一九四八年刊行の『キネマ旬報』十一月秋季特大号に、東宝社員の一覧が掲載されており、「演出助手課」(助監督)の欄に「岡本喜八郎」の名前をはじめ、同期入社の名前が出ている。それによると、田辺は「田辺耕二」、西岡は「西岡豊」、野田は「野田康之」のことを指すと思われる。

皆でゴチャゴチャ何してんのかと思ったら、黒沢さん次回作の題名をキメてるのである。溌剌《はつらつ》の眉。門は胸を拡《ひろ》げてる。美しき隊列。等々、皆、小学唱歌なんてェホンを拡げて頭をシボッて居る。誰かが娘万才が良いと云った。それゃ吉本興業モンだネと、処置ナシである。活動の題名なんてコレでキマッてくんだから凡《およ》そオカシナもんだ。然し今日はトートーきまらナイ。あんた達も考えときなさいよと谷口さんが、ボクと田辺クンに云った。十円出るそうである。

黒澤の監督第二作目の作品は翌年四月、『一番美しく』というタイトルで公開された。日記にはないエピソードだが、この初対面の時に黒澤に言われた話を後年、喜八が回想している(『キネマ旬報』一九九八年十月下旬号)。曰く、「…ここ(助監督室)に入ると判ると思うけどさ、助監督と言っても二種類あってね、いや頭で稼ぐ助監督と足で稼ぐ助監督とさ、でもね、足で稼いだ方が長持ちすると思うよ（中略）…それから、やっぱりシナリオだ、監督になりたかったらシナリオ書きなよ」と。そして、黒澤自身は監督になるまでに、ミカン箱いっぱいにシナリオを書きためており、寝る前に原稿用紙一枚書いたら、一年で「三百六十五枚の大作が書けるぜ」とハッパをかけた。この号が黒澤の追悼号でもあるせいか、喜八は「助監督時代に滅法タメになったし、監督になってからも、いや、未だにツッカイボーになってくれている」と感謝している。

入社して一週間ほどした十月九日には、新人歓迎会があった。

始まりが午後五時からというので、今の感覚からするとずいぶん早い。製作総務課長と、先輩助監督十人くらいが集まって、宴会となった。その場で、先輩助監督から言われたことを喜八は日記に書き留めている。それは「曰く礼儀を重んぜよ、曰く素ッ裸でブッつかれ」であり、「与えられた教訓、注意、期待、タダ感謝の他無し」と素直に喜んでいる。宴たけなわとなり、藤原義江《よしえ》の曲を歌う人、小原節を呻《うな》る人など出る中で、喜八も安来節を披露した。「アンコール。大変な讃辞。ロケの人気ものになるぞ」と大喜び。先輩の一人の反応については「アリガト岡本君アリガトウとオッシャル。意外の反響に、余ウレシイやらテレルやら」とつづった。この日の日記を、「此の日を何時までも忘れまい」と締めくくっていることからも、そのあふれるような喜びが伝わってくる。

「芸術家のタマゴ」となった喜八が初めて台本を手にしたのは、十月十三日のことだった。昼に、スタジオの芝生の上で日向《ひなた》ぼっこをしていたら、製作総務課長が来て、「『芝居道』の仕事についいてクレとおっしゃる」。『日本映画発達史Ⅲ』などによると、『芝居道』は日清戦争の頃の大阪・道頓堀の興行師をモデルにした作品で、監督・成瀬巳喜男《みきお》、主演・長谷川一夫、山田五十鈴《いすず》で、一九四四年に公開された。

総務課長から初仕事を任された喜八はこの日、早速、成瀬や製作主任、演出助手、美術の担当者との打ち合わせに参加した。喜八は「台本」の横にあえて「ホン」とルビを入れ、「台本《ホン》を受取った時のカンゲキよ。忘れられナイ」と、文字通り、感激をつづった。そして、こう記した。

さて愈々《いよいよ》之から助カントクと云うツラクテ楽しいお仕事が始ります。ハリキッテやろう。

その翌日には、喜八の喜びが伝わってくるような文章がある。文中のコーバンとは「香盤」のことで、出演する演技者全員の役と登場場面を書きこんだ一覧表や撮影前に作られたスケジュール表を意味する。

一時頃よりコーバンを書き始める。川西（筆者註：成瀬監督の助監督を長く務めた川西正義）氏はシンセツだ。

俳優課床山さん等紹介……。

愈々急《いそが》しくなって来た。岡本君、進行課へ行って来てクンナイか　へーイ　俳優課へ之を　へーイてナグワイ
小島（筆者註：小島道子。十月二日の日記に「専属の給仕」とあり、先述の東宝社員一覧にも「演出助手課」の項目の最後にその名前がある）クンのくれたカルピス　美味し。

帰ってコーバンの続きを書く。

時間の経《た》つのも知らない。仕事はタノシイもんである。


これまで見てきたように、学生時代の喜八の日記には、戦時下であっても、悲愴感や緊迫感を感じさせる記述は少ない。それは助監督になってからも変わらなかった。ただただ映画製作の現場を楽しみ、監督を目指す、十九歳の青年の姿がある。本来はそれでよいのだ。そういう季節なのだ。ただ、時代がそれに没入する余裕を与えなかった。

学徒出陣

一九四三（昭和十八）年、兵員不足を補充するため、それまで徴集を猶予されていた大学生なども徴集されることとなった。十月二十一日、土砂降りの雨の中で、文部省主催の壮行会が東京の明治神宮外苑競技場で行われた。見送られる学徒は約二万五〇〇〇人、見送る女子学生ら約六万五〇〇〇人の大規模なものだった。

ある元学徒は、こう述懐した。

昭和十八年十月二十一日——私たちにとっては思い出深い日である。迫り来る苦難の日々を象徴する如く、東京の空は低く垂れこめた雨雲に覆われて、出陣学徒壮行会の行なわれた明治神宮外苑競技場には、秋雨が冷たく降っていた。（中略）スタンドは理科系学生や女学生など見送る学生で埋められていた。送る者も送られる者も、戦況の不利を思い祖国の前途を思うと悲壮であった。その後の二年近くの歳月のなかで、冷雨の中を校旗を奉じて粛々と進んだ隊列の中からも、雨にうたれて友を見送ったスタンドの中からも、多くの青春の霊《みたま》は、はるかなる山河に眠って再び学窓に帰らぬ人となった。

（東大十八史会編『学徒出陣の記録』）

喜八と同じ一九二四（大正十三）年生まれ、さらに同じく陸軍特別甲種幹部候補生で、陸軍機甲整備学校に入校した蜷川壽惠《にながわじゅけい》は著書『学徒出陣』で、こう書く。

> 学徒出陣といえばまず雨の中を銃剣を担って悲壮な面持で行進する姿を思い浮べさせるほど、この場面の学徒の姿はこの時期に生きた人達の忘れがたい思い出となって心に残ることになった。

いわゆる「雨の神宮外苑」。その場所には喜八の友人の姿もあった。

> 神宮球場で、学徒出陣の壮行会があったのは、私が卒業して間もなくの10月26《ママ》日である。あの雨中の分列行進のニュース映画には、専門部から学部へ進んだ、同じクラスの連中の顔が、2、3ハッキリと見える。後年、あのニュース・フィルムを、私の作品の中に2度ばかり使ったのだが、何度見ても眼頭があつくなる。
>
> （岡本喜八「軍靴の響きと共に」『白雲なびく駿河台―明治大学100年学生史』）

喜八映画の製作にかかわった劇作家の岡部耕大さん（一九四五／昭和二十年生）は、私の取材に対して喜八が「自宅のリビングで、じっと白黒の戦争の記録映像を観ている姿を覚えている」と語った。

では、十月二十一日のこの日、喜八は何をしていたのか。日記を開いてみる。

撮影が休みの「電休日」だったが、九時半に出勤し、午前中は小道具係やデザイナーと、午後は衣装係と打ち合わせをし、午後三時に帰途についていた。その足で下北沢に住む川西の部屋に立ち寄り、話をしたり、食事をご馳走《ちそう》になったりで、自宅に戻ったのは九時半頃だった。この日が、出陣学徒壮行会であったことを示す記述はまったくない。助監督としての喜八のある一日がつづられているだけだ。ただ、文末の「降雨有りき。」に唯一、出陣学徒壮行会との一致を認めるのである。

助監督時代の終わり

十月二十七日の日記には、原節子の名前が登場する。「小林さん」は先輩の助監督で、先ほど紹介した一九四八（昭和二十三）年の『キネマ旬報』十一月秋季特大号記載の名簿によると、小林恒忠と見られる。

小林さんと歩いて居たら原節子がやって来た。日本一のシャンでアル。キレイだ。彼女ガクンと身体を曲げて小林さんにコンチワと云った。彼氏はヨウッと答えた。チキショウ、早く、こんなになりてェなとオレは思った。

原の仕草は、まるで小津映画の一場面のようだ。

十一月二日には、喜八たち新人助監督と、かつて喜八が日記で「特殊技術は正に上出来で有る。日本にも、こんな良い映画が出来る、と、ちョとウレシクなった」と絶賛した『ハワイ・マレー沖海戦』の監督、山本嘉次郎らが渋谷のバーに集い、映画談義に花を咲かせた。

山本嘉次郎カントク来たる。我等新人二人に向い、コンコンとお話。オレは一ペンでホレタ。曰く、日本映画は万葉集、古事記の精神で作るべきだ、と。

ケチョンケチョンにヨッパラッテ帰える。

その喜びも哀しさも悔しさも、すべて、映画の作り手となった夢の中にいるような、そんな喜八の日々は間もなく終わりを迎えることになる。

日記は『芝居道』の製作のため、靖国《やすくに》神社の遊就館で、日清戦争当時の軍服を見に行ったり、出演者の志村喬《しむらたかし》、鬼頭《きとう》善一郎、花岡菊子、坂東（筆者註：日記では「阪東」）橘之助《きつのすけ》、進藤英太郎、長谷川一夫、鳥羽陽之助《とばようのすけ》、伊藤智子《としこ》（日記に記された順）の衣装合わせなど慌ただしい日々を送る最中の一九四三年十一月七日で終わっている。その日の日記にこう記されている。

五時半起床。撮影開始。八時出勤。

カチンコを一回トチッちゃってクサル。ライト屋&カメラ屋が大いに笑う。ヤンナッちゃった実際。

徴用令が下ったのは、この頃だろう。喜八は、一九四四年一月十一日、戦時期に戦闘機の半数以上を製造していた中島飛行機の武蔵製作所に徴用工として勤務することになる。わずか三か月の助監督生活だった。その時のやるせない思いを、後年、雑誌『潮《うしお》』一九六九年四月号への寄稿でこう吐露した。

兵隊に行くまであとたった一年、たった一年位助監督やらしてくれたって良いじゃないか？　あンなにガックリした事はない。

兵隊に行くことは覚悟していたが、その前に徴用工があることは予想外だった。大事なことなのであえて記しておくが、この段階で喜八が再びカチンコを叩けることを知っていた者は誰もいない。生死のどちら側になるかはまったくわからないまま、喜八は、いよいよ戦争の時代の当事者として組みこまれていった。

わずかな期間であっても、カチンコは叩いた。そのことが、喜八にとって支えとなったのか、あるいは、生きることへの執着を強め、苦しめたのか。

喜八の日記には、抽象化や観念が見事にない。好物を食べて喜び、綺麗な女性を見つけてときめき、スケートを満喫し、仲間とつるみ、映画を観ては良《よ》し悪《あ》しに頷《うなず》き、風光明媚《めいび》な景色には、ただ慨嘆し、就職できるかどうか期待と不安との間で揺れ動き、入社試験に受かればひたすら喜ぶ。疲れた時は疲れたと書き、悔しい時は悔しいと書き、悲しい時は悲しいと書く。何の作為も感じられない。具体的で、本音の世界だ。ただ、めいっぱい生きる十八歳から十九歳の青年の姿が、清々《すがすが》しい。それだけに、この後の喜八を思うと、せつなくなる。

徴用工時代

喜八が勤務したのは中島飛行機武蔵製作所の試運転工場だった。『戦時下の武蔵野Ⅰ』によると、試運転工場の役割とは、完成したエンジンのテストを行い、不工合があれば補修することだった。同書には、米国の戦略爆撃調査団が戦後、現地を調査した際に行ったスケッチも掲載されている。それによると、工場は爆音を排出するために特殊な構造となっており、一〇基のエンジンを試運転していた。この構造については、喜八もエッセイの中で、「完全防音」だったと記しており、「鉄製のタイコのような形をした運転台を、レールで出入りさせながら、エンジンをくっつけたり、試運転したり、外したり」したと仕事内容を説明している（『鈍行列車キハ60』）。

当初は三日に一度だった徹夜作業が二日に一度となり、油を全身に浴び、一〇〇キロを超えるプロペラを二人がかりで抱え、機体にはめこむ重労働は身体に応えた。あまりの睡眠不足に立ちながら寝たこともあった。

この年、一九四四（昭和十九）年六月八日、武蔵製作所があった武蔵野町（現在の武蔵野市）内の小学校で喜八は徴兵検査を受けた。今も、岡本家には、赤字で「第一乙種」のスタンプが押された「検査終了之証」が残っている。第一乙種合格は甲種合格に次ぐもので、体格などは甲種合格に劣るが、現役の兵役に適するとされた乙種の中で最上位とされた。大学卒業前の一九四三年五月十二日の「身体検査書」によると、十九歳の喜八の身長は一六五・五センチ、体重は五〇キロ、胸囲八一センチ。視力は左目が〇・二、右目が〇・一で近視だった。

先述したが、当時の大学卒業資格を持った者であれば、将校になるために海軍予備学生や幹部候補生を受けることは特別なことではなかった。喜八はエッセイで、海軍予備学生を受けたが、不合格になったと書いている。しかし今回、岡本家に残された資料から、喜八が海軍予備学生のほかにも将校になるため複数の試験を受けていたことが分かった。

まず、徴兵検査に合格した日、六月八日には陸軍経理部幹部候補生の採用願を提出した。さらに、約二週間後の六月二十一日には、海軍主計見習尉官を希望し、鳥取連隊区司令官宛てに申告書を提出している。だが、結果はどちらも不合格だった。いずれも難関であり、特に海軍主計見習尉官は帝国大学出身者でも不合格となることがある最難関であった。

なぜ進んで軍隊にと、現代の感覚からすれば不思議なことでも、喜八自身が「人生二十三年、われわれに青春はない、とあきらめていた。どこにいても死ぬときは死ぬ。ならばいっそ、軍隊を志願してやれ。道はひとつしかなかった」（『週刊文春』一九六八年十一月十一日号）と語るように、当時の若者の心境からすれば、軍隊に行くことは当然であり、どうせ行くならば将校に、というのが自然な流れだった。

将校につながる試験を少なくとも三つ受け、落ち続けた喜八が目指したのが、特別甲種幹部候補生だった。通称、特甲幹とは一九四四年にできた制度で、大学、高等学校、専門学校に一年以上在学した者と師範学校卒業者のみを対象にし、兵科や経理部の将校を短期間で育成しようとしていた。特甲幹に採用と同時に伍長《ごちょう》となり、各種軍学校で一年の教育を受け、見習士官を半年務めると、少尉となった（伊藤隆監修、百瀬孝著『事典　昭和戦前期の日本―制度と実態』）。

特別甲種幹部候補生の採用通達書は一九四四年八月三十一日付で、約四か月後の翌年一月十日に千葉県松戸市にある陸軍工兵学校に入校することと決められた。ここを卒業した後は将校として兵士を率い、前線で戦うはずだった。

喜八が徴兵検査を受けた一週間後、米軍はサイパン島に上陸。一か月もたたずに、サイパン島は陥落し、鳥取県の郷土連隊である第四〇連隊も多くの兵士が亡くなった。サイパン島の陥落により、米軍はこの地にB29の出撃基地を建設する。これは、日本本土が空襲の射程に入ったことを意味した。

空襲

一九四四（昭和十九）年十一月二十四日、喜八が徴用工として働いていた中島飛行機武蔵製作所が空襲を受けた。この日から終戦までの約九か月間、日本本土はB29による本格的な空襲にさらされることになる。

一九四五年三月十日の東京大空襲に象徴されるような、建物や人間を焼き尽くす無差別爆撃ではなく、当初、米軍の爆撃は対象を絞った「精密爆撃」で、その対象は、第一に航空機工場であり、次いで陸海軍工廠《こうしょう》、電機製品工場、その他の兵器組立工場だった（平塚柾緒編著『日本空襲の全貌』)。

『戦時下の武蔵野Ⅰ』は、米軍側の資料を使い、この時の空襲を詳細に分析している。サイパン島のイスリー基地を現地時間の六時十六分(日本時間はマイナス一時間)に最初のB29が離陸した。飛び立った一一一機のうち、目標のある東京上空にたどり着いたのは、九四機。その内、二四機が日本時間の十二時十二分から第一目標であった武蔵製作所への爆撃を開始した。十四時二十六分までの二時間ほどで、二五〇キロ爆弾が四八発(うち不発弾が三発)、工場内に落とされたという。

『東京大空襲・戦災誌』第二巻に、当時武蔵製作所に勤労動員で働きに来ていた川田栄三の体験記が載っている。それによると、爆撃があったのは、昼休みの最中だった。コンクリート造りの建物が地震のように揺れたかと思うと、間髪入れず、誰かの「空襲! 空襲!」という大きな声がした。空襲警報も警戒警報のサイレンも鳴らなかった。轟音《ごうおん》とともに、上空から爆弾のようなものが落下してきた。

シュッシュッ……、耳元をかすめるような落下音。「近くだ!」緊張の一瞬である。ドドドドドドド……、遠くの方での連続落下される響きである。ガンガンという脳に響く音響とともに、ビュンビュンと爆風が、顔の肉をそぎとらんばかりに地下道を吹きぬけてゆく。

とにかく無我夢中になり、一目散に地下道に逃げた。目と耳と鼻を指で押さえ、口を開けて、死の恐怖を感じながら、ただ爆撃が終わるのを待った。

いつかこの五体がちりぢりばらばらになるのではないかと、背中には冷汗がにじみ、足はガクガクしている。敵機は波状攻撃をかけている。生まれて初めての爆撃の経験であり、死に直面したのも初めてであった。

喜八も『鈍行列車キハ60』で、爆撃の時の様子をつづっている。

何やら、ドカンドカン！　と物凄い音がして、メシの上に黒いゴマ塩のような砂が降って来た。見ると、富士山の方向から、爆弾らしい弾着が巨大な津波のように、どんどんこっちへ押し寄せて来るではないか！

「空襲だ！　逃げろ！」

慌てて弁当だけ抱えて、頭から地下道にとび込むや否や、頭上にドカドカドカッ！　滅多矢鱈《やたら》に爆弾が落ちて来た。前後左右にゆすぶられ、生きた心地はサラサラしない。

爆撃が止《や》み、喜八が表に出てみると、運転場は無事だったものの、本工場は破壊されていた。何より悲惨なのは女子挺身隊《ていしんたい》だった。

工場周辺の防空壕《ぼうくうごう》に待避していて、全滅に近かった女子挺身隊員の死は、ただただ悲惨であった。

『戦時下の武蔵野Ｉ』によると、爆撃調査団の資料では、工場内の犠牲者は死者五七人、負傷者七五人となっている。『東京大空襲・戦災誌』第二巻では、空襲翌日の午前四時時点で死者は七八人、その内、会社従業員は五六人となっている。そうすると、喜八が見た女子挺身隊員は、残りの二二人ということになるのだろうか。その点について、『戦時下の武蔵野Ｉ』の著者である牛田守彦さんに尋ねてみた。

牛田さんは、十一月二十四日の空襲（武蔵製作所に対する第一回目の空襲）の犠牲者の内訳については不明な点が多く、二二人についても「工場従業員以外の家族なのか、近隣の一般市民なのか、憶測することしかできません」と答えてくれた。また、学徒勤労動員の犠牲者は十二月三日に攻撃を受けた第二回の空襲に集中し、工場外で亡くなった例が多いことも教えてくれた。

武蔵野の空襲と戦争遺跡を記録する会が編纂《へんさん》した『証言・学徒勤労動員—中島飛行機武蔵製作所に動員された学徒の記録』には、一九四四年四月から武蔵製作所に動員された自由学園女子部高等科の生徒をはじめ、数多くの証言が掲載されている。戦後、羽仁進《はにすすむ》の助監督などを経てドキュメンタリー映画の監督となった羽田澄子《はねだすみこ》もその一人で、当時武蔵製作所には自由学園だけではなく、ほかの学校の女子挺身隊も多く来ていたと回想している。

羽田は十一月二十四日の空襲のことにも触れており、食堂で昼食をとりはじめた途端に警戒警報が鳴り、すぐに爆弾の音がしたので、「近くの山にある防空壕にとびこんだ」という。爆発音がするたび、「防空壕の土がザザザっと崩れ落ち」るという経験をしたが、この爆撃で死者が出たとは書いていない。一方、十二月三日の空襲では、同級生が「避難した壕に直撃弾をうけて亡くなった」と書く。

さらに、羽田と同学年の直江（藤岡）千鶴子は、「わたくし達が入るべき壕のすぐ傍《そば》に爆弾が落ち、爆風で壕が崩れて中にいた方々（一〇名余り）は圧死のような状態」となったと書いている。その中には、羽田が記した同級生もいた。この空襲で亡くなった自由学園の生徒は一人だが、勤労動員で武蔵製作所にいた都立第五商業学校の生徒は、この時の空襲で複数人亡くなっている。同校生徒の北村辰一は焼夷弾《しょういだん》の黄燐《おうりん》を浴びながらも、九死に一生を得たが、同級生一〇人が亡くなったと証言している。

十一月二十四日の第一回目の空襲でも、喜八が書いたように「工場周辺の防空壕に待避していて」被害にあったという証言もある。夏季市民講座記録の会と武蔵野市教育委員会が編纂した『戦争と平和を考えるⅡ』に記載された浅野均一の証言がそれだ。中島飛行機武蔵野病院の院長を務めていた浅野はこう語る。

一九四四年一一月二四日にB29による第一回の爆撃があったとき、軍の指導で職場の近くに防空壕を掘って避難するということがあだとなり、七八人の死者を出した。

喜八の回想を裏付けるために、資料をたどってみると、先の大戦で亡くなった国民の数さえ正確に把握されていないという事実に行き当たった。その実像にたどり着けない歯がゆさと同時に、やはり暗澹《あんたん》とした気持ちにさせられる。

喜八には、陸軍工兵学校への入校の日、一九四五年一月十日がいよいよ迫っていた。

入校前の壮行会

入校を前に、陸軍工兵学校に提出した身上申告書の控え（記載例の用紙に下書きをしたもの）

が、喜八の遺品の中にあった。身長体重の記録（これによると、喜八の身長は一六六センチで、体重は五五キロ）のあとに、「特別甲種幹部候補生志願ノ動機」という欄があり、「一刻モ早ク皇軍幹部トシテ決戦ニ参加シタキ為メ」と殊勝に記している。喜八も時代の子であったということだろう。「特有ノ技能」のところには、徴用工時代の経験から、「航空機用発動機ノ整備」と書かれていた。そして、趣味の欄に「登山」と並び、つつましく「映画」と書かねばならない時勢であっても、「将来ノ希望」という欄には、目一杯こう書きこんだ。

モトヨリ生還ハ期シテ居マセンカラ今ノトコロ将来ノ希望ハ不明デアリマスガ万一生還後除隊等ノ際ニハ軍人精神ヲ以テ映画演出ニ当リ度有《たくあり》

「軍人精神」という、この時代において穏当で妥当な言葉を使いながらも、「映画演出」の道に進むことを望んでいる。軍に提出する書類の中であっても、「映画演出」への道は閉ざしたくなかった。そこに、かつて過ごした映画の世界に対する喜八の痛切な思いを感じる。

一九四五（昭和二十）年一月七日夜、米子市四日市町の岡本家で、喜八の壮行会が開かれた。『鈍行列車キハ60』を頼りに、再現してみる。

その日、岡本家は親戚や近所の人が集まり、いつにない賑わいを見せていた。母屋は一階の居間も二階の広間もいっぱいであった。

民謡の盛んな土地である。喉を鳴らして謡う声が家の外にまで漏れた。父親も珍しく酒を飲み、安来節を謡った。来る人来る人、座の中心にいる喜八に、「頑張れよ」と声を掛け、盃をさした。酒に酔い、気持ちが悪くなった喜八は、母屋と隠居部屋の間の便所に行き、胃の中のものを吐いた。やがて、脱力したように、風呂場の前の椅子に腰を落とし、母屋の喧噪《けんそう》に背を向けた。

「なにを頑張れってんだ？　祖国の為に、か？」

そう思うと、先ほどしたためられた明日襷《たすき》掛《が》けにする日の丸の寄せ書きのことが頭に浮かんだ。「尽忠報国」「滅私奉公」の雄々しい言葉が大書されていた。ただ、勇んで書いた親戚の字が間違っていた。

「滅」を「減」と間違えてはあったが、「コロす」も「ヘラす」も、似たようなもんだから良いとしても、そんな標語の為になんぞ死ねる訳がない。

「身近な、ごく身近な祖国があったら、そいつの為に死ねるかも知れない……」

ふと、中学生の頃から使い古した、外側のほうが余計に削れて小さくなった下駄が目に入った。この「チビた下駄一足」を「わが祖国」と見立てようと喜八は思った。何とも侘《わ》びしくはあるが、何もないよりはいい。

その時、友人が母屋のほうから慌てた様子で駆けこんできた。

「お、お七が来た！」

八百屋の娘だから、その名も「八百屋お七」。「口を利いた事はない。小学校の頃、一級下だったが、女学校には進まず弟を進学させる為に、高等小学校を終えると銀行に勤めていた」少女である。その心根に猛烈に惹《ひ》かれた喜八は、彼女に、上京直後の一九四一年から二年連続でラブレターを出していた。

「八百屋お七」と言えば、上京したばかりの喜八が下宿した若井家の前にあった吉祥寺は、江戸時代のはじめ頃、恋仲になった寺小姓の吉三郎に会いたいがために、自分の家に火をつけた八百屋の娘、お七ゆかりの寺として知られ、境内にはお七と吉三郎の比翼塚がある。喜八がラブレターを出した理由のひとつにこの吉祥寺前に下宿したことがあったと、本人がのちに明かしている（『東京人』一九八八年秋季号）。

駒込吉祥寺が、「八百屋お七」の通った寺だと知って、郷里の口も利いたことのない初恋のヒトに、何故か七五調で初めてラブレターを書いた。

だが、何の返信もない。三通目は一九四三年、東宝に入社が決まったことを父親に知らせる手紙を出した時に送った。だが、やはり返事は来ず、喜八はこの少女のことを諦めた。

そして、一九四五年一月七日の夜、一度も話をしたこともないお七が岡本家を訪れた。

喜八は友人に背中を押され、転げるように、店先に立っていたお七の前に出た。「どうも……」と言ったきり、言葉は続かない。少女のほうも「これを」とだけ言って、胸のあたりに抱えていた千人針をそっと渡した。そして頭を下げると、身を翻して店の外へと消えていった。

千人針に残っていた少女のぬくもりを感じながら、喜八は誰もいない隠居部屋に駆けこんだ。手探りで電灯をひねった途端、千人針の中から封書が落ちた。祖母の裁縫箱から和鋏《わばさみ》を出して、丁寧に封を切った。そして、電灯にかざし、目を凝らした。そこには、「お帰りを、待っています」と書かれてあった。

「チビた下駄」なんかではない。この少女が「わが祖国」となった。その心境を喜八は心をこめてこう書く（『週刊漫画アクション』一九七三年四月十九日号）。

劇的な夜というのは、こういう夜を言う。受けとる手がワナワナとふるえた。これで死ねる。

死の意味を見出す

喜八にとってかけがえのない、このお七という人物は実在するのかということが、どうしても気がかりだった。だが日記を確認することで、それは解消した。実は日記の中に「お七」の名前はたびたび出てくるのだ。たとえば、一九四三（昭和十八）年五月十日の日記。喜八が松竹か東宝かで悩んでいた時の記述として、この日の日記はすでに引用したが、その箇所の直前にはこう書かれている。

就職にはチョトナヤム。安田ギンコウも良キじゃナと考えたトタン　お七の白いカンバセがノウミソに浮んで来て、ワシャヤメタ。

「安田ギンコウ」は、「安田銀行」のことで、その米子支店は喜八の実家近く、同じ四日市町内にあった。喜八は少女の勤め先が、「父が私を銀行員に仕立てようとした銀行でもあった」と書いており（『鈍行列車キハ60』）、それが安田銀行だった。「カンバセ」とは顔のことだ。

ではなぜ、お七の顔が浮かぶと銀行に就職するのを止めるのか。その答えは一九四三年四月二十日の日記の次の一文にあった。

お七にフラレてからオレは、全然自信を失って居る。

自分を振った人と顔を合わせて仕事をするのは、あまりに気まずく、いたたまれない。

さらに、五月七日の日記にも「お七」のことが出てくる。日記には丁寧にも「昨日より続く」とあるので、まず六日の日記から見てみよう。そこには、「夕べともなり部屋々々のドアのスキ間から、味噌汁のニオイがフンワカフンワカと臭覚をば襲う時、ボクは無ショウにニョーボウが欲しくなります」とあり、改めて七日の日記を見ると、こんなことを書いている。

おセはどうかって？　トンデモありません　彼女にはフラレタみたいなグワイに客観的且主観的になっとりますからダミなのです。

しかし喜八はお七への思いを簡単に捨て去ることができずにいた。七月六日の日記には、友人がお七に鏡を贈ったことを手紙で知らされ、悔しさを隠さずこう書いた。

お七の君にボロ政、姫鏡台をササグルの図たァホホエマシキ風景でアル。イササカ、ネタ

マシキ情を禁じ得ないぞオレは。まだ、お七のレーロー、タマをケトバスが如き、声を耳にした事もナインダ。チキショ

声を聞いたことがないのだから、口を利いたこともちろんなかったのだろう。だが、お七なる少女は確かに実在した。そして、振られてからも、喜八の感情を揺さぶり続ける存在であった。そうであれば、喜八の身に起こった一九四五年一月七日の一晩の出来事は、より真実性を持って読み手に迫る。お七は「死神に追っかけられたころのわたくしにとって祖国」となったのだ（『随筆サンケイ』一九六七年十一月号）。

このプラトニックな関係でしかなかった少女のために、喜八は自らの死ぬ意味を見出そうとしていた。終戦まであと、七か月。

第三章

早生まれ

四十年ぶりの再訪

一九八五（昭和六十）年一月十六日放送のドキュメンタリー番組『NHK教養セミナー「昭和の20歳」（2）―生と死の間で〜昭和20年―』は、岡本喜八の自伝的映画『肉弾』（一九六八年）の一場面、主人公の「あいつ」（寺田農《みのり》が演じる）が訓練をしているシーンから始まる。陸軍工兵学校の生徒という設定の「あいつ」は、喜八自身がモデルだ。

黒いレザーのジャケットに、黒いズボン、黒い野球帽と黒ずくめのいでたちの岡本喜八が、ポケットに手を入れ、長く見える足を駆って、かつて自分が在籍した陸軍工兵学校の跡地を目指し、坂道を登っていく。勾配のきついこの坂は「地獄坂」と呼ばれ、工兵学校の候補生たちは軍歌を歌いながら行軍させられた。

『事典　昭和戦前期の日本―制度と実態』によると、工兵とは戦場における技術兵種のことで、築城・交通・通信・架橋・坑道・爆破・測量などの技術的作業に従事し、他兵科の戦闘動作を助け、自らも戦闘に参加する兵科のことを指す。その工兵に関する学校教育、調査・研究などを行ったのが陸軍工兵学校で、教育総監の管轄下に、一九一九（大正八）年十二月、千葉県東《ひがし》葛飾《かつしか》郡明村《あきらむら》（現在の千葉県松戸市）に設置された。

「何しろ四十年前のことですから。松戸の市内のほうはまったく忘れてますけど、この坂道を上がってきてからの……」としゃべりながら、喜八が目線を前にやる。「思い出しました。この道をずっと上がっていって、工兵学校の……もうすぐ曲がると衛門があるはずです」

喜八の言葉通り、カーブする坂を上り切ると、視界が広がり、門柱が現れた。かつて正門だった場所にたどり着くと、喜八の記憶はより鮮明に甦《よみがえ》る。饒舌になり、「ここに衛兵が立っていたわけ。ここを国民服の姿かな？　何か着て入っていったと思います。この辺が何か受付があって、寝泊まりしていた兵舎はこちら側にずらっとあった」と言うと、軽やかな足取りで工兵学校だった敷地内を案内し、「その辺で確か国民服を軍服に着替えて、装備一式をもらったような覚えがあります」と語った。

敷地近くの建物に立ち寄ると、帽子を脱ぎ、「僕は松戸工兵学校にいたんですけど……」と話しかけ、当時の建物が何か残っていないか尋ねる。中にいた男性から「忠魂碑」があると教えられた喜八はその場所に向かう。

水溜《みずた》まりを飛び越え、柵を乗り越える。教えられた場所にあったのは「忠魂碑」ではなく、「陸軍工兵学校跡」の碑で、喜八は「宮原國雄中将……」と、その碑に刻まれた名前を声に出して読み上げる。「俺が入った時の校長かな。名前忘れちゃったけど」

そうつぶやくが、これは陸軍砲工学校の校長を務めた宮原國雄陸軍中将のことで、喜八が入校した時の校長は、岡田元治《もとはる》陸軍少将であった。

陸軍工兵学校入学

一九四五（昭和二十）年一月十日十二時前、国民服に脚絆《きゃはん》を巻いた岡本喜八郎は、陸軍工兵学校の門の前にいた。すでに「製作総務課演出助手係　岡本喜八郎」の名前で、「東宝株式会社社長　大澤善夫」に宛てた休職届も提出していた。喜八の遺品に含まれていたのは、実際に提出された休職届の控えだが、それでも残しておいたのは、喜八にとってどうしても捨てがたいものだったからだろう。

それだけではなく、工兵学校に関するいくつもの書類を喜八は保管していた。今回、それらを喜八の次女の岡本真実さんから見せてもらうことができた。

入校前に工兵学校から送られてきた「入校時ノ心得」と題された文書には、「入校期日」が「昭和二十年一月十日十二時」とあり、持ち物として、「手拭又ハ『タオル』」や「両親ノ写真」、「印鑑、時計、小遣金トシテ約四十円程度」などと記されていた。別紙には、松戸駅からの行き方を示した地図も描かれており、喜八が記憶を甦らせた勾配のきつい坂も、「昇坂」と地図中に示されていた。

工兵学校の最寄り駅は松戸駅であり、したがって常磐線《じょうばんせん》で来る入校生が多いだろうと学校関係者も先回りし、常磐線の時刻表が記されていた。『復刻版　戦中戦後時刻表』をもとに、その日、喜八が工兵学校に向かった道のりを想像してみたい。

喜八が当時住んでいた千駄ヶ谷二丁目の青木荘から歩いて五分ほどのところにある信濃町駅を使い、中央線で東京駅まで出て、山手線に乗り換え、上野駅まで行くとしたら三十分とかからない。そこから、常磐線で松戸駅までは二十五分。すべて順調に行けば、一時間ほどで青木荘から松戸駅まで着くことになる。

喜八は途中、父親に宛ててハガキを慌ただしく投函した。これを含め、以降登場するハガキはすべて、受け取った父、敞一や母、政枝が捨てることなく保管し、それをまた喜八が残しておいたものだ。この時、父親に宛てたハガキには、工兵学校に持って行かねばならない「印カン」を受け取ったこと、引き払ったアパートの「一月分の部屋代ガス代等金十五円」を送ってもらいたいことなどが喜八にしては珍しく、走り書きのような字で記され、文末には「では、入校の後又」とあった。

松戸駅からは、事前に送られた文書の通り、十分の道のりを歩く。持ち物として指定された印鑑や時計、両親の写真などに加えて、三日前の夜、米子の実家で、恋心を抱いていた少女、お七からもらった手紙も密《ひそ》かに懐中に入れていたのだろうか。

喜八を含む工兵特別甲種幹部候補第一期生は八三九人。特別甲種幹部候補生の学校での教育期間は、おおむね一年間とされ、階級は伍長から始まった。学校を終えると、軍曹の階級で二か月間、部隊で実務修習を行った。その後曹長となり、四か月間、見習士官として過ごし、少尉に任官した。この通りだと一九四五年一月入学の喜八が工兵学校を卒業するのは、翌年一月。その後、修習期間を経て少尉に任官するのは、その年の七月頃になるが、必ずしもその通りに進むわけではなかったようだ。

『西南学院史紀要』第九号に、二〇一三（平成二十五）年九月に同学院からの聞き取りに応じた卒業生、渡邊公人の談話が載っている。喜八より少し早い一九四四年十月に特別甲種幹部候補生として熊本陸軍予備士官学校に入学した渡邊は、翌年六月、同校を卒業後、見習士官に任命されると、本土決戦に備え急造された第一五四師団（通称：護路）の第二中隊に配属され、九月に陸軍少尉となった。陸軍予備士官学校入学から一年もたっていなかった。

このペースで行くと、喜八は一九四五年九月に卒業し、どこかの部隊に配属され、小隊長として部隊を率いていたかも知れないのだ。一九四五年七月下旬に喜八が米子にいる母親の政枝に宛てたハガキには、「卒業が愈々近づき」という一文がある。翌年一月で卒業ならば、まだあと半年も先だが、仮に九月が卒業であれば、あと一か月ほどだ（喜八が残したメモにも「九月卒業、少尉任官各隊配属」とある）。ここからも、卒業が早まっていたことがうかがえる。

少し先に行きすぎた話を一九四五年一月まで戻す。入校早々、喜八は父親にハガキを送った。

前略小生無事入校しましたから何卒御安神下さい　此の上は一意恵《ママ》心将来　皇軍幹部として御奉公致すべく努力する覚悟であります

学生の頃の日記にはなかった、雄々しさというか、戦争の時代の青年らしい言葉が並ぶ。後にエッセイの中で、「てんでに渡された軍服を着てみたら、門をくぐる時にはとても工兵なんぞという重労働に耐えられそうもなかった。学生服やら国民服乙型やらの連中が、何とかサマになったからエライものだ」（『週刊漫画アクション』一九七三年四月十九日号）と茶化しているが、このハガキからは喜八の緊張や、余裕のなさまで伝わってくる。

ハガキではこのあと、「ノート五冊」や「三角定規」、「鉛筆」など文房具を「至急」（筆者註：横に波線を入れて強調している）送ってほしいと記している。

常に空腹

一月二十七日の母、政枝宛てのハガキの文字は、濃く、一文字一文字刻むように丁寧に書かれている。家族を心配させまいと気丈に振舞いつつも、心細さを感じていることが伝わってくる。

前略、御元気ですか。自分も益々元気で有ります。状袋式（筆者註：軍隊では毛布を袋状にしてその中で寝た）の床にも大分慣れました。フトンより暖い位です。入校前、無かった食欲も、俄然《がぜん》旺盛となり、最大の楽しみは三度々々の食事です。外出は桜が咲く頃迄無いらしいですが、面会はそれでも有るらしいです。先日も数時間有り、面会人の有る戦友が若干うらやましかったです。こんな事なら正月うんと食っとくんだったと少々残念に思って居ます。

「こんな事なら正月うんと食っとくんだったと少々残念に思って居ます」という箇所は、どの文を受けているのか分かりにくいが、その直前の面会人がある戦友を羨ましがるという文につながっているとすると、正月に帰った時、もっと家族と過ごしておけばよかったという後悔があるのではと深読みをしてしまう。

ただ、この一文を陸軍工兵学校の深刻な食糧事情を知ってから読むと、捉え方がまた違ってくる。

軍隊であればちゃんとした食事が出るだろうという喜八の期待は、入校初日から裏切られた。後に喜八は「赤飯と見えたのがやっぱりコーリャンメシだったのは、ま、良いとしても量が問題だ。ドンブリ半分笠《ママ》のメシは、喰《く》い盛りの候補生たちのハラの中をカスめるようにして消えて行っただけである」（『週刊漫画アクション』一九七三年四月十九日号）と書いている。

満洲国にあった新京法政大学在学中に特別甲種幹部候補生に応募し、喜八の同期生となった崎山洸が、陸軍工兵学校の正史とも言うべき『陸軍工兵学校』の中で、「早速赤い飯が出た、入校を祝って赤飯かと思ったら高粱《コーリヤン》飯が入っていた。高粱は満州で採れるが、まさか内地に来て食べるとは思わなかった」と回想している。

元候補生が語った証言が、工兵学校があった松戸市の歴史愛好家らで作る雑誌『松戸史談』第五三号、五五号に掲載されていた。一九二四（大正十三）年生まれの大沢甲子男《きねお》は、一九四五（昭和二十）年一月十日、工兵学校に入校した。この経歴が正しければ、喜八と同年生まれの同期生である。大沢は、その生活について「粗末なバラック建ての兵舎、とても寒く毛布を何枚か余分に支給され、安眠には程遠い生活で、おまけに粗食」だったと語り、この「粗食」について苦々しく振り返っている（『松戸史談』第五三号）。

スイトンが多く中に僅《わず》かな貝が入っていました。配食する時その貝を数えて分けていたら隊長にひどく叱られました。それでも配る先をじっと見つめている他の隊員の目を意識すると、数えずにはいられませんでした。たまに配られるミカンは皮も食べました。日に日に落ちる体力を補うためにニンニクが出た事がありましたが、あの臭いと辛味は今でも思い出します。面会に来た兄が、こげ茶色の薬の空ビンに、炒《い》り大豆を忍ばせて置いてくれ、それを夜に便所で食べた味はわすれられません。

喜八が明治大学二年生の時から東宝に就職した年まで付けていた日記には、何を食べたか、事細かに書かれている。一九四二年十一月十二日、喜八は友人の「渡辺」と銀座に出かけた。

急コーバイの段々の有る汁粉屋でアンミツを食う。次　数寄屋橋筋の寿司屋でスシ　八ツをペロリと仕止め。裏通りの焼鳥屋で　つぐみ一本　カシワ二本、一円六十銭也《なり》を平らげ、梅林のヒキ肉コロッケ　一円三十銭にて終止符をウツ。

意気揚々と食べ歩いている。いろんなものを喜八は食べたが、中でも、すき焼きに、天ぷら、ホットケーキは頻出する。特に天ぷらは大好物で、こんな工合にいかに自分が天ぷらを好きかを表現する。

オレは女と天プラには弱いらしい。

（一九四三年四月十一日）

わずか二年前まで、こういう生活を送っていたことを思うと、雲泥の差である。

喜八は一月二十七日のハガキに「最大の楽しみは三度々々の食事です」と書いたが、これは三度の食事が待ち遠しくなるほど、常に空腹だったことを意味していた。「葉書は一ケ月一回位しかなく、何時も書けませんから」と返信が十分にできないことを伝えながら、「そちらからは、なるべく葉書でドシドシ御便り下さい」と懇願している。さらに、入校直後に依頼したノートや筆記用具がまだ届いていなかったようで、ノートがなければ、「西洋紙で作って」でも送ってほしいと依頼する。余程何か書きたいことがあったのだろう。

何より、このハガキが父ではなく、母に宛てたものであるという事実は見逃せない。面会人が来た「戦友」のことが羨ましかったとはっきり記し、正月にはもっとたくさん料理を食べておきたかったと述べ、便りをたくさん欲しいと訴えていたのは、すべて母宛てのハガキだった。ハガキの最後には、「母上様寒さの砌《みぎり》お大事に」と言葉を添え、気遣っている。

少し先になるが、政枝が手術をしたことを知った喜八は、四月一日の父宛てのハガキで、政枝の様子を尋ねている。ほどなく政枝が返信を出したのだろう、日付は不明だが、喜八も「久しぶりの御便り楽しく拝見致しました。手術后の経過も良好との事何よりに思います」と、返事を書いている。

二人の歳《とし》の差はわずか九歳ではあったが、二十一歳の青年にとっての九歳は小さくない。学生時代の日記にも、喜八は母、政枝への思慕の情を隠していない。環境が激変する中で、当然心細さもあったであろう喜八は、たとえ実母ではなくとも政枝を母と慕い、人肌を感じられるものを求めた。

二月二日のハガキでは、表現に制約のある中でも、何とかして生活の実情、自身の心情を伝えようと苦心している様子がうかがえる箇所がある。「小生大分軍隊生活に慣れました。今、洗濯を終った処です。軍隊では小生の如き、のんびりした無精者は少々苦しみます」。これは、実際には軍隊生活にはまだ慣れることができず、苦しんでいることを言いたかったのではないか。

厳しい訓練

陸軍工兵学校では即席で、工兵として必要な技能を叩き込まれた。その中でも鉄舟を使い河を渡る訓練の辛《つら》さを、次のように回想している（『あやうし鞍馬天狗』）。

この訓練は、骨身にしみた。あのバカ重い鉄舟を三つ四つ（失念）に分解して、四人ずつでかつぐ。かつぐだけならいいのだが、なんキロも河まであるかねばならぬ。（中略）

だれかがつまずくと、いっきょにくずれて一同鉄のカタマリの下じきになる。

喜八の一年前に入校した西村勝己の回想によれば、この鉄舟を使い、舟の中では地下足袋を履き、利根川で「物凄い台風の襲った真夜中」に渡河演習を行ったという（『続陸軍工兵学校』）。

喜八の同期生、崎野博文は法政大専門部を一九四三（昭和十八）年九月に卒業し、特甲幹となった。崎野は「特に雪の日の深夜非常呼集で編上靴巻脚絆で工兵神社の前で正座させられ、工兵魂注入棒なるものでどやされ、悔し涙を流した」とつづり、前出の崎山も後に聞いた話として、「候補生の訓練は兵隊の苦しみを体得させるためであるといわれた」と書いている（『陸軍工兵学校』）。

喜八は学生時代の日記に、軍事教練の様子をたびたび書いた。一九四三年五月二十三日の日記には、富士山麓に野営に行った時の様子を記している。内容が手紙のようなのは、米子の家族に出した手紙の下書きを写しているからだろう。

富士の演習地はトテモ景色が良い処です。日本一のフジヤマが、手の届くミタイに近い処にソビエて居るのでチョイト食後の運動にテッペン迄登れそうです。が、ホントは二日もかかるってんですからスゲェ山です。富士さんは全く綺麗な山であります。特に朝と夕方と夜中が最もウツクシイです。

（中略）

教練は一日八時間位づつヤリマス。ボクは教官から指揮班を命ぜられたのでズッと楽をしました。皆がフーフー云ってる間、ボクはノソノソと歩いて〝第一小隊ッアンマリ前に出るなアッ！〟とか何とかドナッてれば良いのです。


学生時代との落差がおそらく身に染みたことだろう。まして、日記を見ると、始終下痢になるなど、喜八は体力にも不安があった様子がうかがえる。一九四三年八月八日の日記には、下宿していた青木荘で防空壕を掘った時の様子が書かれている。


今日は防空壕掘りでアル。

五時よりアパートの男子連十二三人で始める。初めは久しぶりの労働なんで、ホガラカにやってたトコロ、次第にこう深刻になって来やがった。交替してスコップを持つが早いか汗が瀧っ瀬と流れて来る。

（中略）

豆が九ッ程テノヒラに出来て来た。腰骨が無性にイタイ。その上、シャツもショートパンツも泥ンコでアル。

身体への影響は翌日も続き、「起きて見たらムヤミに身体中が痛い。そして歩くとフラフラする。一寸カガムと腰骨と背中の筋肉がキューッとイタム。全く、アレ位でコウ弱るなんて、カラッキシ　イクジがねェ　とは思ってもドウにもショウがナイ」ので、床に臥《ふ》せった。そんな状態でも、芝居を観るとなると話は別だった。友人の「改森」といそいそと出かけている。

改森と約束が有ったので、十一時、新宿第一劇場の前に行く。

陸軍工兵学校では、すべてにおいて学生時代とは自由度が違った。疲れたからと休むこともできない。まして、疲れを癒やす映画も演劇もない。

喜八が東京の大学に行かず、東宝にも入らずに、徴兵検査を受けて入隊していれば、また違っただろう。第一章で触れたが、喜八と浅からぬ縁のある、足立美術館創設者の実業家足立全康は、一九一九（大正八）年に歩兵第六三連隊に入隊した。その著書『庭園日本一　足立美術館をつくった男』によれば、「軍の規律も想像したほどではなかった」という。全康は「何とか上等兵になりたい一心で、各班長の靴磨きやふんどし洗い、水汲みなどを率先してこなし、上官のご機嫌をとった」。そして、見事に上等兵となっている。

入隊前の全康は「村の小さな尋常小学校を卒業すると、すぐに家の野良仕事を手伝」っていたが、それだけでは食べていくことができず、農閑期には「木炭を積み、酷寒の雪道を大八車を引いて歩いたり」することで、日銭を稼ぐ生活を送っていた。兵役生活は二年間だったが、「ここで人生を生き抜くための自信とノウハウが養われた」と好意的に軍隊時代を振り返る。全康の軍隊観は喜八のそれとは大きく異なる。軍隊に入る前の属性、環境がその人の軍隊観に大きな影響を与えていた。

高まる本土決戦の機運

一九四二（昭和十七）年夏の米軍のガダルカナル島上陸以降、米軍の反攻は本格化し、この年の暮れには日本軍はガダルカナル島から撤退することを決定した。戦局は下降線をたどり、本土決戦へと向かうのだが、その経過については、軍事史が専門の明治大学の山田朗《あきら》教授らが論考を寄せた『幻ではなかった本土決戦』が詳しい。同書中の山田教授の論考「本土決戦体制への道」をもとに、本土決戦へと進む日本の状況を見ていく。

一九四三年九月三十日の御前会議で、日本政府、大本営はソロモン諸島と東部ニューギニアを放棄し、戦線を後退させ、「絶対国防圏」という新たな防衛線を設定した。しかし、翌年二月、絶対国防圏の要衝であったトラック島の海軍根拠地が大空襲を受け壊滅し、日本軍の防衛線はマリアナ諸島まで約一〇〇〇キロも後退した。同年七月には、大本営が「鉄壁」、「難攻不落」と豪語していたサイパン島も失陥し、八月中旬までにマリアナ諸島の島々は米軍に占領された。マリアナ諸島の陥落で、「絶対国防圏」は崩壊し、日本の防衛線は小笠原、沖縄、フィリピンまで後退した。すでに日本近海の制海権も危うくなり、日本本土への空襲も予想される状況で、この年の七月にはインパール作戦にも失敗し、日本の戦いはいよいよ希望のないものとなっていった。政府、大本営はこれまで本土空襲を阻止することを目指していたが、サイパン陥落後は本土で地上戦を行う本土決戦を想定せざるを得なくなる。

一九四四年七月二十日、大本営陸軍部（参謀本部）の梅津美治郎《よしじろう》参謀総長は、本土の防衛を担当していた防衛総司令官（東久邇宮稔彦《ひがしくにのみやなるひこ》大将）に「本土沿岸築城実施要綱」を示し、米軍の上陸に備え、同年十二月末までに九十九里浜、鹿島灘《かしまなだ》、八戸《はちのへ》付近に沿岸砲台、陣地を完成させるように命じた。また、七月二十一日には関東地方を防衛するために、大本営直属の第三六軍が編成されたが、実際には内陸部における陣地構築はほとんど行われず、沿岸部の砲台の構築や補修が行われた程度だった。

政府は国民の戦意昂揚をはかるため、八月四日に「国民総武装」を閣議決定する。その結果、全国の職場や学校で竹槍《たけやり》訓練が始まった。次いで八月十九日、大本営陸軍部は、すべての軍司令官に対して、米軍の上陸作戦への対処マニュアルである「島嶼《とうしょ》守備要領」を伝達した。この要領によると、米軍上陸部隊に対する戦闘方針は、従来の日本軍の戦術のような海岸線で上陸を阻止する水際防御ではなく、守備部隊の主力は内陸部に構築した陣地にこもって戦力を温存し、米軍を上陸させておいて、機を見て内陸部から大反撃に出て米軍を撃滅するという戦法だった。

さらに、本土決戦への機運が高まる中で、海軍の「回天」や「桜花」、「震洋」、陸軍でも「四式連絡艇」（通称マルレ）といったように、いくつもの体当たり専用の特攻兵器が考案された。

一九四四年十二月、レイテ決戦での敗北が決定的となると、本土決戦思想が台頭する。大本営は翌年一月二十日、「帝国陸海軍作戦計画大綱」を決定。本格的な本土決戦準備に取りかかることを明らかにし、千島、小笠原、沖縄は「皇土」防衛のための外郭陣地と位置づけられた。二月には、より本土決戦に特化できるように組織改編が行われた。

また、本土決戦の実働部隊となる兵団を新たに編成するための根こそぎ動員も始まった。動員は三次にわたって実施され、陸軍では最終的に本土、北海道、朝鮮半島に合わせて六四個師団、二九四万人の兵力を展開させることになった。

大本営では、この年の秋に米軍が南九州あるいは関東に上陸することを想定し、本土決戦準備を始めていた。だが、制海権、制空権を失った状態では、外地から陸軍部隊を運ぶことは困難で、新設部隊に配備する武器・弾薬さえ生産が追いつかず、歩兵の小銃や銃剣すら満足に行き渡らない状態だった。それにもかかわらず、三月十六日、大本営陸軍部は、本土での作戦方針を示す「皇土築城実施要綱」を発令する。これは、上陸してきた米軍を沿岸部の陣地帯で拘束兵団が張り付けにし、できる限りここで消耗させ、その間に内陸部で待機していた決戦兵団がかけつけ、米軍に決定的な打撃を加えるというものだった。

三月二十六日に硫黄島《いおうとう》での組織的な戦闘が終わり、四月一日には、米軍が沖縄本島へ上陸した。四月五日、梅津参謀総長は、新設兵団の教育、訓練を指揮する各軍管区司令官に対し、「師団戦闘訓練要綱」を伝達した。その冒頭には、こうあった。

兵団ノ戦場ハ神聖ナル皇土ナリ　侵寇《しんこう》シ来ル夷狄《いてき》ハ悉《ことごと》ク之ヲ鏖殺《おうさつ》シ一兵ノ生還者モ無カラシムルベシ

そして、拘束兵団の訓練においては、対戦車肉薄攻撃、つまり兵士が爆薬を背負って米軍戦車に飛びこむ戦法が最も重視された。山田教授は「本土決戦準備が進むにつれ、兵力整備と陣地構築が困難に直面し、次第に熱狂的な精神主義が台頭しつつあった」と指摘する。

日本軍の作戦構想は、戦局の悪化、作戦準備の困難さによって変転していた。四月八日の「決号作戦準備要綱」では、米軍上陸後に内陸部から沿岸部への移動は難しいと予想。決戦兵団は米軍上陸前に沿岸部に移動し、ただちに上陸部隊に決戦を挑むことに決した。

大本営陸軍部が四月二十日に各軍に配布した「国土決戦教令」によると、決戦戦闘時は、傷病者を後方へ送ることや看護、介添を禁止し、決戦戦闘中の部隊の後退をも禁止している。山田教授はこれについても、「大本営全体に〈一億玉砕〉〈総特攻〉の思想が支配的になってきたことの現れでもあった」と説明する。

六月二十日には、陸軍は河辺虎四郎《かわべとらしろう》参謀次長名で、「本土決戦根本義ノ徹底ニ関スル件」を通達した。これは、決戦時の沿岸配備兵団の後退、持久を認めず、玉砕を強要するものだった。沖縄での敗北後は、「一億玉砕」「総特攻」の熱量はさらに狂気を帯び、米軍を洋上で撃破する戦力として、先述した特攻兵器が各地に配備された。

工兵学校でも本土決戦準備

喜八が陸軍工兵学校に在学した期間は、本土決戦思想が本格的に台頭し、米軍の来攻が現実のものとなり、最悪の状態となった戦局も相まって、熱狂的な精神主義が高まっていった時期と重なる。

『続陸軍工兵学校』に詳しいが、日本本土への空襲が激化したことを受け、工兵学校では一九四四（昭和十九）年十二月九日に、本土決戦の準備を本格的に開始した。敵の上陸地点を九十九里浜と想定し、防衛陣地の配置と作戦計画が示された。同書には「遺髪遺言を整え決意を新らたにしたのである」と記されているが、すでに、この年の七月にサイパン島が陥落した後から校内には緊迫感が漂っており、ある教官が点呼前に、「演壇の机の上に座って、日本刀を抜き放ち、切腹の仕方を指導した」という証言もあるくらいだった。

戦局が好転する見こみがなく、日本全体が極端に精神性に傾注していく中で、工兵学校では命がけの訓練ではなく、命を失うことを前提とした作戦の訓練まで行っていた。喜八が「要するにテキと一緒に心中しましょうよという戦法に変って来た訳だ」（『ヘソの曲り角』）と記す戦法とはどういうものだったのか。喜八自身の別の回想を見てみよう（『あやうし鞍馬天狗』）。

対戦車といっても、そのころのあい手はもう、底のあついM四戦車（シャーマン）にきまっていて、ミカン箱大の黄色火薬をヤットコサットコかかえての攻撃だから、にげるヒマなんぞはミジンもない。したがって肉薄というよりは、肉弾である。

この戦法について、『陸軍工兵学校』や『続陸軍工兵学校』には「対戦車肉迫攻撃」とキャプションが付けられた写真がいくつか掲載されているが、通史部分にはその戦法や訓練についての詳細な記述はなかった。しかし、前出の工兵学校の同期生である大沢甲子男の回想の中に、詳細な説明があったので、やや長いが引用してみる（『松戸史談』第五三号）。

爆薬を自爆させ、米軍の戦車を攻撃する特攻訓練、「M4」という当時の米軍戦車は、装甲板の全面が厚さ七〇ミリで、日本軍の対戦車砲では歯が立ちません。そこで厚さ二〇ミリの底板を攻撃する為、爆薬による下からの攻撃が計画され、一つは重さ一〇キロの爆薬を背負って物陰にひそんで、戦車の下に飛び込む方法、二つ目は直径一〇センチ、長さ一メートル程の棒地雷と呼ばれる爆薬を持ってタコツボといわれた穴に隠れ、上を通る戦車を下から突きあげる方法です。

この戦法を指導した上官は「M4」は五～七人乗りだから一人で五～七人殺せば〝この戦争は勝てる〟と自爆効果を宣伝しました。決行地は九十九里浜、予定日は九月×日とされていた。軍国主義に洗脳されていた私達は疑う事無く訓練に励みました。

いよいよ死が迫る。後年喜八は、こう記している（『国づくりと研修』一九八〇年十二月号）。

当時の私は、自分の寿命を「うまく行って二十三、下手すれば二十一」と、大摑《おおづか》みで踏んでいたのだが、刻々と近づく死への恐怖をマジメに考えると、日一日とやりきれなくなって行く。それが高じて、もし発狂でもしたらみっともない。そんなある日、はたと思いついたのが、自分を取りまくあらゆる状況を、コトゴトく喜劇的に見るクセをつけちまおう、と言うことであった。

これは、存外うまく行った。飢えや、殴る教官や、対戦車特攻訓練を〝笑い〟にすりかえることで、ひそかに、ささやかな楽しみが増え、常時〝死〟のことを考えるコトも無くなったからである。

これが強がりではなく、私の中で真実味を帯びるのは、ここまで喜八の日記を読んできたからであろう。喜八の日記のそこかしこには、世の中を喜劇的に捉える下地があった。

大腸カタル

喜八は、父、敞一に宛てた一九四五（昭和二十）年二月二日のハガキの文末に「短い方の刀も軍装して置いて下さい」と記した。軍装とは日本刀を軍刀に仕立てることだ。軍装した刀がすでに一本あるが、さらにもう一本、軍装することを依頼しており、この一文は迫り来る実戦を痛切に感じさせる。

二月十五日の母、政枝宛てのハガキには「東宝からは何か云って来ましたか。先日、野坂さんから手紙を戴きました」と書いている。東宝の「野坂さん」と言えば、東宝の総務部長だった野坂三郎のことだろう。休職になったとは言え、退社したわけではなく、岡本家には休職後に支給された給与袋と、その明細も残されていた。立ち消えそうな未来にかろうじてつながっていた喜八を思う。

同じく政枝宛ての二月二十五日のハガキ（次頁参照）では「当地はまだまだ寒く、昨日も今日も、雪が降り続いて居ますが小生益々元気で軍務に精励中です」と、短い文章の中にも、環境の厳しさを滲《にじ》ませる。最後の三行には、赤色の鉛筆で文字の横に線が引かれた上で、黒塗りされ、読めなくなっている。何か軍規に触れることを書いてしまったのだろう。つい、本音を漏らしてしまったのかも知れない。改めて、喜八が、その心情を自由に手紙で書ける場所にいないという現実を痛感させられる。

また、日付が不明だが、喜八が敞一に出したハガキでは「小生数日前より、明大二年の時感冒から来た大腸カタルをやりましたが、あの時と同じ状態になり入室して居ます」と報告している。

喜八の明大時代の日記には、「大腸カタル」の文字は見当たらないものの、頻繁に腹を下していた様子はうかがえる。ハガキでは、このあと、「明日か明後日は退室出来ると思いますから、御安神下さい」と伝え、重ねて、「絶対に心配なさらない様願います」と記し、過度に心配性な敞一を気遣っている。

喜八は後年、食糧不足ゆえに体調を崩す候補生が続出していたことに触れ、「私モ、ツイニ一週間ノ入室ヲシタ。軍医ノ付ケタ病名ハ〝疑似赤痢〟ダッタガ、学生時代ニ一度ヤッタ経験デハ、アレハ、栄養失調ニヨル慢性下痢ニ間違イナイ」と回想している（『鈍行列車キハ60』）。

赤痢と大腸カタルは似た症状があるが、ハガキには「大腸カタル」とはっきり書いており、しかも、「将校生徒として気合が充実して居なかったからだと深く自責して居ます」と恐縮し切っている。もちろん、検閲が入るからであるが、むしろそれ故と言うべきか、ハガキの文面からは、軍隊の中で肩をすぼめて生きていた〝岡本喜八郎〟の姿が立ち現れるのだ。

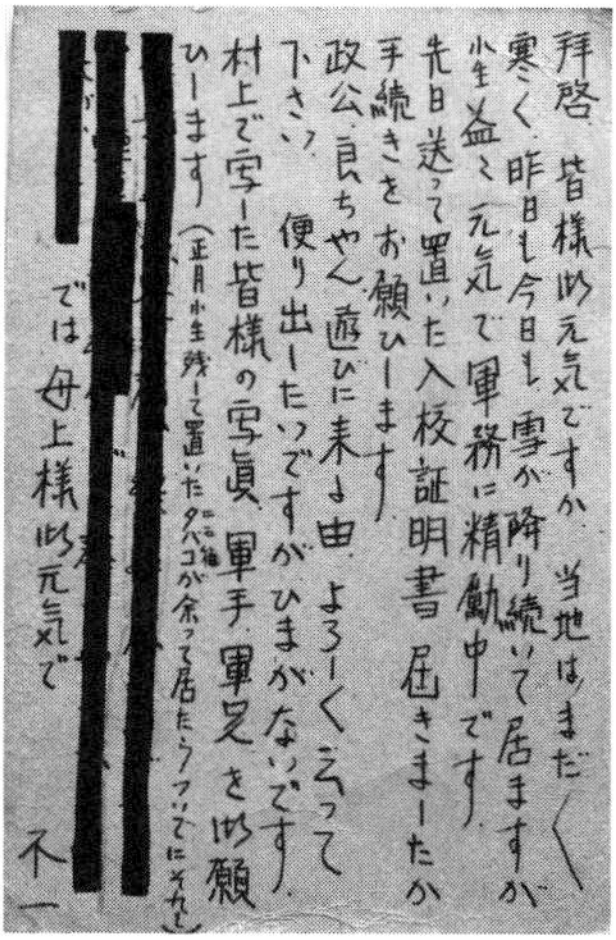
拝啓　皆様御元気ですか　当地はまだ〱
寒く　昨日も今日も　雪が降り続いて居ますが
小生益々元気で軍務に精勤中です
先日送って置いた入校証明書　届きましたか
手続きをお願ひします
政公、良ちゃん遊びに来る由　よろしく云って
下さい　便り出したいですがひまがないです
村上で写した皆様の写真、軍手、軍足を御願
ひします（正月小生残して置いたタバコが余って居たらついでにそれも）
[redacted]
では母上様御元気で
不一

母・政枝宛てのハガキ（一九四五年二月二十五日付）。検閲のため、一部が黒く塗りつぶされている。（喜八プロダクション提供）

豊橋陸軍予備士官学校へ

日付不明のハガキの直後だろう、敞一と政枝に出した三月二十九日のハガキで喜八は、「小生　十四日大腸カタルにて入室以来、二三日で恢復《かいふく》しましたが或《ある》事情で本日退室致しました」と伝えている。

「或事情」とは、翌月の下旬に予定されていた愛知県にある豊橋陸軍予備士官学校への移駐だった。

『陸軍工兵学校』には、喜八たち候補生隊を「主として本土決戦（一部疎開、人員急増対策をも併せ考慮。）」のため、出身地別に九個中隊に分け、久留米《くるめ》陸軍予備士官学校、豊橋陸軍予備士官学校へと移駐するよう命令を出したと記されている。久留米陸軍予備士官学校に中隊長として赴いた福井浩夫が「転属の主眼は、本土決戦に備えて、独立して幹部教育ができるようにという配慮だったと思うんです」と、主な目的は「本土決戦への備え」であったと証言している（『偕行』一九八四年七月号）。「人員急増」については、特甲幹第二期生九九〇人の入学が迫っており、校舎収容能力を考慮する必要があった（『偕行』一九八四年二月号）。

豊橋陸軍予備士官学校には、岸秋正《きしあきまさ》中隊長の第三中隊、梶原美矢男《みやお》（一九二〇／大正九年生、二〇一四年死去）中隊長の第七中隊が移駐されることになり、喜八は第七中隊に入った。今回、松戸から豊橋に向けての正確な出発の日にちが、喜八の次女、岡本真実さんが鳥取県に請求し、入手してくれた喜八の軍歴証明書によって、四月二十九日と確認することができた。

この豊橋の地で、喜八は生涯を決定づける鮮烈な体験をする。喜八の豊橋での回想は数多く存在するが、カナ混じりで書かれ、それが独特の印象を与える『鈍行列車キハ60』から引用したい。

四月二十九日、天長節。工兵候補生ハ、松戸・仙台・小倉（筆者註：久留米のことか）・豊橋ノ四カ所ニ分散スル事ニナリ、私達、東海、関西、中国、四国地方出身者ハ、豊橋予備士官学校へ向ウ。

喜八はほかの回想でもなぜか、「仙台」を入れているが、実際は仙台は含まない。仙台にも陸軍予備士官学校があったので、それと混同してしまっているのかも知れない。さらに、出発の翌日四月三十日のことである。

豊橋駅到着後、本隊ヲ駅ニ残シ、私タチ約二十名ノ先遣隊ハ、器材庫点検ノタメ先行ス。砲兵候補生卒業後ノ、ガラントシタ学校ニ到着、器材庫ニ入ルト同時ニ爆弾ノ落下音聞コエ、間モナク至近距離デ爆発、瞬時ニシテ一同爆風ニ吹ッ飛ブ。(コノ日、空襲警報ナシ、警戒警報モナシ、恐ラクエンジンヲ止メテ進入シタB29一機ニ依ルモノノ如シ、爆弾ハ二百五十キロ一発、爆発地点ハ約二〜三十メートル横ノ営庭)

別の喜八の文章で補うと、「ザァーッ、ドッカァン!!」という物凄い音がして、喜八は爆風で飛ばされた(『週刊漫画アクション』一九七三年四月十九日号)。

硝煙ガ消エ、オノレヲ取リ戻シテ起キ上ガレバ、タダモウ泥絵具ノ地獄図絵ノ惨状、殆ドガ即死ニ近カッタガ、目ノ前ニ、片手片足ヲ吹ッ飛バサレテモナオ「畜生ッBノ奴《やつ》、Bノ奴!」ト、ハミ出シタハラワタヲ押シ込マントスル戦友アリ、「岡本候補生、岡本ッ!」ノ声ニ振リ返ルト、頸動脈《けいどうみやく》ヲ切ラレ、血ノ雨ヲ噴出サセナガラ「止メテクレェ!」ト悲痛ニ叫ブ、大アグラヲカイタ戦友ガイタ。

まさに、阿鼻叫喚《あびきようかん》の世界だった。

ヤガテ、ハラワタヲ押シ込ンデイタ戦友モ、私ガ首筋ヲ押サエツケテイタ戦友モ、死ンダ。同ジ区隊カラ先遣隊ニ出テイタ生存者、僅カニ三名。

別の喜八の回想では、この時、ほかの候補生は一四人いたことになっており、そのうち一一人が亡くなり、喜八を含め三人が生き残ったという（『映画芸術』一九六六年四月号）。

マコト生死ハ紙一重。シカシ、死神ガ見エテ来タ。

遠くない将来、自らも死ぬことが現実のものと思えた。

後年、なぜ戦争映画を撮るのか、と尋ねられると決まってこの時のことを語った（劇団民藝「狂騒昭和維新」公演パンフレット、一九七五年。引用は『マジメとフマジメの間』より）。

戦争体験としては、まことにチャチだ。しかし、青春体験としては、私なりにまことに痛烈だっただけに、以後、どうしても、8・15にコダワったりカマけたりしたくなるのである。

喜八が戦争をテーマに映画を撮る原点となったこの経験は、喜八映画についての作品論では欠かせない要素となっている。喜八作品と戦争との関係を研究者たちが考察した論集『近頃なぜか岡本喜八』でも、メディア文化論が専門の相模《さがみ》女子大学の塚田修一准教授は明確に、「この戦争体験こそが岡本喜八を戦争映画にこだわらせることになる」と述べている。

もっとも、この体験に言及しない喜八論のほうが珍しい。映画史研究家の春日《かすが》太一氏は『日本の戦争映画』で喜八について「戦後最も多くの戦争映画を撮ってきた」監督であり、「喜劇として戦争を描いてきました」と紹介する。そして、「『痛烈』な体験が原点になっています」とし、中島飛行機武蔵製作所での空襲をまず挙げ、さらにこの豊橋での爆撃が「決定的な体験となりました」と書いている。

しかし、これまで喜八についての戦争映画論をいくつも読んでいて、ふと気付いたことがある。それは、誰も喜八の豊橋での体験を検証していないのではないか、ということだった。喜八自身が回想しているからと言って、それをそのまま根拠にしていいのだろうか。この体験が、喜八作品の根幹をなすとされているにもかかわらず、だ。しかも、喜八の回想を何種類も読むと、書かれた数字にはばらつきがあるのだ。既述の通り、生存者数と死者数の割合について、およそ二〇人中三人や一四人中三人としたり、「30人のうち生き残ったのはたった3人でした」(『女性セブン』一九九五年八月二十四日・三十一日号)と答えたりしている。数字を確定することは、陸軍の公文書でもない限り難しいことは最初から分かっていたし、これまで戦争に関する取材を続ける中で、公文書が残されている可能性が低いことも予想できた。

とは言え、である。この体験を喜八以外の第三者の証言で裏付けられていない状況を放置はできない、と思った。大事なことなのでくり返すが、喜八が戦争映画を撮る上で最も重要な体験とされてきたにもかかわらず、この体験は喜八の証言を唯一の根拠に〝事実〟とされ、管見の限り、〝事実〟の確認、検証はなされていなかった。私がすべきことは、この体験を喜八以外の証言で〝裏取り〟することだった。喜八が語った像でしか見てこなかった、あの日豊橋で起こった出来事を縦横の証言を得て、立体的に再現してみようと思った。

爆撃被害の事実を求めて

まず手がかりを求めて開いたのが、これまで何度か引用してきた『陸軍工兵学校』と『続陸軍工兵学校』だった。この中には、久留米陸軍予備士官学校へ移駐した候補生たちの証言はいくつかあったが、豊橋陸軍予備士官学校に関する証言はそもそも少ない上、豊橋での爆撃経験を記している者は一人もいなかった。これは、正直意外だった。喜八の回想の中で、もっとも多い死者数は二七人となる。大惨事だ。それにもかかわらず、一行の記載もなかった。ただ、この二冊はいわば陸軍工兵学校の正史である。そこに、米軍の爆撃によって大勢の死者を出した〝不祥事〟を書くわけにはいかないということだろうか。喜八の体験そのものが揺らいだ気がして、不安になった。

では、受け入れ先だった豊橋陸軍予備士官学校側の記録はどうだろう。関係する書籍を探した。豊橋陸軍予備士官学校の教官や卒業生らで作る親睦団体が編纂した『嗚呼《ああ》、豊橋』という記録集があることが分かり、読んでみた。そこには、砲兵第三中隊の候補生だった山田武麿が当時付けていたという日誌をもとに、年表形式に陸軍予備士官学校での出来事が記されていた。

一九四五（昭和二十）年四月三十日の爆撃についても、「午前、砲廠にて砲身手入中、突如爆弾落下。一緒に居た小泉候補生は破片による創傷で入院。夕食後看護に行くも元気なので大安心す」という一文があった。幸いというべきだろうが、爆撃を受けた「小泉候補生」は負傷したものの、亡くなってはいない。

さらに読み進めると、五月十一日に「先の空襲の際、頭部に破片創を負い入院中の第三区隊市村候補生、本朝死去す」と記されていた。

山田は「先の空襲」がいつであるかを明示していないが、同書中、山田と同じ砲兵第三中隊に所属していた三田真弘が、それは四月三十日のことだったと推察している。この日、米軍からの攻撃があったことは確かなようだが、気になったのは、負傷した「空襲」を、喜八が記したようなB29からの爆弾の投下ではなく、「グラマン」からの機銃攻撃だったと書いていることだ。グラマンは艦上戦闘機であり、爆撃機とは大きさや形からして別物である。爆弾の投下と、機銃掃射の攻撃もずいぶん違う。しかも、三田が艦載機からの攻撃が終わって戻ると、「機銃弾の軌跡の一点に伏せたままの市村候補生の姿があって、そのまま動かない」と具体的な描写で回想しているので、記憶違いとも考えにくかった。

ここまで調べたことをまとめると、陸軍工兵学校側には記録がなく、移駐先の豊橋陸軍予備士官学校側でも、仮に「市村候補生」の死につながる負傷が四月三十日だとしても、死者は一人であり、負傷者も先ほど出て来た「小泉候補生」一人だけだった。

そういう事情もあるのだろうか、豊橋陸軍予備士官学校の第一期特別甲種幹部候補生たちで作る「士魂会」が編集した一九九四（平成六）年刊行の『五十年のむこうに　あの日があった』で、中村遼太郎という人物が喜八の証言を否定している。中村は、『週刊文春』一九九三年四月二十二日号に掲載されたコラムに、喜八が「ザーッという爆弾の落下音が聞こえ、気が付いた時には全員吹っ飛んでいた」などと書いたことに立腹し、「いくら遠い昔の話とは言え、事実を曲げて誇大化し茶化すとはもってのほか」と書いた。

中村は怒りにまかせて、同期生にもこの記事を送っている。その同期生も、中村の主張に同意したようで、「工兵中隊長殿に事実確認」を行い、中村に報告してきた。その報告によると、まずこの同期生が尋ねたのは、陸軍工兵学校の元第三中隊長、岸秋正だった。岸は当時、豊橋陸軍予備士官学校にいたが、特甲幹二期生が主な担当だったとし、「負傷者が数人出たが、死者はいなかったように思う。岡本喜八君は特甲幹一期生なので、念のため梶原君に聞いては……」と答えている。岸に勧められるままにこの同期生は、元第七中隊長の梶原美矢男にも尋ねている。前述したように、喜八はこの梶原が率いた第七中隊に所属していた。

梶原は岡山に在住していたため、書面で「松戸発四月二九日豊橋着、砲兵生徒隊舎に入る。翌三十日早朝より資材を豊橋駅から学校に搬入のため、区隊長以下同業務に従事。私は中隊長室にいたが、警報もないのに突然窓硝子が破砕した。窓外を見ると、最初に帰ったトラックがやられていた（そこに岡本君が居たかどうかは記憶に無い）。このとき同乗の候補生一人が死亡、下士官・兵数名が負傷した」と回答している。

中村の寄稿は、梶原の回答に対して何の感想も記さないという不思議な構成で終わっている。このことを深読みすると、中村は岸や梶原の回答から、当初の目論見《もくろみ》通り、喜八の「全員吹っ飛んでいた」という大惨事説が否定されたと理解し、あえて、自分の見解を記さなかったのではないだろうか。

確かに、梶原は死者が出たことは認めているが、その数は一人であり、喜八の言う死者数とはかけ離れている（岸にいたっては死者はいなかったと答えている）。喜八の主張していた〝事実〟からは遠くなった気がしたが、中村の質問に対する梶原の回答によって、梶原が率いた第七中隊は、豊橋陸軍予備士官学校の砲兵生徒隊舎に入ったことが確認できた。豊橋陸軍予備士官学校の「兵科特別甲種幹部候補生（第一期生）」の記念文集『高師天伯』に掲載された平面図には、砲兵生徒隊の場所が記されていた。そこは、現在時習館高校が建っており、中村たちがいた現在の愛知大学のある場所とは、道路をはさんで反対側だった。

現在、愛知県立時習館高校が建つ場所に、喜八たちは松戸から移駐した。（著者撮影）

同期生の手記見つかる

現場にいたという梶原美矢男の短い証言によって、うっすらと見えてきたあの日の豊橋の光景。たとえ死者が一人であっても、その数が正しいことを確かめる必要がある。岡本喜八を語る上で、欠かせない検証であり、それこそが「岡本喜八の実像」を知ることにつながるからだ。

一縷《いちる》の期待を持ち、日本軍に関する一次資料を多く所蔵している防衛省防衛研究所史料室に尋ねても、被害状況を示す公文書は残されていないという回答だった。岸、梶原の両氏が何か資料を残していないか。それを探そうと思っていた矢先、喜八プロの事務所で、喜八の陸軍工兵学校の同期生が、「岡本喜八郎」宛てに送った封筒があるのを偶然見つけた。その中にはA4判を横長にした手記と、便箋三枚にしたためた手紙が入っていた。

一九九〇（平成二）年三月六日に書かれたその手紙を、何気なく読みはじめて驚いた。そこには、「私こと往年、工兵特甲幹で貴方と全く同様な体験を持ったあの候補生の一人です」とあったのだ。手紙には、前日、岡山と広島両県出身の元候補生たちが集まり、ささやかな同期生会を岡山市で開いたこと、その場で、自身が豊橋で居合わせた「米軍機の爆激《ママ》惨事」について、喜八が映画化していると聞いて驚き、感銘を受けたことがつづられていた。手紙に同封されていた手記は、その人物が豊橋で体験した出来事をまとめたものだった。

これまで喜八に関するどの書籍でも言及されてこなかった、喜八以外の候補生があの豊橋での爆撃について証言している記録を、初めて見つけた瞬間だった。後に入手した特甲幹一期生の名簿から、この同期生が喜八と同じ第七中隊に所属していたことが分かった。

手記には詳細に、あの日起こったことが記されていた。この同期生にとっても、「七箇月余りの軍隊生活の中で、最も強烈な印象として頭に焼き付いて」いるのが、この爆撃だったのだ。

その日朝から、候補生たちは転属のため運んできた資材を運搬していた。彼はトラックに積まれた荷物の上に立ち、荷物を降ろす作業をしていた。「その時、何とも形容のつかぬ大音響、しかもただ一発で、後に尾を引かぬ音」がした。

「集まれ!!」という号令で兵舎の前を通ると、兵舎の窓ガラスは割れ、木は傾いていた。「戦死者が出たのでこれを収容する」と言われ、「簀板《すいた》」を持って来るよう指示された。この時、彼はまだ被害の状況をつかめていなかった。だが、簀板のあるほうへ駆けだした頃に、「事の次第の全貌」が見えてきた。

兵舎の間の広場に、広さ八畳間、深さが一メートル程の穴があき、それを中心に四〜五人の兵隊が倒れているではないか、あるものは無残にも首や手足がちぎれて飛んでいた、特にはらわたの露出して居るのは、正視出来なかった。

「戦死者を乗せろ!!」と言われ手をかけたが、その身体は重く、しかも薄手のシャツを着ていたので、つかむことが難しい。仕方なく首に手をかけ、両耳を持ち、板の上に乗せる。「あちらの砲庫へ行ってみよう」と後ろから声がして振り返ると、一人の将校が立っていた。この将校が梶原だった。砲庫からも二、三人の候補生が出てきて、「あそこに人が」と言って指さした先に、候補生がいるのを見つけた。その姿は凄惨だった。

まだ息が有るのだろう一人動かず、腹が裂けているので内臓が露出して居て、体の動きに従ってヒクッヒクッと動く。眼球も飛び出している、爆風によるものだ。

この候補生のそばに駆け寄り、「軍人ならやはり『天皇陛下万歳』と言うのが最もそれらしいと気が付き」、「天皇陛下万歳」と唱えさせようとした。だが、その候補生は彼の手を握りしめ、ついに動かなくなった。

手記の中にある建物名を平面図で探すと、「砲庫」はないが、広場近くに「砲廠」と書かれた建物は確認できた。この同期生が手記に付けた手紙には、「吉井候補生」とその他の戦死者へ哀悼の意と、誠意をこめて手記を書いた旨がつづられていた。具体的に名前が挙げられていたのは、この「吉井」という候補生だけだ。

「戦死者」として板の上に乗せられたのが一人、手を握りながら動かなくなったのが一人。そのどちらかが吉井候補生だとすれば、少なくとも二人は亡くなったことになるだろう。広場で倒れていた四~五人が全員亡くなった（手記の描写だととても助からなそうだ）としても不思議ではない。手記にはこの爆撃による死者の数こそ記されていなかったが、豊橋陸軍予備士官学校の記録にはなかった爆撃の被害を確かめることができた。

そして、この同期生の手記と同じように、中隊長である梶原も何か記録を残しているかも知れない、という期待が私の中で高まっていた。私は、梶原の遺族を探した。

梶原中隊長の証言

邂逅《かいこう》というべき、同期生の手記との出会いを奇貨に、梶原美矢男の遺族ともほどなく会うことができた。梶原の次男である梶原真悟さんに初めて連絡を取ったのは、二〇二二（令和四）年十月のことだった。真悟さんには『昭和天皇の地下壕』という著書があるが、これは皇居の地下壕の工事に従事した工兵将校の父について書いたものだ。梶原のことが書かれている資料を探す中で、この本に行き当たった。出版社を通じて真悟さんの連絡先を教えてもらい、やり取りをする中で、梶原が戦後、手記を書いていたことが分かった。しかも、豊橋時代のことも記しているとのことだった。逸《はや》る気持ちを抑え、申し出ると、歴史家でもある真悟さんは一人の証言を第三者の証言で確認することの重要性を理解してくれ、手記を拝見できることになった。原稿用紙に手書きでつづられたそれは、中隊長という立場で記された唯一の記録であり、先述した豊橋陸軍予備士官学校の候補生への回答に比べ、その内容ははるかに詳しかった。

一九四五（昭和二十）年四月三十日は朝から候補生が「全員豊橋駅へ荷物受領に出かけ」、梶原は一人兵舎に残って新聞を読んでいた。突然、兵舎の窓ガラスが割れ、破片が散らばった。外で大声がするので窓からのぞくと、トラックが吹き飛んでいた（このトラックの上に手紙と手記を喜八に送ったあの同期生は乗っていたのだろうか）。急いで外に出て、候補生たちに

「近くの砲廠の中」に入るよう指示を出した。トラックに乗っていた一〇人ほどの候補生たちが被弾し、「見ると手首のないもの大腸がとび出て引きずっている者等大勢受傷」していた。喜八に手紙を送った同期生の手記の記述と極めて近く、ここでもはらわた（大腸）の描写が出てくる。梶原は軍医を呼びにやり、担架の準備をさせるなど、立て続けに指示を出した（喜八に手紙を送った同期生はこの指示を聞いていた）。「手首や足のないものを巻脚絆でしばってすぐ止血」していると、梶原に懇願する者がいた。

腹から腸を出して助からない生徒が「私を先にして下さい」と哀願します。「お前は軽いから後だ」と言うと、ああ俺は軽いのかと嬉しそうな顔をしました。

中隊長として、助かる見こみのある者から先に応急処置を施し、陸軍病院へと搬送していった。梶原の回想からも死者数を推察することは難しいが、「手首や足のないもの」、そして「大腸がとび出て引きずっている者」「等」「大勢」、さらに「腹から腸を出して助からない生徒」という記述から、少なくとも四人以上の重篤な負傷者の存在をうかがうことはできる。

翌日は告別式だった。凄惨な光景を目の当たりにした梶原は、松戸では最後まで被爆しなかったにもかかわらず、危険を避け移動した豊橋で早速、こんな事態に遭遇したことに感慨をこめて、こううつづる。

　世の中は皮肉なものです。私は人夫々に運命があるんだと思います。

誰の身にも生死は紙一重だった。

　続けて、梶原は「学校本部裏」にも二五〇キロ爆弾が落ちたが不発だったこと、「死んだ候補生に高知出身の吉井　某《なにがし》がいました」と記している。梶原が先述の候補生からの質問に死者は「一人」と回答したのは、このはっきりと名前が分かっている吉井候補生のことを指しているのではないだろうか。吉井は、喜八に手紙を送った同期生の手記でも死者の中で唯一名前が出てきた候補生だ。

　一度糸口をつかむと、そこからは数珠つなぎのように次々と手がかりが現れてきた。静岡県中央図書館に工兵学校関係者の著作が所蔵されていることが分かった。工兵学校本部付の下士官だった北田喜代司《きよじ》（一九二〇／大正九年生）が、一九九八年に刊行した『かたつむり』という私家版の回想録がそれだ。

　二個中隊の豊橋陸軍予備士官学校への移駐に伴い、豊橋に赴くことになった北田は一九四五年四月二十七日、豊橋に先行し、部隊の受け入れ準備を行っていた。同書には、四月三十日の爆撃についての記述があった。

部隊が到着して、高師ヶ原駅から資材搬送のさ中に、グラマンの空襲を受けて、候補生九名の死傷者を出した。本部書記として、その前後処置に私は殆ど寝る間もなかった。

高師ヶ原駅という名称の駅は見当たらないが、高師《たかし》駅は存在する。北田が言うのはこの駅かも知れない。いずれにしても、北田は死者と負傷者が合わせて九人だったとしているが、その内訳は不明だ。しかも、攻撃をしてきたグラマンを、北田は艦載機と同じ意味で使っていると思われるので、喜八が回想で記したB29とは食い違う。北田の回想録には、喜八に手紙を送った同期生や梶原のような被害の詳細についての記述もなかった。

豊橋での調査

喜八に手記を送った同期生、梶原美矢男、北田喜代司が書き残したものから、あの日、豊橋陸軍予備士官学校で起こった出来事の実態が分かってきた。より具体的な死者数の記載はないだろうか。四月三十日の爆撃の記録を求めて、二〇二三（令和五）年二月、私は豊橋に向かった。

豊橋の空襲について尋ねるなら、この人と決めた専門家がいた。豊橋での空襲について国内外の史料を収集し、分かりやすく解説した『令和に語り継ぐ　豊橋空襲』の著者で、豊橋市図書館の副館長である岩瀬《いわせ》彰利《あきとし》さんだ。岩瀬さんとは、愛知大学の「旧陸軍第一五師団司令部庁舎」の前で待ち合わせをした。

挨拶もほどほどに、傘を手にした岩瀬さんが「雨雲レーダーを見ると、間もなく降りそうなので」と言う。すると、はかったように雨がパラパラと降り出した。予備の傘を持ってきていた岩瀬さんから傘を借り、小雨の降る中を一緒に歩きながら、愛知大学の敷地内に点在する陸軍予備士官学校時代から残る建物について、解説してもらった。やがて、敷地を抜け、住宅街へと出た。岩瀬さんは「豊橋で空襲というと、六月十九日の空襲のことを言うんです。陸軍予備士官学校の爆撃はほとんど知られていないと思います」と、地図を片手にピンク色のマーカーで印を付けた爆弾の落下地点へと案内してくれた。

一九五八（昭和三十三）年刊行の『豊橋市戦災復興誌』には、豊橋陸軍予備士官学校周辺の山田町《やまだちょう》、南栄町《みなみさかえちょう》への空襲による死者は八人、罹災《りさい》世帯は四三世帯と記されている。一戸建ての民家やアパートが並ぶ特段特徴のない住宅街を十分ほど歩く。「このあたりですね」と岩瀬さんが指さした先には、業務用スーパーや民家が建っていた。かつて爆弾が落下した地点は、七十八年が経過し、その惨状を物語るものは何も残されていなかった。「まったく面影がないですね」と私が言うと、岩瀬さんも「そうですね……」とあたりを見渡す。商品がいっぱい入った大きな袋を抱え店から出てきた家族連れが、にこやかに車に乗りこんだ。

四月三十日の空襲については、岩瀬さんの著書に詳しい。米軍の第二一爆撃機集団の作戦任務は立川陸軍航空工廠と浜松市が目標で、作戦任務第一二六号によると、第七三、三一三航空団の一〇六機が出撃した。浜松へ向かったB29爆撃機のうち、第三一三の五機が豊橋を攻撃した。それは、十時四十三分からわずか四分間の攻撃だった。岩瀬さんは「近くには陸軍予備士官学校や兵器廠があったので、狙われたのでは」と推察する。この記録によって、四月三十日の米軍の攻撃は、北田や豊橋陸軍予備士官学校の生徒が『嗚呼、豊橋』で記した「グラマン」ではなく、「B29爆撃機」によるものであることが確かとなった。

さらに、手がかりを見つけることができた。当時、豊橋での空襲を記録していた豊田珍彦《とよだうずひこ》という郷土史家の日記『豊橋地方　空襲日誌　五』が豊橋市図書館に所蔵されていることが分かったのだ。図書館で閲覧すると、詳細に付けられた記録の中に、陸軍予備士官学校への爆撃についての記述もあった。同時代の記録としては、今のところ唯一のものだ。四月三十日の日記は詳細を極める。

午前市役所に出頭。空腹を感じたので、十一時にはまだ少しまのある頃昼食の箸をとりつつあるとき、南方に当って敵機らしい急降下音に続いて連続数十発の炸裂音《さくれつおん》に戸硝子がこの辺でもガタつく。箸を置いて外に出て見ると南方に当って黒烟濛々《こくえんもうもう》。果して出し抜けに敵機がやって来て爆弾を投下したのだった。天は晴れて居るが天候の工合で敵機の影は見られないし警報も情報も一切出ていない、全くの不意打ちだ。（中略）天候を利用し発動機を止めてでも侵入したものと見える。

先述の通り、米軍資料によれば、十時四十七分までの四分間とあるので、十一時の少し前に爆撃があったことに気付いた豊田の記述は正確だ。また、喜八の「空襲警報ナシ、警戒警報モナシ、恐ラクエンジンヲ止メテ進入シタB29」という記述とも一致する。

続けて、豊田は爆撃を受けた場所がどこか詮索し、「高師方面らしくもあるが向山附近だという人もある」としている。この「高師方面」が士官学校の場所になるのだが、当日の情報はまだ錯綜《さくそう》していた。

翌五月一日、豊田は陸軍予備士官学校やその周辺の施設に勤めていた親族、友人たちから情報を収集。爆弾が投下された場所が陸軍予備士官学校であることを突き止め、「炸裂の瞬間高師だなと思った通り、被害現場は陸軍予備士官学校から兵器補給廠を狙い六七十発の爆弾を投下したという」と記す。そして、被害状況をこう記録した。

然し投弾の多かった割に損害は至って少く、士官学校砲兵隊の豊秋津神社の傍に落下したやつで兵四人即死九人負傷。学校本部と補給廠との間道路にも一発落ち、附近の硝子を粉砕した。

豊秋津神社は、現在の愛知大学の副門を入ってすぐのところにあったもので、喜八たちのいた場所（現・時習館高校）とは道をはさんで向かい側だった。ただし、陸軍予備士官学校の平面図には、時習館高校側の敷地内にも神社があったことが記されている。

豊田の「兵四人即死九人負傷」という数字は、喜八の記す数とは随分ひらきがあるが、喜八に手紙を送った同期生や梶原の証言から類推される死者数と大差がなく、死傷者が九人とした北田の回想とも、大きくは異ならない。

しかし、その数字を公的資料で確かめようとしても、陸軍予備士官学校の被害状況は軍の機密事項であり（豊田は陸軍予備士官学校の関係者からも聞き取っているが）、当時の新聞にも公表されていない。先述した通り、防衛省防衛研究所史料室に尋ねても、被害状況を示す資料は残されていなかった。

一方で、喜八の証言と近い数字が記された資料もあった。

豊橋での空襲体験者の手記を収めた『豊橋空襲体験記』に、中尾勝美という人物が「米軍による豊橋空襲の記録」と題して、一九四五年一月九日から七月十五日までの豊橋の空襲被害を掲載しており、その中に四月三十日の空襲の被害状況も載せられていた。それによると、「四月三十日の山田町、南栄町の被害は住民の他に、軍関係において、投下弾26個　死者10人　重軽傷15人」と書かれてあった。喜八の証言と最も近いだけに、その数字の根拠を知りたかったが、残念ながら記されていなかった。私はどうしても、陸軍予備士官学校の爆撃で亡くなった人数を確かめたかった。

そこで、豊橋陸軍予備士官学校の歴史に詳しい愛知大学教授の阿部聖《あべせい》さんに尋ねてみると、中尾が依拠した被害者数の原典は、愛知県防空総本部の資料（「愛知県地区空襲被害概況蒐録(四)」『名古屋空襲誌』）であることを教えてくれた。確かにこの資料には「軍関係ニ於テ　投下弾　爆弾二六発　死者一〇　重軽傷一五」と書かれていた。阿部さんは「これも正確といえるかどうかわかりませんが、被害状況については一番詳しいです」と説明する。

この愛知県防空総本部の記録の通りだとすると、一一人が亡くなったという喜八の主張も信《しん》憑《ぴょう》性が出る。

生死の反転

喜八に手紙を送った同期生や梶原の手記から、一〇人もの候補生が亡くなったことを読み取ることは難しいが、梶原たちがそれぞれ手を握ったり、話しかけたりするなど身体性を伴ったケースと、首がないなど明らかに生きているのが難しいケースを抜き出し、その中に両氏がともに名前を挙げた吉井候補生を含めると、死者は二、三人だったと推察できる。郷土史家、豊田珍彦の日記にある死者数（四人）は豊橋陸軍予備士官学校の候補生の数で、愛知県防空総本部の資料に残る死者一〇人という数は、陸軍工兵学校の候補生を併せた死者数だったのかも知れない。しかし、これも推測の域を出ない。

喜八はくり返し、生存者が三人であると書いたが、亡くなったのが三人だった可能性もある。しかも、その可能性は低くないのだ。この奇妙な逆転を、どう捉えればよいのか。三人しか生き残ることができなかったと記憶するほど、強烈な体験だったとも言えるし、あえて生死を反転させることで、その生死が紙一重である事実を、逆説的に伝えようとしたのかも知れない。さまざまな解釈を可能にするのは、喜八が虚実の境をあえて曖昧にしたからだ。だが、喜八が何度も語ってきた豊橋での物語に、その場に居合わせた複数の証言や記録を手がかりに分け入れば、虚実の境が見える。数人の死者だったかも知れないが、身近で仲間が死ぬのを確かに喜八は見た。喜八が語ったことのうち、おそらく人数以外は、ほぼ事実だった。だからこそ、「戦争体験としては、まことにチャチだ。しかし、青春体験としては、私なりにまことに痛烈だった」という喜八の言葉は、偽りのない自らの実像を現しているのだ。

では、なぜ実像をそのまま伝えなかったのか。それは喜八特有の照れと、さらに、事実だけでは相手に伝わらないと感じたからではないか。なぜそこまで戦争映画にこだわり、撮り続けるのか。そう問われ、悩んだ末、観客を意識した喜八はより多くの人が納得できる答えを用意した。実際、その問いかけをした人たちはその答えを聞いて、納得した。岡本喜八郎候補生という実像を、映画監督岡本喜八が演出したのだ。私はそう思っている。

父、敞一に喜八が出した一枚のハガキがある。消印は潰れて読み取れず、日付も書かれていないが、差出人の喜八の住所が「豊橋第一陸軍予備士官学校大和隊ノ四」となっているので、少なくとも一九四五年四月三十日以降に書かれたのだろう。「ノ四」の「四」は四区隊ということだ。そこにはこうある。

卒業も近づき多忙な日々を送って居ます　敵も愈々中小都市をねらい出し当然米子へも来ると思いますから不要荷物等疎開して置いた方が良いでしょう　又「ザー」と云う爆弾

の落下音を聞いたらすぐ伏せる事です　小生も入校以来色々貴重な体験をしました。

検閲を意識し、「色々貴重な体験」とぼやかしているが、これに四月三十日の爆撃が含まれることは間違いないだろう。また、本章の最初で、喜八の陸軍工兵学校の卒業は一九四五年九月と推察したが、もしその通りであれば、時間は四か月ほどしか残されていない。そのあとに待っているのは、部隊への配属である。それは本土決戦の最前線への投入を意味していた。

迫る本土決戦

六月二十三日、沖縄ガ落チ。七月ニ入ルト、本土決戦ニ備エ、候補生ハ、特攻ベニヤ張リ○四（筆者註：「マルヨン」と読ますのだろう。マルヨンは海軍の特攻艇「震洋」の通称）艇要員ト水際作戦用遊撃隊要員ニ分ケラレル。私ハ遊撃隊要員トナル。（『鈍行列車キハ60』）

喜八の回想にあるように、船舶兵ではなく工兵が、しかも、ベニヤ板で作ったモーターボートの先に爆弾を仕こみ、敵艦に突撃する決死の作戦を行う計画があったたか、今となっては真相は分からない。

『豊橋市戦災復興誌』によれば、米軍は遠州灘から上陸し、豊橋市南部にある台地である天伯原《てんぱくばら》を経て豊橋に至ると予想した軍は、天伯原での白兵戦に備え、その周辺の静岡県都田町《みやこだちょう》、豊橋市郊外高師原周辺にも一個連隊を配備した。豊橋市の前面にあたる渥美郡野田村、老津村《おいつむら》、静岡県新居町《あらいちょう》、さらに愛知県の篠島《しのじま》、知多半島にわたって水上特攻隊の船艇が準備されていたという。

もっとも、前出の山田朗・明治大学教授の研究によると、米軍には東海地方に上陸する具体的な計画はなかった（歴史教育者協議会編『幻ではなかった本土決戦』）ようだ。だが、『豊橋市戦災復興誌』には、本土決戦に向けて新設された師団である第七三師団の師団長、河田末三郎《かわだすえさぶろう》陸軍中将が、現在の豊橋市の表浜海岸で「敵を迎え撃つ」などと語った談話が掲載されている。それを踏まえ、同書では「本土決戦にそなえる豊橋周辺の山野にも他とともに日本のすべての力をはたいて玉砕前夜の沖縄を思わせるものものしい武装がおこなわれたのである」と記している。

この本土決戦計画の中に、喜八たちも組みこまれていた。そう言えるのは、喜八が所属した第七中隊の中隊長だった梶原美矢男が手記の中で、本土決戦を想定して訓練をしていたと明かしているからだ。河田中将は、一九四三（昭和十八）年から翌年まで陸軍工兵学校の校長を務めており、その後、師団長となった河田に梶原は何度も会い、話し合っていた。

第七三師団の兵士を見た梶原は兵士の練度の低さ、装備の貧弱さに幻滅しながらも、軍人らしく「ゲリラ戦があるよ最後の一人迄戦うんだ」と決意を記している。手記には候補生が本土決戦を戦うことについての記述も見られる。

　豊橋正面が戦場になったときは、是非師団司令部の手伝をしてくれと師団長に言われ確約した。候補生の訓練用の築城架橋等はなるべ《ママ》実戦に役立つ場所で行い残置するようにした。いつ米軍がくるか、どこへ上陸するか一人で色々思案した。

　梶原の覚悟のほどがうかがえる内容だ。梶原の一存で決められるものでもないだろうが、戦局の最終局面で、梶原に率いられた部隊が第七三師団とともに、戦場となった豊橋付近で戦う可能性はあった。

『戦史叢書　本土決戦準備1　関東の防衛』によれば、日本軍は、米軍が日本本土に侵攻してくる時期を一九四五年秋以降と予測していた。

　この予測は、米軍の計画とほぼ一致していた。米軍は日本が降伏しなかった場合、十一月から翌年の三月にかけて、地上戦を開始することを計画していた。静岡市の静岡平和資料センターではオンラインミュージアム「戦争と静岡」を開設し、本土決戦について分かりやすく解説している。このサイトをもとに米軍の日本本土上陸計画をまとめてみる。

この計画は、「破滅」を意味するダウンフォール（Operation Downfall）と呼ばれ、大きくふたつの作戦に分けられていた。ひとつは、一九四五年十一月一日に宮崎海岸（宮崎）、志布志《しぶし》湾および吹上浜（鹿児島）の三地点から上陸して南九州に航空機の基地を確保するオリンピック作戦（Operation Olympic）である。もうひとつは、翌年三月一日に九十九里浜（千葉）と相模湾（神奈川）から関東平野に上陸して首都・東京の征圧を目指すコロネット作戦（Operation Coronet）である。オリンピック作戦は、コロネット作戦のために拠点を確保することを目的としていた。

もし歴史が米軍の計画通り進んでいれば、陸軍少尉、岡本喜八郎は小隊長として、九十九里浜の海岸線か、あるいは九州のどこかで米軍を迎え撃っていたのかも知れない。実際に小隊長となった先述の渡邊はこう回想している（『西南学院史紀要』第九号）。

１９４５（昭和20）年の6月に見習士官に任命され、それが姫路の護路兵団第二中隊という道を守る部隊の小隊長でした。それから宮崎に転属になり、そこの海岸線にアメリカ兵が上陸するのではないかというので展開していました。

軍歴証明書によれば、一九四五年六月一日に喜八は伍長から軍曹に昇級しており、見習士官の曹長まではあと階級ひとつだった。渡邊は、三か月後の喜八の姿でもあったのだ。兵隊を率いる立場になれば、その心境も異なっていたと思われる。しかし小説家で文芸評論家の笠井潔《かさいきよし》（一九四八／昭和二十三年生）が、その著書『8・15と3・11―戦後史の死角』で指摘したように、実際に本土決戦が行われ、その犠牲者が「試算で二〇〇万、あるいは三〇〇万にのぼったともいわれる」という状況になっていれば、最前線にいる喜八たちは真っ先に「肉弾」となり、生還は望めなかっただろう。

精神性の優位

本土決戦の情勢の中で、候補生たちは命を賭ける覚悟を迫られていた。喜八の陸軍工兵学校在校中の校長である岡田元治陸軍少将は、一九三二（昭和七）年に起こった第一次上海事変で、自爆によって攻撃の突破口を開いたとされる肉弾三勇士（第一章で言及）について、工兵の声価を高めた「壮挙」だと評価し、特攻の源泉には、肉弾三勇士の行動があったという所見を紹介している（『陸軍工兵学校』）。追い詰められた状況で、極度に自己犠牲の精神は美化され、信奉されていった。同校の軍医であった鈴木直彦も、一九四五年、本土決戦態勢を整えるために全員の血液型を調べた（『続陸軍工兵学校』）と書いているし、喜八の同期生の中村政勝は、東京での空襲が続き、遺言、遺髪を用意するようになったと回想している（同前）。

この時期、喜八の父、敞一が中隊長の梶原に出した手紙の控えが、喜八が保管していた資料の中から見つかった。文面から、梶原が候補生それぞれの親宛てに出した一九四五年五月十日の手紙に対する返信と分かる。梶原が出した手紙も残されており、「本土決戦の折柄」で始まる時局感のあるものだが、内容自体は、面会や仕送りに関する事務的なものだった。

その手紙に、敞一は律儀に返信をしている。

そこには「大東亜戦必勝完遂ノ為メ」や、「皇国護持ノ第一線指揮官トシテ愛国ノ熱情ニ燃エ御奮闘アラン事ヲ切望」などと強い言葉が並ぶ。梶原が第一線の指揮官として奮闘する時は、喜八も第一線で戦うことになるのだが、敞一が手紙を書いたのは、喜八が立派に戦うことができることを証明し、喜八の立場を少しでもよくしようという親心であったのだろう。

喜八の残した資料には、敞一が出した手紙の下書きのようなものまで含まれているが、内容から、工兵学校時代の喜八に送ったものと推察できる。そこには、「元気デ頑張レ　シッカリ頼ム　父」や「何事も本気ナレ　真面目ナレ　父」とあった。すべては、息子を思うがゆえの言葉、行動だった。少なくとも、敞一の側に立てばそうだ。ただ、軍隊のような本音のない建前が幅を利かせる世界で、肉親にこういう言葉をかけられた時、それを受け取った側は、自らの運命の行き着く先が逃げ場所のない死であるということを切実に感じ取ったのではないだろうか。それはとても残酷だ。
候補生時代の喜八が米子の家族に宛てて出した最後のハガキだと分かるのは、母の政枝に宛てた一九四五年七月二十日のものだ。一か月前の六月二十三日に沖縄が落ち、もはや、本土決戦まで猶予はなかった。「前略　御無沙汰しましたが小生元気で日々の猛訓練に精進して居り顔も真黒に焼けました。お便りが全然来ないですが皆様の方はお元気ですか　空襲激化の折柄、充分御注意下さい」と定型の中にも、戦局の悪化に伴い、自身の置かれた状況や身体が変化していく様子がうかがえる。そして、文末近く、こう決意を記した。

小生も卒業が愈々近づき大いに張切って居ます　護国の第一線に立つも間近かでしょう。

「第一線に立つ」とは、本土決戦の最前線で戦うということだ。その覚悟を、母に伝えている。この時期のハガキは一葉一葉が、喜八にとって、遺書のようなものだったろう。

死の覚悟

豊橋陸軍予備士官学校の候補生の一人が残した当時の日誌が、『軍都豊橋』に載っている。卒業を二十日後に控えた一九四五（昭和二十）年七月二十七日の日誌には、「生への執着心」から逃れようともがく様子が記されている。奇しくも喜八がハガキを出したのと同じ時期である。

人間本来ノ欲タル「生ヘノ執着心」ヲ離脱スルタメニハ、只「大義ニ生キル以外ニナシ」トハ、ワカッテイルノダガ、卒業マデノ究極課題ナリ。

本音と建前の境目がなく、まして本音を自由に書き、語ることができない世界で、二十歳をまだ少し越したばかりの青年が懊悩《おうのう》する様子がひしひしと伝わってくる。『軍都豊橋』の著者の兵東《ひょうどう》政夫は「恐らくどの候補生も、卒業が近づくとともに喜びの裏には『いかに身を処するか』という大命題が横たわっていた。とくに〝消耗品〟という空《むな》しい現実にさらされたとき、八か月の訓練と苦悩のやり場のない己の処理に戸惑ったに違いない」と候補生を思い遣る。

家族へのハガキで「護国の第一線」に立つため、「大いに張切って居ます」と悲壮な決意を述べた喜八の心境も同様だったのではないか。しかし、そうそう割り切れるものではなかった。

地理学者の飯塚浩二は一九四九年に、戦後大学で学んだ陸軍士官学校出身者らとの座談会を開き、自著『日本の軍隊』に収録した。その中で、陸軍士官学校五六期生の小林順一は、自分たち陸士出身者は「当時、平気で死ねるだけの精神的な安心感を持っていた」のに対し、学徒出身の候補生たちは「やはり死ぬということに対する、非常な一種の不安といいますか、そういう気持があったらしい」と語っている。
一九二五（大正十四）年生まれの哲学者の梅原猛《たけし》は、「2等兵で入隊するよりいっそ早く死んだ方が良い」と、特別甲種幹部候補生の試験を受けた。学科試験の成績はよかったが、口頭試問で日本の戦闘機の名前を「隼《はやぶさ》」しか答えられなかったことを叱責され、不合格になったという。その後、名古屋の三菱重工で勤労奉仕をしたが、何度も空襲に遭い、焼夷弾で焼け焦げた死体を目にする。梅原がその時の心境を語っている（『読売新聞』二〇一五年八月十五日付朝刊）。

自分がこの戦争で死ぬことはほぼ確実だと思ったな。負けるに違いない戦いで、なぜ死ななければならないのか。哲学書や宗教書を読みあさり、「死の理由」を探した。死が確実なら、せめて意味を見つけたかった。全く無意味に死んでいくのは耐えられなかった。

梅原はそんな日々を振り返り、「僕たちの青春は死の影に覆われていた」と慨嘆する。
東北帝国大学から学徒出陣で、第一四期海軍飛行予備学生となった向坊壽《むかいぼうひさし》（一九二二／大正十一年生）は、著書『帽振れ…—ある戦中派の追憶』の中で、「我々の仲間はみな愛する人を持っていたが、愛を告白することすら、相手を不幸にするのではないかという気持だった」と打ち明ける。そして、「自分では結婚する資格はないが、せめてその人の結婚する時期より、我々の戦死の方が早いことを痛切に願っていた」と振り返る。その苦衷の中で、彼らは何とか死ぬ意味を見出そうとしていた。生きるためではなくて、死ぬための意味を見出さなくてはならない。そうせざるを得なかった若者の気持ちを思うと、居た堪れない。向坊の慨嘆は痛切だ。

その人と自分達の家族を守る為にということに死の意味を見出していた。何の為に死なねばならぬかという長い煩悶《はんもん》の末に作り出した自分への云い訳であった。

戦争の時代を生き、「何のために死なねばならぬのか」と懊悩した喜八も、多くの同世代の若者たちと同様、その答えを求め続け、先述したように「チビた下駄」、次いで「お七」という一人の少女へとたどり着いたのだった。

終戦

一九四五（昭和二十）年七月二十日付の喜八が書いたハガキの末尾近くには、「時計と磁石（蓋付）もう一個御用意下さい」とある。磁石とは方位磁石のことだろう。豊橋陸軍予備士官学校への爆撃に関して喜八に手紙を送った同期生の手記によれば、「本土決戦は主として夜間戦闘になると見越」されており、訓練は昼間でもサングラスのようなものをかけて行ったという。夜間、方向を確かめるには方位磁石は必携である。

さらに、この手記では、演習場の一隅に戦車が一台あり、これに向かって爆薬などを使い、突撃訓練を行っていたことに触れている。同期生は、「文字通り必死の攻撃である。いかに物量に物を言わせる米軍と言えども、日本各地でこんな攻撃に出あったら相当な被害にも会うに違いない」と思ったと回想し、こう続けた。

蛸壺《たこつぼ》から飛び出し、肉弾となって爆薬もろとも体当たりしてくる日本軍が無限に居るとしたならば、日本全土を攻略するには生易しいことではなかったであろう。

そこにいた皆が、死に向かっていく運命の渦中にいたのだ。かつて、山本五十六の国葬に参列した喜八は、その日の日記にこんなことを書いていた。

司令長官で戦死されるんだ。オレ達がタマに当って灰となるのも極々当り前の事ではなかろうか。

あれから二年、死が「当り前の事」として喜八の眼前に迫ってきていた。

「死神ハイヨイヨ近ヅク」(『鈍行列車キハ60』)のだった。

しかし、その日は急に訪れた。

少なくとも喜八にとっては何の前ぶれもなかった。その心境をエッセイ集『あやうし鞍馬天狗』の中で記している。


そして八月十五日。

ある日とつぜんのように、戦争がおわった。

あの日、わたしは、二十一歳と六か月であった。


この日のことを、中隊長であった梶原美矢男も手記に残している。

八月十五日十二時ラジオを聞くよう指示され講堂できいたが雑音がひどくはっきりとはききとれなかったが戦に負けたことは理解出来た。生徒等と一緒に泣いた。

喜八は果たして泣いたのか。

別れ際、梶原は喜八たち候補生にこう訓示をした。

戦は終っていない。武力の戦いはすんだが引続き経済戦を戦うのだ。四十七士の故事にならい最期には日本が勝つよう経済戦の戦士として諸君の力を結集し米英との経済戦に勝とうではないか　今日は決別でなく首途《かどで》だ。

終戦直後の自身の感慨を、終戦から五十年を経た喜八がつづっている（『コミックボックス・ジュニア』一九九九年十二月号増刊）。

また助監督やれるという思いが強かった。けど、露出オーバーの写真みたいに頭の中がマッチロケというのが、1週間ばかり続いたかな、1週間か10日。それで、目方が、兵隊になるときに60キロあったのが、復員して帰ってきたら30何キロになってた。歩けなかったもんね。

一九三一年の満洲事変以来、日中戦争、そして日米開戦。断続的だったとは言え、十五年に及ぶ戦争の時代は、喜八にとって七歳から二十一歳までと重なる。太平洋戦争にあてはめれば、「十七歳で戦争が始まり、二十一歳で戦争が終った」ということになる。つまり、「青春と戦争とが、まともにぶつかった」（劇団民藝「狂騒昭和維新」公演パンフレット、一九七五年。引用は『マジメとフマジメの間』より）。だが、かつて、「下手すれば二十一」と見なした人生はここで終わらなかった。喜八は生き残った。

軍歴証明書によれば、喜八の除隊は一九四五年八月二十七日となっている。放心状態のまま、機銃掃射で穴ぼこだらけになった貨車に詰めこまれ、豊橋から故郷米子へと戻った。

昭和二十年八月十五日、私は満二十一歳と六ヵ月だったのだが、九月、豊橋の予備士官学校から復員してみたら、郷里の商業学校時代の同窓生、五十名の内半分の二十五名が、あの戦争で死んでいたし、同じ町内のいわゆる餓鬼友達は一人も帰っていなかった。
（『NOMAプレスサービス』一九八〇年九月号）

喜八が卒業した米子商蚕学校、現在の米子南高校の『創立五十周年記念誌』には、一九三三年から四五年までの卒業年次別に、死亡者数の一覧表が掲載されている。卒業生の亀井健三が一九七五年の同窓名簿をもとに作成したものだ。それによると、喜八が卒業した一九四一年は卒業生四九人中、二三人が亡くなっていた。亀井は「戦争と結核による凄惨な犠牲の証拠である」と述べる。

戦事中の栄養不足で弱った身体を故郷で労《いたわ》っていた喜八のもとに、東宝から電報が届く。「活動屋」として活動するため、喜八は米子から再び上京した。一九四五年秋のことだった。

物語のその奥へ

本来ならば、この章は喜八の戦争体験を支える大きな柱であった豊橋での爆撃を立証し、終戦によって喜八が故郷に戻り、再度上京するまでで終わらせることもできた。そうしないのは、これから言及することこそが、戦中派としての喜八の心情に最も大きく影響したかも知れないと思うからだ。

二十一才。その年、学校友達の半数を戦争で失った世代である。

（『映画芸術』一九九一年冬号）

自著などでくり返し書いたように、喜八は同級生の半数を戦争で喪った。しかし、同級生にもふたつの生年があること、そして、その違いについては私自身、思い至っていなかった。そのことに気付いたのは、まったくの偶然だった。

　喜八は「陸軍特別甲種幹部候補生」だが、これは「陸軍甲種幹部候補生」とは違う。その違いをはじめ、喜八の証言を裏付ける歴史的根拠について、第二章でも言及した「戦場体験放映保存の会」の渡辺穣さんに尋ねるため、東京都北区にある会の事務所を訪れたのは、二〇二二（令和四）年十一月上旬のことだった。

　該博な知識を惜しみなく語ってくれる渡辺さんに感心しながら、私はメモを取っていた。そして、一九四三（昭和十八）年十月二十一日に明治神宮外苑競技場で行われた出陣学徒壮行会について、喜八が「あの雨中の分列行進のニュース映画には、専門部から学部へ進んだ、同じクラスの連中の顔が、2、3ハッキリと見える」と書いていることに話が及んだ。

「どうして岡本喜八はこの時、出征しなかったんですかね」

　ふと、渡辺さんが何かを思いついたようにつぶやいた。

　それは、なぜ喜八は見送る側にいたのか、という問いだった。私が「すでに学校を卒業し、東宝に入社しているので……」と答えても、渡辺さんの耳には入っていないようだった。そして、喜八の経歴に眼を落とし、おもむろに「ああ、早生まれなんだ」と言い、合点がいったような顔をこちらに向けた。そう言われても、私にはまだ、その言葉の意味するところが分かっていなかった。確かに、喜八は二月生まれだ。だが、それが何なのだろう。腑《ふ》に落ちない私の様子に気付いたのか、渡辺さんが言葉を補ってくれた。

「大正十三年生まれであれば、昭和十八（一九四三）年にはまだ満二十歳になっていないんですよ。だから、彼はこの年、徴兵検査を受けていないんじゃないですか」

これまで何度となく見返していた年表を改めて確認してみる。確かに、喜八が徴兵検査を受けたのは壮行会の翌年、一九四四年六月八日だった。

「やっぱり。だから、一年ずれているんですね」

渡辺さんは納得した顔をした。

つまり、こういうことだ。

一九四三年の徴兵検査であれば、その対象となるのは、兵役法第二三条に基づき、一九四二年十二月一日から一九四三年十一月三十日までに満二十歳になる人たち。より分かりやすく言えば、一九二二（大正十一）年十二月一日から一九二三（大正十二）年十一月三十日生まれまでが、この年の徴兵検査を受けねばならなかったということだ。

さらに言えば、一九四三年十月、「在学徴集延期臨時特例」が公布され、それまで満二十六歳まで認められていた大学・高等専門学校卒業までの徴兵猶予が停止となった。その結果、二十歳以上の文系学生に対して臨時徴兵検査が行われることになり、出陣学徒壮行会が挙行された。ここでも下限は、一九二三（大正十二）年十一月三十日生まれだ。

この仕組みを理解して、ようやく先ほどの渡辺さんの言葉の意味、より切実には、「なぜ喜八は見送る側にいたのか」という問いについても、答えを出すことができる。

それは、一九四三年の徴兵検査の対象年齢が、一九二四（大正十三）年二月十七日生まれの喜八のわずか二か月半、正確には七十九日前で線が引かれていたからだ。だからこそ、多くの同級生が通常の徴兵検査、あるいは臨時徴兵検査を受ける中で、喜八は一九四三年ではなく、翌年になって徴兵検査を受けたのだ。

「その差というのは大きいんでしょうか」

渡辺さんに尋ねた。

「大きいと思いますね」

と渡辺さんは即答し、こう続けた。

「大正十二年生まれは基本的に昭和十九年初頭までに入営するため、フィリピン戦線・沖縄戦線への投入が可能で、その分だけ甚大な戦死者が生じます。一方で、大正十三年生まれは昭和十九年末から昭和二十年の入営となり、海上輸送途絶によりルソン・沖縄への投入が不可能で、本土決戦要員であるため戦死者が寡少となります。一般的な徴兵による現役入営でも、この、大正十二年生まれと大正十三年生まれによる差異は如実です」

何気なく見ていた喜八の生年。大正十二（一九二三）年と大正十三（一九二四）年は一部同学年になるが、喜八の場合は早生まれだから、大正十二年生まれが徴兵検査を受けた翌年の一九四四年に検査を受けている。渡辺さんはその「差異は如実」だと言うが、一年遅れで徴兵検査を受けたことは、戦死に関してどれほどの違いがあるのか。

ノンフィクション作家の保阪正康《まさやす》氏は、太平洋戦争の軍人、軍属、民間人を合わせた戦死者約三一〇万人は概数であり、実際には「戦後の戦病死を含めて500万人は超えるのではないか」と戦没者の数を推察した上で、「では、この中でもっとも多くの人が戦死しているのは、何年生まれなのだろうか」と問いかける。

保阪氏は昭和の終わり頃、ある私立の小学校から大学までの卒業生名簿や、その他いくつかの大学の卒業生名簿から、戦死者の数を調べた。その結果として、「大正10～12(1921～23)年生まれが多いとわかった。特に大正11(22)年生まれが多いように思った」と感想を述べ、「この世代の人たちは、まさに戦争要員のごとくに運命づけられて生まれてきたようでさえある」と記している(『毎日新聞』二〇二〇年三月二十一日付朝刊)。

大正十二年と大正十三年の差

ふたつの年の戦死者数の違いを知るための、より具体的な数字はないものだろうか。

『日本軍兵士』などの著作で知られる、歴史学者の吉田裕《ゆたか》さんに尋ねた。吉田さんから教えてもらったのが、社会学者で二〇二二（令和四）年に亡くなった森岡清美の研究だった。その著書『決死の世代と遺書』によれば、森岡は「戦争によってもっとも深い痛手を受けた世代」を特定するため、戦没者の生年分布を知ろうと「戦死者と戦病死者について没年別死亡年齢にかんする統計」を探した。

だが、森岡が当時の厚生省援護局調査資料室へ照会しても、そんな資料はないと回答されたという。森岡の研究から三十年以上がたったが、吉田さんによると、現在でも全戦没者の生年を統計的にまとめた数字は存在しないようだ。国の命令によって戦場に赴き、戦死した兵士たちの最も基礎的な数字である生年さえ、把握されていなかった。

公的な数字を得ることができなかった森岡は、公刊された戦没学生・生徒らの遺書集を使い、そこに記された生年を抽出していった。森岡が使った遺書集は、東京大学学生自治会戦没学生手記編集委員会が三七人の東大戦没学生の手記を収集編纂し、一九四七（昭和二十二）年に出版した『はるかなる山河に』と、この本の続編であり、手記の収集範囲を東京大学の外に広げ、日本戦没学生七五人の手記集として一九四九年に刊行された『きけわだつみのこえ』、さらに同書の姉妹編として出された四七人の手記を収録した下巻（一九六三年刊行の『戦没学生の遺書にみる15年戦争』の改題）だった。これらを使い、重複を除いた一二七人を生年別没年別に集計した。それによると、最も戦没者が多い生年が一九二三年、つまり大正十二年で二二人、次いで、一九二二年が二一人、その次が一九二一年で一五人だった。

では喜八の生まれた大正十三年、一九二四年はというと、七人だった。一部同学年でありながら、一九二三年生まれは三倍も多く亡くなっていた。しかも、一九二三年生まれは一八人が一九四五年（八月十五日まで）に亡くなっていた。森岡は人間もろとも体当たりし、命と引き換えに敵艦を沈める海軍の兵器だった「回天」の戦没者の生年も調べているが、集計の対象となった六七人中、一九二三年生まれがここでも最も多く一七人、次いで一九二二年生まれが一〇人となり、一九二四年生まれは六人だった。

一九二三年生まれと一九二四年生まれの同学年の戦死者数の差について、森岡は所見を述べてはいないが、森岡自身、一九二三（大正十二）年十月の生まれだ。『決死の世代と遺書』の略歴にわざわざ誕生月まで公表している。何か感じるところがあったのではないだろうか。

森岡が世代別の戦没者数を調べようと思い立った理由について、「戦没世代に属する私にとって、遺書は四、五〇年も前の、ほの暗い歴史のなかに遠ざかった縁薄きものでなく、一つ違えば私自身の手記であったかもしれぬ、他人事《ひとごと》ではない思いで、惻々《そくそく》と心に迫る遺書の一行一行をまるで昨日今日の出来事のようにかみしめたのである」と同書のはしがきにつづっている。

森岡が示した数字は、はからずも喜八にとって、わずか二か月半、七十九日の差が生死を分けたことを峻厳《しゅんげん》に物語っている。

喜八は表現を変えながら、同級生たちの半数が亡くなったことをくり返し書いてきた。私はこの半数という言葉を、ただ多くの人が亡くなったと理解し（それはその通りなのだが）、森岡の研究結果にたどり着くまでは、具体的な意味を持つものとして、見られていなかった。

米子南高校に保存されている一九五三年の名簿では、喜八と同じ一九四一年三月の第九回卒業者の死亡者数は、四八人中一七人。一方で、同年十二月の第一〇回卒業生は四九人中七人、一九四〇年三月の第八回卒業者だと、四三人中一八人だった。大正十二年生まれが在籍する可能性が高いのは、第八回と第九回、大正十三年生まれだと、第九回と第一〇回になる。その差は、やはり大きい。もっとも、浪人、留年も多かった時代、必ずしも同じ年齢の者が同学年になるわけではない。しかも、これは戦没者名簿でもなく、死因は戦死とは限らない。あくまで類推の範疇《はんちゆう》を出ないが、それでも、この差は見落とせないほど大きい。

数字へのこだわり

喜八が戦後のある時に、この運命的な数字にはたと気付いたとは考えられないだろうか。だからこそ、作品内で執拗《しつよう》に数字を使うことにこだわったように私には見えるのだ。

『肉弾』では、黒板にチョークで日本人の昭和二十年と、昭和四十年の男女の平均寿命が書かれる場面がある。昭和二十年の男の平均寿命は「46・9歳」、昭和四十年は「68・5歳」。女はそれぞれ、「49・6歳」と「72・3歳」だ（筆者註：戦前の平均寿命を引き下げているひとつの要因について、前出の歴史学者の吉田裕さんは乳幼児の死亡率の高さをあげている）。そこで、仲代《なかだい》達矢の「戦争のあるなしでこうも人間の寿命がちがうもンかねェ、ためしに、引き算してみるか」というナレーションに続いて、計算が行われ、その差が「21・6歳」だと出る。そして、再び仲代のナレーションで、「こりゃ凄い、二十一・六歳もちがう。二十一、待てよ、待ってくれ……あ、こりゃ驚いた、偶然かね、偶然にしちゃアピッタリ合い過ぎるな、でもそうだったンだよあいつはあの時、二十一歳六カ月だった……」（『シナリオ』一九六六年七月号。セリフは『シナリオ』同号や作品の映像による）と説明が入り、海に浮かぶドラム缶の中にしゃがみこむ主人公の「あいつ」の場面となる。

この作品の考察は次章に譲るが、終戦時の年齢を月単位まで意識した喜八が、二か月半、七十九日の差に気付かなかったということがあるだろうか。一九四五（昭和二十）年八月に二十一歳と六か月ではなく、二十一歳と九か月であれば、喜八は生還できなかった可能性が高くなるのだ。

ただし、喜八自身がこの差について言及しているものは、管見の限り、ない。それどころか、喜八は「あとで判った数字だが、大正十二、三年生まれに、一番戦歿者《せんぼつしゃ》が多かったのである」と書いている（『NOMAプレスサービス』一九八〇年九月号）。これまで見ていたように、「大正十二年、三年生まれ」には一括《ひとくく》りにできないほどの差が生まれてしまっていたのに、だ。

では、喜八が本当にその差に気付いていなかったとしたら？　知らずに、数字を多用していたとすれば、その宿命的なものに身震いする。と同時に、彼は生涯、自分の生死を分けたものを求め続けたことになるのではないだろうか。だからこそ、演劇評論家の小田島雄志《おだしまゆうし》（一九三〇／昭和五年生）と作家の村松友視《ともみ》（一九四〇／昭和十五年生）との対談で、喜八からこんな言葉が発せられたのだ。

　学問好きな連中は、みんな早目に戦地に行って死んじゃうということがあるんですよ。このようなツキというのは、もう紙一重ですね。（『銀座百点』四三九号、一九九一年六月一日）

もちろん、学徒として動員されたのは、「学問好き」だからではない。これはたとえ話としても、昭和十八年九月に喜八が卒業したのは、専門部の三年間での卒業が繰り上がって、在学期間が二年半となったからで、学部生はまだ卒業までの残された期間を大学で過ごしているうちに学徒出陣となっただけだ。「早目に」戦地に行かされた学生は、単に一九四三年の時点で満二十歳になっていたからだ。ただ、それに気付いていないとすれば、そこは「ツキ」であり、「紙一重」として理解するしかなかったのだろう。

さらに「私より一寸先に入隊しただけ、たったそれだけの為にフィリッピン沖で死んで仕舞った、五十人中二十五人の同級生たちは返らない」とも書いている（『潮』一九六九年四月号）。この「一寸先に入隊」することになった理由も、同じことだった。

同学年だった同級生たちが出征して行ったことを、喜八は『経済往来』一九八六年七月号掲載の「ある同窓会」と題したエッセイでも触れている。

実際、同窓生の中には、学半ばにして、十三期海軍予備学生を受けた者もおり、私は、十月一日附で東宝の助監督になったのだが、同月二日には、学生、生徒の徴兵猶予が停止され、二十一日には、雨の神宮外苑で、出陣学徒壮行会があって、学部に進学した者は、或いは十四期予備学生に、或いは同年十二月一日の第一回学徒兵入隊で、私より一足先に軍靴を履いたようである。

その同窓生たちがどうなったのか。喜八はエッセイのタイトルにもなった、終戦から三十年ほどたった頃に始まった一九四三年度の卒業生たちによる、第一回目の同窓会の様子について、その発起人から聞いた話を書いている。文中の印南《いんなみ》教授とは、保険論の権威だった印南博吉《ひろきち》のことだ。一九九〇年十二月刊行の『保険学雑誌』第五三二号によれば、印南は、一九四〇（昭和十五）年に明治大学専門部の助教授に就任以来、一九七一年まで明治大学で教職を務めていた。

印南教授は、昔の出欠簿をお持ちになって、「では、これから……」と、出欠をとり始められたらしいのだが、

「――君……」

「……戦死です」

「――君……」

「……戦死です」

と、何人も、何人も戦死者が続き、やがて教授は、瞑目《めいもく》、そっと出欠簿をお閉じになったという。

先ほどの数字を知った上で読むと、このエピソードの深刻さは段違いになる。

それは足立美術館を創設した足立全康の長男で、喜八の同級生である常雄さんについて、息子の隆則さんに尋ねている時だった。

常雄が、大正十二年八月の生まれだと隆則さんが言うので、私は「常雄さんは軍隊に行かれ

たのでしょうか」と質問した。隆則さんは「はい、行っていたようです」と答えながらも、なぜそんなことを聞くのか、と訝《いぶか》しげだった。私が「実は監督は軍の学校には行かれていましたが、戦地には行っていないんですよ」と言うと、「え……監督は行かれていないんですか……」と腑に落ちない様子だった。その反応からは、同級生なのになぜ、という思いが言外に表れていた。

常雄がどの戦場で戦ったのか、具体的な場所を隆則さんは知らなかった。ただ、「南の島」に行き足に弾を受けたこと、その楕円形《だえんけい》の傷はずっと残っていたことを教えてくれた。隆則さんから聞いた常雄の本籍地から推察すると、常雄の所属した連隊は父の全康と同じ松江第六三連隊か、一四二連隊であった可能性が高い。六三連隊、一四二連隊ともにフィリピンという「南の島」で戦っている。

常雄は生還できたが、この太平洋戦争有数の激戦地では多くの将兵が命を落としている。その中には、大正十二年生まれの喜八の同級生たちも多く含まれていた。

生死を分けたもの、その紙一重の差がわずか七十九日だと直感的に感じていたからこそ、喜八はあそこまで戦中派であることにこだわったのではないか。ゆえに、「戦争とは何であったか?」と自問して、喜八はこう答えるのだ(「体験的戦争映画・試論」『戦後映画の展開』)。

「友人たちが、声もなく死んで行った日々である」

身近な死

第一章で紹介した喜八と同じ米子商蚕学校の生徒で、スキー部で活躍した清水進という人物を覚えているだろうか。清水はその後、どういう人生を送ったのか。あれほど活躍したのだ、もしかして戦後はスキーの世界で名を残したのかも知れない。気になって調べてみた。

喜八の書いたものの中に、彼の名前は見当たらない。しかし、『創立五十周年記念誌』には、喜八より一年後の一九三七(昭和十二)年に入学した関正三が、スキー部員だった頃の思い出を書いており、スキー部の先輩として清水進の名前が登場する。関は清水が「大山寺の観証院(宿坊)の長男」であるとし、その名前の下に、「戦死」と記した。

鳥取県立図書館には一九六六年版の同校の同窓会名簿『水陵会名簿』が所蔵されている。県立図書館に連絡を取り、この名簿に清水の名前が載っているかどうか確認を依頼したところ、郷土資料課の佐藤紘一さんから「『蚕業科11回46名(昭和15年3月卒)』の項末、『死亡者』欄に記載されています」と返信があった。

より古い一九五三年の名簿を所蔵している米子南高校にも確認してもらうと、一九五三年の時点で、すでに清水が亡くなっていたことが分かった。終戦から八年、まだ二十代であろうことを考えると、関の書いた通り、清水は戦死した可能性が高い。さらに、鳥取県立公文書館にも問い合わせてみた。同館の池本美緒さんからは、調査を進める上で、清水についていくつか情報を尋ねられた。私が持ちうる数少ない情報を伝え、結果を待った。

二週間ほどたって、池本さんから連絡があった。『大山町誌』（大山町誌編さん委員会編、一九八〇年刊）に「戦没者名簿」があり、そこに「清水進」の名前があったというのだ。東京都内では唯一この本を所蔵している東京都立図書館で内容を確認してみると、こうあった。

村名　大山一四
戦没年月日　昭和二〇・一・一六
戦没場所　モロタイ島チク
所属部隊　歩兵第二一一連隊
階級　陸　歩兵兵長
遺族　清水豪順

池本さんによると、「大山」とは「大山村」のこと（大山町《だいせんちょう》は昭和三十年の昭和の大合併で誕生）で、「一四」という数字は、当時の住所か本籍の地番ではないかということだった。

さらに「第二一一連隊」をネットで検索すると、モロタイ島の戦いという戦闘に参加していることが分かった。モロタイ島は、インドネシア・北マルク州の北端に位置する広さ一八〇〇平方キロメートルの島で、一九七四年、台湾のアミ族出身の残留日本兵、中村輝夫が発見・保護され、話題となったことでも知られる。

伊藤正徳の『帝国陸軍の最後3　死闘篇』に、モロタイ島の戦いについての記述がある。米軍は一九四四年九月十五日パラオ・ペリリュー島への上陸と同じ日、「南方の要衝モロタイ島（ニューギニアの北端）を無血で占領した」が、実は「比島のミンダナオ島にもっとも近く、その距離は三百マイルであり、はじめてマッカーサー空軍の行動圏に入るという重大性を持っていた」という。マッカーサーは、自分の直接指揮下にある空軍の行動範囲外では地上作戦を進めないことを大原則としており、ミンダナオ島に上陸作戦を行うためにはモロタイ島の占領が必要だった。実際、占領の四日後には米空軍の飛行機が飛び立っている。日本軍も事の重大性を知り、「奪還、少なくとも妨害につとめ」ようと「斬り込み隊」や「決死隊」を次々と投入したが、「ついに敵の飛行活動を制圧することができなかった」。

『戦史叢書　西部ニューギニア方面陸軍航空作戦』でもたどってみた。一九四四年十一月十六日、歩兵第二一一連隊主力の守田義輝《よしてる》連隊長率いる約五〇〇人がモロタイ島に上陸し、米軍と戦闘を繰り広げたが、守田連隊長は十二月中旬に戦死してしまう。代わって、歩兵第二一〇連隊長の大内競《きそう》大佐が翌年一月十日、モロタイ島へ進出し、新たな現地指揮官となったが、大勢に影響を与えることはできなかった。

さらに第二一一連隊について調べていくと、これまで幾度となく協力してもらった「戦場体験放映保存の会」のサイトから、この連隊に所属していた鳥取市在住の居川伊勢松という人物にたどり着いた。同サイトでは、聞き取った元兵士たちの記録の一部を公開しており、居川についても一九四一年二月、現役兵として松江の歩兵第六三連隊に入営後、満洲の興山《こうざん》に三年間駐屯し、歩兵第二一一連隊第一二中隊の所属になっていたことなどが記されていた。

早速、事務局次長の田所智子さんに連絡を取った。すぐに返信があり、居川から借りて複写した中隊の記録集が手元にあるということだった。

「まさか載っているとは思いませんでしたよ」

都内の喫茶店で会うと、ほっとしたような表情で田所さんが話した。目の前で開いた記録集の名簿には、確かに「清水進」の名前があった。清水が所属したのは、歩兵第二一一連隊第一二中隊第一小隊第四分隊だった。居川が残した記録集の正式名称は『飯田隊（歩211連隊12中隊）ハルマヘラ戦記』で、「春島会編集委員会」が編纂を行った。同タイトル、同編纂者の記録集は二冊あり、一九七九年と八一年に作られた。田所さんによれば、現物は学校の卒業文集のように装幀《そうてい》されていたという。

この戦いから七十八年たった五月中旬のある春雨の夜、私はこの記録集を読みふけっていた。一九四五年一月一日未明、小隊はモロタイ島の山中を進軍していた。清水が亡くなったのは、その最中のことだった。隊員の一人がこう書いていた。

山中の行軍が幾日続いたか？　記憶にない。物を言うこともなく黙々と歩いた。疲れ果てて露営に身を横たえる時が唯一つの安らぎである。故郷の話、興山での思い出話を語り合う内、いつしか眠ってしまう。或る朝、並んで寝ていた清水上等兵が朝になっても起きない。よく見ると事切れていた。これには、本当にびっくりした。

苦しんだ様子が描かれていないのが救いであろうか。まさに力尽きたように亡くなった。戦死により階級はひとつ上がり、上等兵から兵長となった。

清水の面影を求め、私は、関の文章にあった「大山寺の観証院（宿坊）」（観證院）に、喜八が残した大山スキー競技会の写真を同封した手紙を送った。一週間ほどして電話すると、電話口に出た同寺の住職、清水豪賢さんが丁寧な口調で対応してくれた。清水進は豪賢さんの祖父の兄弟で、同寺の「長男」ではなく「次男」であること、戦争で亡くなったと聞いていること、そして、スキーが上手で地元では「無敵」の存在だったことを教えてくれた。それ以上のことは豪賢さんは伝え聞いていなかったが、資料でしか知り得なかった清水の存在を、親族の言葉で確かめることができた。

清水はどのような風貌をした人物だったのだろう。喜八とも多くの言葉を交わしたのだろうか。競技会の写真には、清水も写っているのだろうか。一人、旗を持つ、まだあどけない顔をした少年がいる。その凜《りん》とした表情から、清水かも知れない。そんな私の思いは伝えず、豪賢さんに「この中に、進さんはいますか」と尋ねると、豪賢さんは即座に「旗のようなものを持っているのが進さんだと思います。家に古い写真があり、別の大会で優勝した時のものらしいですが、その写真で優勝旗を持っている人の顔とそっくりですので」と話してくれた。

旗を持つ清水の隣には、十四歳の岡本喜八郎が腰を落として正面を見すえていた。

生還者の戦後

二〇一五（平成二十七）年春、私は特攻隊員だった江名武彦さん（一九二三／大正十二年生、二〇一九年死去）に川崎駅近くの喫茶店で取材をしていた。早稲田大政経学部の学生だったが、一九四三（昭和十八）年十二月十日に学徒動員で海軍に入り、特攻隊員となった。出撃したもののエンジンの不工合で不時着し、生き残った。江名さんは終戦後、大学に戻る。構内で級友に会うと、「あいつはどうした」とどちらともなく聞いた。ほかの級友たちが生きて帰ってきたかどうかと尋ね合ったのだ。

「相当犠牲者が出ていた。自分は運がよかったと思った。同じクラスで戻ったのは少なかった。特攻で亡くなった人も多かった。私は大学生活を一日もやっていない。十月一日に大学生になって、すぐ徴兵されたので。約二年間（軍隊の）お世話になった。ほかにも、そういう学生がたくさんいた」

卒業後は食品会社に入り、役員まで務めた。戦争の話はほとんどしなかった。

「聞かれれば話はしたけど、戦争体験が勲章のように思われてもいけないと思った。自分の戦争体験はきわどいところまでいった。仲間と話す時は気心が知れていたけど、戦争体験のない人に特攻体験の話をしても分かってもらえないので」

多くの仲間を声なく喪った世代だった。そして、そのことを語ることも憚《はばか》られた時代だった。

岡本喜八にとって、戦争の時代は、母や姉の死から始まった。それでも、故郷での日々はおおらかで経済的に不自由することもなかった。そこに満たされた大学生活が積み重なった。さらに、重要な点だが、わずか三か月とは言え、映画製作にかかわった。これらの基層の上に、戦時下の陸軍工兵学校での体験があった。戦争が終わって見渡してみると、同級生の約半数が亡くなっていた。その運命を「紙一重」で分けたものは、七十九日という峻厳な数字だった。

第四章

戦中派

東宝へ復職

二十一歳までの喜八を追うのに、ずいぶん紙幅を使った。この物語にとって、岡本喜八郎が岡本喜八になる前、彼が何を見て、何を感じたかをたどることが大切だった。その中でも、戦争体験は特別だった。戦争体験が特別なものになったのは、米子時代、明治大学時代、そして、短い助監督時代があったからだ。ここまで岡本喜八の基層にある岡本喜八郎の姿を浮かび上がらせることが、少しはできたとすれば、それは彼の日記や手紙を見ることができたおかげだ。特に日記が見つかったことの意義は大きかった。

できれば、この章も日記をもとに書きたかった。だが、それはできない。喜八の死後、自宅が取り壊される前に、喜八の書斎を撮影した記録映像『鬼才の書斎』には、三年連用日記が映っていた。次女の岡本真実さんも、「父は毎日、決まったように日記を付けていた」と語るが、日記の所在は不明だ。学生時代に付けていた日記の豊かさから推察すると、日々のあれこれに所感を付けて記されていたはずで、それだけに日記の不在は惜しまれる。

しかし、本書の目的のひとつは、喜八の戦争体験が、作品にどういう影響を与えたのかを明らかにすることだ。そのために、岡本喜八が演出した岡本喜八郎の姿を追いかけてきたのだ。であるならば、これまでに描いてきた喜八の姿こそが重要なのだ。ここからは謎解きのように、岡本喜八郎時代に得た戦争体験や戦中派の心情を、映画監督岡本喜八がどのように作品の端々に反映させたか、しのばせたのかを探っていきたい。

まず、年表的なことから説明すれば、終戦の年の秋、東宝に復職、再び助監督となった。

一九六七（昭和四十二）年十二月刊行の『太平洋戦争名画集』の中に喜八の「戦争絵画と戦争映画と私」と題したエッセイが収録されている。刊行時、喜八は四十三歳、この年の夏に『日本のいちばん長い日』が公開されていた。ここで、喜八は復員を経て、戦争映画を作ろうと思うに至った自身の心境を明らかにしている。

復員、ひと握りの米と乾パンとついでにひと握りのシラミを担いで故郷へ帰ったら、近所の戦争ゴッコの仲間はフィリッピン沖で沈んでいたし、中学生の頃机を並べていた友達が、誰彼となく戦死して仕舞っていた。私にとって戦争とは何だったたであろうか？　あの友人もこの友達も、声もなくドンドン死んで行った日々であった。

その半数近くが死亡者としてカッコの中に入っている同窓生名簿を見た時から、私は戦争映画を作ろうと思い立った。カッコの中の友人のために泣くのも、戦争の異常さを笑うのも、戦争への怒りをぶちまけるのも私にはフィルムの手を借りなければ出来そうもない、そう思ったものだ。

監督への道

監督昇格までの経緯については、日本近現代文化史を専門とする神戸市外国語大学の山本昭《あき》宏《ひろ》准教授の「映画監督・岡本喜八の誕生」（『近頃なぜか岡本喜八』に収録）が詳しい。以降、この論考をもとに監督昇格までをたどっていきたい。

戦後最初に喜八が助監督についたのは、一九四六（昭和二十一）年に公開された衣笠貞之助《きぬがさていのすけ》監督の『或る夜の殿様』だった。

一九五三年には、チーフ助監督として、マキノ雅弘監督のもとで『次郎長三国志』シリーズの撮影に参加する。以後、約二年間、「マキノ組」でチーフの助監督を務める。「マキノ組」ではチーフ助監督の権限が大きく、衣装調べ、小道具合わせ、ロケハン、録音などを担当した。マキノ雅弘監督が口述する内容を脚本に落としこむという仕事もあり、マキノの代わりに撮影を任されることもあったという。

マキノ組のあとは谷口千吉監督のチーフ助監督となり、『裸足《はだし》の青春』（一九五六年）などにかかわった。この谷口のことを喜八は、かつて日記に「演出助手の古ダヌキ」（一九四三年十月一日）と書いたことがある。

そんな喜八に監督昇格の機会が訪れる。そこには東宝執行部が、一九五五年に芥川賞を受賞した小説『太陽の季節』の作者、石原慎太郎を監督に抜擢《ばってき》したことが大きくかかわっていた。『太陽の季節』はベストセラーとなり、「太陽族」という言葉を生み、社会現象となった。同作は一九五六年に古川卓巳監督で映画化、さらに『処刑の部屋』が市川崑《こん》監督によって、『狂った果実』は中平康《なかひらこう》監督、『月蝕《げつしょく》』は井上梅次《うめつぐ》監督と、慎太郎の書いた小説が立て続けに映画化される。それだけではなく、映画俳優としても『危険な英雄』に主演するなど、慎太郎は時代の寵児となっていた。東宝執行部による慎太郎の監督抜擢には、そういう時代背景があった。

もっとも、慎太郎は芥川賞受賞直前の一九五五年十月に東宝の助監督試験を受けて合格し、社員になっていた。芥川賞受賞後はほとんど出社していなかったものの、立場としては東宝の社員であった。

話題作りとしては妙案だった慎太郎の監督抜擢だったが、頭越しに監督に就任された助監督たちが黙ってはいなかった。後年、喜八がこの時のことを回想している（『キネマ旬報』一九八三年一月上旬号）。

会社が慎太郎さんに監督をやらせることになって、当時、47人いた助監督が抗議したわけですよ、俺たちにも撮らせろって。

それに対し、東宝執行部は、チーフクラスの助監督十数人にシナリオを提出させ、その中から出来のよいシナリオを書いた者を監督に昇格させるという懐柔策を提案した。このコンペに喜八が提出したのが『独立愚連隊』と『ああ爆弾』のシナリオだった。「芥川賞だか何だか知らないが、俺はプロだ、負けてたまるか―という意気込みで、初めての作品に力を注いだ」(『時代』一九八〇年二月二十日号)。結果として、このシナリオが認められ、一九五八年公開の『結婚のすべて』で喜八は監督としてデビューする。一九五八年は観客数が一一億人突破という最高の数字を記録し、一九六〇年に製作本数は年間五四七本で過去最高となるなど、一九五〇年代末から一九六〇年代初頭は日本映画の最盛期だった。各社とも量産体制となっていたことも、喜八の監督昇格を後押しした。この時代、今村昌平、増村保造《やすぞう》、大島渚《なぎさ》、吉田喜重《よししげ》、篠田正浩、深作欣二《ふかさくきんじ》らその後の日本映画を牽引していく監督たちがキャリアをスタートさせている。

戦前の入社から十五年間、喜八は助監督を務めたことになる。雌伏の時とでも言うべき期間だが、喜八自身は必ずしもそう捉えていなかったようだ。『潮』一九六九年四月号に「『下積み時代には、苦労が多かったでしょう?』と聞かれる事が時たまあるが、好きで好きで仕様がなくて選んだ道のせいかこれまた左程でも無かったような気がする」と書いている。

喜八プロに保管された雑誌記事などのスクラップの中に、掲載媒体は不明だが、「先輩通信」

というコラムに寄せた短文があった。「作った作品は、昨年の〝日本のいちばん長い日〟で二十一本になる」とあるので、一九六八年に書いたものだろう。十五年間の助監督生活について、こんなことをつづっている。

私は天才ではない。ただ映画が好きであった。それだけであったような気がする。天才でない者がしがみつくべき支栓（筆者註：「支柱」の誤りと思われる）は、努力しかない。私は私なりに努力したつもりだが、苦痛を感じた事は余りない。「ヘエー助監督を十五年も？あんたも苦労したんだね？」とよく云われる。しかし苦労したという実感はさ程ない。これまた映画が好きであったせいに相違ない。

夢の途中で戦争にかり出された喜八は、その続きを見るような気持ちだったのかも知れない。そして、一九五三年六月公開の『次郎長三国志第四部　勢揃い清水港』から、喜八は、表記を本名の「岡本喜八郎」から「岡本喜八」に変えた。この経緯は、『週刊漫画アクション』一九七三年三月十五日号掲載のエッセイに詳しい。

喜八郎という名前は、割かし気に入っていた。戦争ゴッコをしていても、何となく将校のウツワのような気がしたし、殺陣ゴッコをしていても、何となくお姫様の危難を救う若ザムライのように思えたからである。

その名前をなぜ変えたのか。かつて米子市四日市町の実家の向かいにあった書店で、忠臣蔵を描いた本の中に「岡本喜八郎」という名前を見つけ、四十七士の中に自分と同じ侍がいたと小躍りしたものの、よく見れば、この「岡本喜八郎」は藩主浅野内匠頭長矩《たくみのかみながのり》のあだ討ちをする四十七士の中に入っておらず、その前に逃げ出していた人物だった。「大野九郎べェなんぞと一緒に、サッサと逃げた奴だ。あの時の衝撃は大きい。朴歯《ほおば》の下駄で、股間を蹴上げられたような打撃であった」。喜八はこの名前を「裏切り者の汚名」とまで感じた。

チーフ助監督になると、名前がタイトルにのっかる。ここらで斬り捨てて置かねば、永久に裏切り者の汚名がついて回る。そう思った私は、思い切って郎の一字をバッサリとぶった斬って仕舞った。ズン！　バラリ！　まことにソウ快であった。

喜八が書いたことを信じ、その上で想像を逞《たくま》しくすると、「裏切り者」であるということは、喜八にとって心底憎むべき行為だったのではないか。そういう者を認めないこと、それは、運命に殉じた同窓生たち、同期生たち、出会うことがついになかった同世代の戦友たちへの誠意だった。

独立愚連隊

脚本が認められ、監督に昇格した喜八だったが、監督になってから四作目までは、会社が用意した脚本を使って演出をしている。前述のように、デビュー作は一九五八（昭和三十三）年公開の『結婚のすべて』だった。ある姉妹の結婚観、恋愛観をめぐる対立を軸に物語は進む。脚本を書いた白坂依志夫《しらさかよしお》は喜八より年少の一九三二（昭和七）年生まれで、終戦時はまだ十三歳。いわゆる「戦後派」だ。『巨人と玩具《がんぐ》』（一九五八年）や『完全な遊戯』（同）などの話題作を次々と担当し、新しい感覚を持つ脚本家として注目された。その感覚は、『結婚のすべて』でも生かされた。当時ブームだったロカビリーや直截《ちよくせつ》な性的会話など、最先端の風俗を盛りこんだ。映画評論家の山根貞男（一九三九／昭和十四年生）は、「戦後的な新感覚は、なによりまず、すさまじいばかりに速いテンポと強烈なリズムである」と喜八の演出を評価している（『kihachi―フォービートのアルチザン』）。

順調な滑り出しを見せた喜八はその後、井手俊郎《としろう》（一九一〇／明治四十三年生）脚本で『若い娘たち』（一九五八年）、西亀元貞《にしかめもとさだ》と関沢《せきざわ》新一の脚本で『暗黒街の顔役』（一九五九年）、メロドラマである『ある日わたしは』（同）を立て続けに撮っている。「暗黒街」は興行的な成功を得たことでシリーズ化され、大藪《おおやぶ》春彦原作で『暗黒街の対決』（一九六〇年）、『暗黒街の弾痕』（一九六一年）、『顔役暁に死す』（同）まで手がけた。東宝の社員であった喜八は当然、会社からの要求に応える必要もあったのだ。

喜八が初めてオリジナル脚本で撮った記念碑的作品が、一九五九年に公開された『独立愚連隊』だった。物語の舞台は大東亜戦争末期の「北支戦線」（中国北部）。各部隊の〝クズ〟を集めた「独立愚連隊」と呼ばれる小哨隊《しょうしょうたい》が敵中深く侵入していた。そこに、従軍記者の荒木と名乗る男が現れる。佐藤允《まこと》演じるこの男、正体は弟の死の真相を探ろうと北京の病院を脱走してきた大久保という元軍曹だった。彼は、独立愚連隊に同行するうちに、弟を殺したのが橋本中尉（中丸忠雄《なかまるただお》）であり、弟は中尉の不正を糾弾しようとしていたことを突き止めた。無事、弟の復讐《ふくしゅう》を果たした大久保は独立愚連隊に舞い戻り、ともに敵の大群と対峙する。数で劣る独立愚連隊は知力の限りを尽くして奮闘するが、愚連隊も敵も全滅。たった一人、馬賊に助けられた大久保は、彼らとともに、はるか大陸の彼方《かなた》へと消えていった――。

公開後、映倫審査員の荒田正男は『キネマ旬報』一九六〇年二月特別号で、「私としては日本映画に絶えて久しくその影を見ることのできなかった闊達《かったつ》、壮快なる雰囲気を鮮やかに盛りあげ、一新清風を我が映画界にもたらしえた事実はあくまでも高く珍重しなければならない」

として、その年のベスト10の第一位という高い評価を付けた。『週刊朝日』一九五九年十月十八日号の映画評は、「岡本監督も佐藤允もこの一作は多分、出世作になるだろう」と高く評価している。

当時も今も、喜八の代表作のひとつとして、この作品を高く評価するのが、映画評論家の白《しら》井《い》佳《よし》夫《お》さん（一九三二／昭和七年生）だ。白井さんと喜八の妻、みね子さんとは早稲田大学の映画研究会の先輩、後輩の関係で、白井さんの妹はみね子さんと友人という縁があった。後年、喜八が建てた家の土地は白井さん曰く「没落地主」である白井家のものだった。白井さんの喜八評は公私が絡まり、縦横に及んだ。その『独立愚連隊』評からは、同時代で接した衝撃が伝わってくる。

初めてのオリジナル脚本作品『独立愚連隊』。© TOHO CO., LTD.

「驚きでしたね。『独立愚連隊』みたいな映画が日本にもついに出てきたのかって。要するに西部劇のね、一連隊が砦《とりで》にこもって、救援を呼んでドンパチがあってみたいな。東宝はもとより、東映でも日活でもやらないような新しいアクションを、日本の風土に根ざした形でやっちゃう。彼のセンスでやると、大日本帝国陸軍のある小隊の話を西部劇風に撮っても、ちっとも不自然じゃない。独立愚連隊がカンヌ映画祭にでも出品されていたら、面白かったと思うんですけどね。あの北野武《たけし》よりずっと前に、監督賞を取っていたかも知れない」

しかし、好意的な批評だけではなかった。作中の愚連隊と中国共産党の軍隊である八路軍との戦闘シーンで、主人公を除く全員が戦死してしまうシーンには、映画評論家からも批判が寄せられた。白井さんは言う。

「敗戦後、戦争映画は『人間の條件』（一九五九〜六一年）とか、山本薩夫《さつお》さんが内務班を描いた『真空地帯』（一九五二年）のような描き方だった。それを喜八さんは西部劇みたいなものにしちゃおうと。だから人によっては聖域に踏みこんで通俗映画にしちゃった、みたいな批判もあるわけですね」

確かに、この映画は思想性よりはるかに娯楽性が優先されていた。当時の記事には、作品に対する喜八の率直な思いが記されている。公開直前の一九五九年七月二十五日付『日刊スポーツ』で、喜八は記者に対し、作品製作の動機を「テンポのあるアクション・ドラマをやりたいというところから出発したんです」と語っている。戦場を舞台にする必要があったのか、という質問については、「僕は西部劇調のスケールの大きさと、小道具、つまり拳銃、砲、機関銃といったものを縦横に使ってゆきたいと思ったからです。都会のギャングものでも同じだという人もいますが、これらの小道具が使われるには不自然でしょう。だからです」と答えている。続けて「戦場という特異な環境に置かれた人間の心理と行動をアクション・ドラマとして組合わせることに興味を感じたから書いたわけです。何か気違いじみた人間が集まっている戦線での彼らの人間臭さが出れば、やはり戦争に対する批判ともなるのではないでしょうか」と語っている。

第二章でも述べた、ジョン・フォード監督の『駅馬車』からの影響も大きかった。一九六一年の『キネマ旬報』七月臨時増刊号では、戦前の映画では『駅馬車』が「西部劇の最上位だ」とし、「監督になったら一度西部劇のようにスケールの大きいアクションドラマをと手ぐすねひいていたのが、拙作『独立愚連隊』の母体のようなものだ」と端的に述べている。さらに同じ年の『キネマ旬報』十二月上旬号で喜八は「僕が『独立愚連隊』をやろうという考えに、拍車をかけてくれたのはフォードである」と書いている。

娯楽への思い入れ

喜八と親しく交わるようになったきっかけについては追々詳述するが、一九八〇年代に喜八の弟子となった作家の高野和明《たかのかずあき》さん（一九六四／昭和三十九年生）は、喜八から「まずはお客さんに楽しんでもらう。その上で言いたいことがあれば言う」と言われたことを覚えている。さらに、喜八は高野さんに、作品をつくるうえで「深みなんてものはいらない」とも語ったという。その意味について高野さんは「本人が深く考えた結果、深みが出たならそれでいいわけですけど、ところが深みを出そうと思った瞬間に、もうとてつもない欺瞞《ぎまん》が始まっちゃう」と話す。

戦争という本来悲劇的に描くべきところを、娯楽性を優先させ喜劇タッチにしたこと、そして、この映画の持つ理由のない明るさ、楽しさが批判の対象になった。一方で、喜八映画のファンであった漫画家の松本零士《れいじ》は、映画評論家の佐藤忠男が編集した小冊子『岡本喜八ノ世界』に「独立愚連隊との遭遇」と題したエッセイを寄稿している。『独立愚連隊』を映画館で観た時、「画面のドンパチに合わせて、客席の椅子が大音響をたてて壊れた。観客が喜び過ぎて木製の長椅子が崩壊したのだ」というエピソードから書き起こし、「微塵《みじん》も暗さという代物は存在しなかった。暗い場面も非常に明るかった。雰囲気が明るかった。陰気に構えず、さっぱりと話が進行して悲劇的なのに陽気だった。従って面白く、観客は椅子が壊れるほど興奮し喜んだわけである」とつづっている。

『独立愚連隊』を作った四年後、喜八は戦争映画について『キネマ旬報』一九六三（昭和三十八）年八月下旬号で筆を執った。

〝戦争ハイヤダヨォーッ！〟と絶叫するのは意義がある。マジメな反戦映画の数々の名作がそれだ。それ等の所謂《いわゆる》正しい戦争映画を作るには小高いところに立った視野か、作中の兵士達と共に慟哭《どうこく》する心情が要る。しかしナミダは苦手だ、ハイフをえぐられるから苦手だ。

さりとて〝オレ達ア勇敢ダッタンダゾオ！〟とマジメな顔で怒鳴るのも滅法妙なものだ。戦争は悲劇だった。しかも喜劇でもあった。戦争映画もどっちかだ。だから喜劇に仕立て、バカバカシサを笑いとばす事に意義を感じた。戦時中の我々はいかにも弱者であった。戦後13年目の反抗は弱者ノ、ツ、ヨ、ガ、リ、だったかもしれない。しかし弱くてちいちゃなニンゲンであった兵士たちにとって、バカバカシサへの反抗は切、迫、し、た、願望でもあった。

愚連隊が、本隊が撤退した後の将軍廟《びよう》を守ることを命じられる場面、ここで八路軍の大軍を迎え撃つことを躊躇《ちゆうちよ》する隊員に対して、小哨長の石井軍曹（中谷《なかたに》一郎）が「たとえ上官がどんなやつでも、俺は、命令だけは守りたいンだ。わかるかな、それが俺たちグレン隊の抵抗だと思ってる、何というかな、平たくいえば意地ってやつだ、と云っても死ンでくれというンじゃない、オレは死ぬのはゴメンだ、馬鹿馬鹿しいから……とにかく俺にまかせてくれンか?」と説き伏せるセリフがある(『映画芸術』一九五九年十月号)。

それは運命に従って、軍隊ないし戦場に行かざるを得なかった、運命に殉じなければならなかった喜八たち戦中派の世代特有の意識と見ることもできる。意地でもあり、自分自身の人生の肯定でもあり、この世代への愛撫《あいぶ》でもある。

「戦中派」という視点

喜八の中に戦中派の心情を読み解こうとした論客もいた。それは『映画評論』一九六〇(昭和三十五)年三月号掲載の、三人の評論家、藤田省三《しょうぞう》、江藤文夫《ふみお》、戸井田道三《みちぞう》による「映画の意味・うらおもて」と題した座談会でのことだ。この中で、藤田は『独立愚連隊』と『暗黒街の対決』を俎上《そじょう》に載せ、「出てくるのは流浪精神ですよ。故郷はおれにはない、おれは流れもんだと。祖国がないという観念は僕らにあるですよ。特に戦争中を通って戦後に来たら、祖国と聞いただけでうんざりするのがある」と語っている。それに対し、編集部員が「僕なんかそういうものがないですよ。祖国を失いたいという気持はない」と口をはさむと、同席する江藤が真っ先に「失いたいのじゃないよ」と否定し、さらに戸井田が「失うべき祖国がないというこことだよ」と補う。藤田は「戦後の岡本喜八的感覚は僕はないことはないと思う」とし、言葉を継ぐ。

岡本喜八は戦中派だと思った。それでないとああいう感覚は出てこないと思う。とにかく愛国心とか祖国はまっぴらだというものはそういう気持は出てこないと思う。戦後派はもっとナチュラルですよ。愛国心はおれらにはないけれども、いいものかもしれないという好奇心を持っている。

続けて、藤田は大藪春彦のデビュー作を仲代達矢主演で映画化した『野獣死すべし』(一九五九年、須川栄三監督)と、同じ大藪原作で喜八作品の『暗黒街の対決』との違いについて言及する。

やはり違うのじゃないの。『野獣死すべし』と岡本喜八の違い、やはりありますよ。『野獣死すべし』は仲代達矢が殺し屋でしょう。あんなかわいい顔をして殺し屋をやるといやったらしくてかなわないな。情なくなるよ、ほんとうにもう。

そう言って『野獣死すべし』を批判し、『暗黒街の対決』でミッキー・カーチスが演じた殺し屋を引き合いに出し、違いを強調する。

岡本喜八はそういうかわいい顔をして殺したんじゃかなわぬという気があるんだ。（中略）おれは流しの殺し屋でというときには、ミッキー・カーチスのあの目をうまく使っているよ。（中略）そういう斜視のニヒリズムを活用しているでしょう。それはやはり仲代達矢と違いますよ。

ここまで述べて、藤田はこう結論付ける。

そこが戦中派なんだ。殺すということはいやなこったということを一度くぐって殺し屋をやっているのですよ。ところが『野獣』の作家は、普通の人間で殺せると思っているのだからね。

『野獣死すべし』も『暗黒街の対決』もともに大藪が原作なので、ここは内容ではなく、「殺す」という行為を戦中派としてどう表現するか、という問題と考えたほうがよいだろう。喜八作品の根幹に、喜八自身の中にある「戦中派」を見出したのは、藤田がおそらく最初だったと思われる。ちなみに、藤田は一九二七（昭和二）年の生まれ（江藤は一九二八年、戸井田は一九〇九年生まれ）。終戦時は十八歳だが、陸軍予科士官学校の生徒だったという経歴を持ち、二人の兄をフィリピンと沖縄の戦場で喪っていた。

独立愚連隊西へ

一九六〇（昭和三十五）年公開の『独立愚連隊西へ』の舞台も『独立愚連隊』と同じ北支戦線だ。「四六三連隊」は敵の猛攻を受け全滅し、北原少尉（久保明）が軍旗を持ったまま行方不明となっていた。師団本部は、加山雄三演じる左文字《さもんじ》少尉が率いる左文字隊に軍旗捜索を命じる。今度の愚連隊は、戦死公報が出た後に「ひょっこり帰ってきた」兵士たちの寄せ集めという設定。すでに死んだはずの者たちの集まりである左文字隊と、八路軍とが軍旗をめぐって争奪戦を繰り広げるという物語だ。

映画評論家の佐藤忠男は、前作『独立愚連隊』に対する無暗《むやみ》に中国兵を殺しすぎではないかとの批判に答えるために、同作では日本軍と中国軍とが前線で取引をして、無傷で別れる場面を盛りこんだと主張する（『アートシアター』六二号、一九六八年十月刊行）。

『独立愚連隊西へ』から、喜八らしさを浮かび上がらせてみよう。左文字少尉が米子商蚕学校ではないものの、鳥取高等農林学校出身という設定であること、部隊名が「第四六三連隊」というのも意味ありげだ。第一章で触れた鳥取の郷土連隊である歩兵第六三連隊は、日中戦争でも戦っているのだ。
また、本作のタイトルも深読みを誘う。一九四一年公開のドイツ映画に『潜水艦西へ』という作品があるが、喜八は一九四三年六月十八日に、新宿東宝でこの映画を観ている。なぜ分かるかと言えば、喜八が日記にそう書いているからだ。この日、劇場の中に入ったものの、客が多く、暗がりの中で空いている席を探すが見付からない。諦めかけていたところ、案内係の女性の一人が喜八に声をかけた。

コッチへいらっしゃいよってそのネェちゃんの一人がオレを呼んだ。オレは吸ガラ入れの箱にノッカッて中腰のまま頭だらけのクラヤミの中をノゾキ込んだものである。彼女はキレイな女の子だった。イヤ、キレイに見えたのかもしれない。後光もサシてたかもしんない。とに角彼女の好意でドウニカ ENDE 迄見る事が出来た。（一九四三年六月十九日）

喜八は十数年前のこの出来事を忘れていなかったのではないか。青年時代とのつながりで言えば、劇中、慰安婦たちが兵隊に声をかける場面で流れるのは、灰田勝彦《はいだ》が歌って大ヒットした一九四〇年の名曲『燦《きら》めく星座』だが、この灰田についても、喜八は東宝に入社したばかりの一九四三年十月十九日の日記にこんなことを記している。

企画の管クンと芝生に寝転ぶ。デコ（筆者註：女優高峰秀子の愛称）は目下灰田勝彦と同セイしてる由。その前は黒沢さん（同：映画監督黒澤明）ととか　チキショウ

青春時代に身に染みて得た感慨を、映画のそこかしこに鏤《ちりば》めた。これが喜八らしさであると思う。母を喪った悲しみはあれども、学生時代、そして助監督時代の日記の中にいたのは、具体的で、極めて分かりやすく、穏やかなユーモアを持った青年だった。大学まで行き、さらに東宝に入社できたことで、その必要はなくなったが、映画学校へのさらなる進学までも認められていた。もともとの資質も大きいだろうが、愛情を受けて育ち、屈折の少ない青年時代を過ごした喜八にとって、戦争体験を突き放して捉えることは難しかった。ある種、生真面目に、喜八は自身の戦争体験を作品の中にこめた。戦争を喜劇的に描くことと、それを茶化すことはまったく別物だった。自分の姿が重なれば重なるほど、喜劇性は薄まり、切実になった。

先述の白井佳夫さんは初期の喜八作品をリアルタイムで観て、論評を発表してきた今や数少ない映画評論家だ。白井さんは特に『独立愚連隊』を念頭に、「こういう作品を撮り続けていれば、違ったんだろうね」としみじみと語る。

喜八の次女、真実さんは、喜八が「戦争映画の監督」と呼ばれることを嫌がっていたと話す。それはどういうことか、喜八の思いをこう斟酌《しんしゃく》する。

「戦争が日常だった。町内会で起こった出来事を描くように、戦争を描いたよね」

真実さんの言葉は、戦争との精神的な距離の近さ、喜八の中には戦争の記憶がいつまでも棲《す》みついていたことを物語っている。

江分利満《えぶりまん》氏の優雅な生活

喜八の戦中派としての思いが止めどなくあふれ出た作品が、一五作目の『江分利満氏の優雅な生活』（一九六三年）だった。

この映画は、当初『洲崎《すさき》パラダイス　赤信号』（一九五六年）、『幕末太陽傳』（一九五七年）などで知られる川島雄三（一九一八／大正七年生）が監督を務めるはずだったが、一九六三（昭和三十八）年六月に急死したため、喜八にその役が回ってきた。一九六三年八月三十一日付『読売新聞』夕刊は、この急な監督交代について触れながら、九月上旬から撮影が開始される予定の同作について、主題が「昭和の日本人」である、と書いている。また、脚本を担当した井手俊郎は「川島さんはワン・ステージで狂言みたいな構成を、という注文だった。江分利満氏の社宅を舞台と考えればその前のじゃりの道が花道で…と考えているやさきにぽっくり川島さんに死なれて、しばらくぼくもポカンとしていましたね。やがて岡本さんに決まると、こんどは八方破れのホンを書いてほしいという注文」をされたと舞台裏を明かしている。急遽《きゆうきよ》監督のお鉢がまわってきたわけだが、喜八にとってメルクマールというべき作品となった。

喜八ファンで、二〇二二（令和四）年に亡くなった漫画家の藤子不二雄Ａ（一九三四／昭和九年生）は、先述の小冊子『岡本喜八ノ世界』に、「岡本喜八監督への讃歌《さんか》」と題したエッセイを寄稿している。それによると、藤子は『独立愚連隊』を見終わり、映画館を出た時には、「ぼくはすっかり主演の佐藤允になりきっていて、歯をむきだしニカーッと笑い、通行人をおびえさせた」ほど、のめりこんでいた。その藤子をして、『江分利満氏の優雅な生活』は「ガラリとスタイルを転調して描いた哀感あふれるサラリーマンものだ」と戸惑わせ、そして、これまでの「快感アクション映画」のスタイルから転調させた喜八の思いが「深く心にささった」と感心させた。

一方で興行的には奮わず、配給収入は二八〇〇万円となり、喜八自身も「一週間で切られちゃった」（『フォービートのアルチザン』）と語っているが、それでも作品の出来映えには満足していた。一九九八年六月六日付『埼玉新聞』朝刊に、「存分にできた『江分利満氏―』」と題して寄稿している。

映画には言いたいことと、やりたいことがあって、その両方に挑戦できた「江分利満氏の優雅な生活」は、僕にとって革命的な作品でした。

最初に山口瞳さんの原作を読んだとき、そこに「最後の戦中派」の思いが吐露されているなと感じました。僕は山口さんと同じ世代。戦中派というのは、がむしゃらにとことんやって、後は大の字になって勝手にしやがれって感じがある。計算だててやれない不器用な世代なんですね。

映画の後半で主人公が直木賞を取って、一晩中飲み明かしながら戦中派の考えを述べる。僕は（メッセージを）大上段に振りかざしたりしたくないけれど、でも一つだけ言わせてよ、なんてところがあって、それがあの映画ではできたと思います。


さらに、「同じ戦中派として山口さんと僕には互いに通じるものがあったように思う」とも書いている（『週刊新潮』一九九五年九月十四日号）。実際、一九九四（平成六）年十月十二日、テアトル新宿で行われた講演会（喜八も会場にいた）で、山口も「この映画、私、とても好きなんです。いい映画だと思っております」と語っている（『小説新潮』一九九六年八月号）。『江分利満氏の優雅な生活』が公開されたのは一九六三年なので、この時点では、戦後まだ十八年しかたっていない。そういう時代だから当然と言えば当然なのだが、主要な〝登場人物〟

である監督の喜八、原作者の山口瞳、主演の小林桂樹《けいじゅ》、そして脚本家の井手俊郎は皆、戦中派だった。

喜八自身このことには意識的であり、「原作者もスタッフ、キャストもみな同世代」と書いている（『毎日新聞』二〇〇二年三月十二日付夕刊）。一人、井手だけは一九一〇（明治四十三）年の生まれとやや年長者であるが、山口は一九二六（大正十五）年生まれ、小林は一九二三（大正十二）年十一月生まれで、喜八と同学年だった。しかも、三者とも軍隊経験があった。

小林桂樹の戦争

特に主演の小林桂樹の場合、すでに俳優として銀幕デビューを果たした後に入隊したという点で喜八と似通っていた。小林は一九四二（昭和十七）年に『微笑《ほほえみ》の国』でデビュー以来、複数の作品に出演していたが、翌年、徴兵検査を受け、甲種合格となった。表向きは嬉しそうにしたものの、内心では「せっかく職業を得たのに、短い間に燃え尽きるように仕事をして、兵隊へ行って、あとは戦死しかない」と思い、「今の若者なんだから、しょうがない。決して自分だけじゃない。われわれに課せられた運命だ」と受け止めていたと回顧録『役者六十年』で語っている。

小林が映画評論家の草壁久四郎《くさかべきゅうしろう》（一九二〇／大正九年生）相手に語るところによれば、戦争中は、満洲の地で機甲歩兵としてソ連との戦いに備え、訓練をくり返していたという（『演技者――小林桂樹の全仕事』）。

破甲爆雷っていうんだけど、むこうの戦車に飛んでってね、磁石でパーッとくっつけて爆発させる。ぶっつけるんですから、磁石で（笑）、無茶な話ですよ、横っちょ行って。（中略）将校と下士官と兵隊、三人が一組の切り込み隊ですね。

小林も喜八と同じく、自らの命の保証のまったくない対戦車攻撃を命じられていたのだ。軍隊に入って間もなくの一九四四年一月、小林にとって初の主演作である『菊池千本槍』が公開されている。劇中、小林は軍神となる海軍大尉を演じた。内地から『菊池千本槍』を高く評価する批評が送られてきたり、映画がヒットしたとの話を聞いたりしたが、小林は全然嬉しくなかったという。その時の心境を『役者六十年』でこう語っている。

むしろ、むなしかった。前途真っ暗、明日をも知れない環境に置かれていたからでしょうね。「今、日本にいれば…」とつくづく思いました。

俳優ということで、訓練をきつくされたこともあったというが、「俳優イコール軟弱なタイプだなんて思われると悔しいので、頑張りました」と生真面目に兵士の役割を全うしようとしていた。ただ、「日本の軍隊は、とにかく部下をよく殴る。スリッパで殴られて、すっ飛ぶような思いをしたこともあります」と語っている。

一九四五年四月、部隊に命令が下り、夜、釜山《プサン》から船に乗った。小林たちは「いよいよ南方へ行くんだ」と思ったというが、夜が明けると、白砂青松の海岸線が見え、目的地が日本だと分かると兵士たちは喜んだ。その後、福井県敦賀《つるが》市から列車で愛知県八名《やな》郡八名村（現在の新《しん》城《しろ》市）へと移動した。八名村は豊橋市と隣接しており、小林は喜八とずいぶん近いところにいたことになる。

終戦は白須賀《しらすか》（現在の静岡県湖西《こさい》市）で迎え、十月に千葉県の市川に住んでいた家族のもとに戻った。草壁が当時の日本人は「戦争に負けるという概念」を持っていなかった、と話を振ると、小林はこう答えている（『演技者──小林桂樹の全仕事』）。

やっぱりおふくろを残してきた事が一番辛かったから、やっぱり命はなくなるかもしれないけど親は長生きしてほしいっていうのは、必ず皆、思った時代ですよね。親は長生きしてほしい、そして兄弟も幸せになってほしい、で、俺は死んで行くっていう、そういう人が多かった。

それに対し、草壁は「僕ら、大正世代戦中派は皆そういうふうに思ってた。だから戦争行くんだとか、特攻行くんだとか気持ちの中で踏ん切ってたわけだ」と感慨深げに応じている。

戦中派の心情

一九九六（平成八）年四月刊行の季刊誌『サントリークォータリー』五一号の「山口瞳追悼特集」に掲載された年譜や自身のエッセイ（『オール讀物』一九七二年四月号。引用元は『山口瞳ベスト・エッセイ』）によると、『江分利満氏の優雅な生活』原作者の山口瞳は一九四五（昭和二十）年七月、山梨県甲府市の第六三部隊に入隊、その後岡山県の山中に移動し、さらに「米子市付近の山中で終戦を迎える」とある。これが作品中では、「終戦の年の七月、江分利二等兵は岡山県の山中で散開して銃を構えていた」という状況を説明するナレーションになり、上等兵からの理不尽な暴行を受ける場面へとつながる。

一方で、脚本を担当した井手俊郎は、一九三三年に東京高等工芸学校を卒業後、アサヒビール宣伝部、婦人画報編集部などを経て、一九三七年に東宝映画興行課に入社した。これくらいの略歴は名鑑を見ると書いてあったが、どういう軍隊生活を送ったのか、知る手がかりを見つけるのは簡単ではなかった。そんな中でほとんど唯一の具体的な記述を、『佐賀新聞』一九八八年七月二十二日付朝刊で見つけることができた。この月の三日に死去した井手について、戦友であった佐賀大学名誉教授の筒井茂雄が追悼記事を書いている。それによると、井手は一九四四年八月、暗号兵として久留米第四八連隊に入隊。ほかの仲間は中国や東南アジアなどに暗号兵として転属したが、井手や筒井は司令部要員として残った。筒井によれば、「彼は情報班で私は報道部」であった。墜落したB29の機体を営庭で復元し、それに解説パネルやポスターを描いたこと、米軍の伊勢神宮爆撃に反対する宣伝の壁新聞を作れ、との命令を受け製作したことを思い出話として書いている。

『江分利満氏の優雅な生活』がそういう布陣で作られた映画であったことは、この作品の持つ意味を雄弁に物語っている。

物語は終盤、直木賞を受賞した江分利が、祝賀パーティーに出席した若い社員を一軒目、二軒目と飲み屋を連れ歩き、最後は自宅にまで引っ張ってきて、蕩々《とうとう》と心情を吐露する場面でハイライトを迎える。一九六三年八月三十一日付『読売新聞』夕刊によれば、喜八はこの場面に「昭和の日本人」という「全編の主題」を置いたという。そのシーンは、大木惇夫《あつお》の「戦友別盃の歌」の一節「わが征《ゆ》くはバタビヤの街、君はよくバンドンを突け」の暗唱を合図に始まる（以下、セリフは『シナリオ』一九六三年十月号および作品の映像を参照）。

当時の俺たちの前にはいよいよ〝死〟しかなかった。俺は平静な気持で死ねるようになりたいと真剣に考えた。〝青春の晩年〟という言葉が流行した。十八歳で入営するんだから、十五歳はすでに晩年だって意味だよ。最も美しく生きることは、最も美しく死ぬことである。

立ち上がった江分利が身ぶり手ぶりで独演を始める。

昭和十二年の神宮球場、あれは恥かしいよ、これは絶対だよ。応援団長が立ちあがる。右ッ手にィ、帽子を高ァくゥ！　校歌ァ！　時間がないからァッ、一番だけェ！　そらァッ……みいやッこのせいほおくゥ、わせだァのもりにィ……こらァ、そこの学生ェ、声が小さい。すらァッ！　かっせェ、かっせェ、ゴォゴォゴォ！　そらァッ！　そこへ雨が降ってくる。試合は一時中断。昭和十二年の大学生は、昭和十二年の日本について、何を知っていただろう。君たちの力で戦争を止めることはできなかったのか。そりゃ無理だよなあ。

江分利の問わず語りのようであるが、二瓶正也《にへいまさなり》演じる後輩の田代が思わず「ええ」と応じると、もう一人の後輩である小川安三演じる小宮も「安保だって止められなかったもんな」とつぶやく。そして、江分利の独白、それに対して後輩の二人が自問するという場面が続く。

江分利「そんなこと出来るわけがない。あのエネルギーはどこへ行ったんだろう」
小宮「どこ行ったんだろ」
江分利「昭和の日本では戦争は避け難い。学生たちは浮かれていたのだろうか。絶望していたのだろうか。それもわからない。あの学生たちはどこへ行っちまったんだろう」
田代「どこ行っちまったんだろ」
江分利「半数は戦死したのだろうか。神宮球場のエネルギーは何も出来なかったのだろうか」
小宮「議事堂前のエネルギーは何も出来なかったんだろうか」
江分利「恥かしいよお」
田代「恥かしい」
江分利「なさけないよお」
小宮「なさけない」

江分利「悲しい。ひどく恥かしいよ。わが宿の……」

そして一拍置き、ここから江分利の鬼気迫る絶唱が唐突に始まる。それはまさに、凪《なぎ》のあとの嵐のように。

白髪の老人、白髪で温顔の老人は許せないよ。禿頭《はげあたま》じゃ駄目だ。禿頭はお人よしだ。神宮球場の若者たちは、まァいい。戦争も仕方がない。すんでしまったことだ。しかし白髪の老人は許さんぞ。美しい言葉で若者たちを誘惑した奴は許さんぞ。神宮球場の若者の半数は死んでしまった。テレビジョンも、ステレオも知らないで死んでしまった。「かっせ、かっせ、ゴォゴォゴォ」なんてやってるうちに戦争にかり出されてしまった。「右手に帽子を高くウ」とやってるうちはまだよかったが、「歩調をとれェ、軍歌はじめェ」となるといけないよ。野球ばかりやっていた奴、応援ばかりしていた奴、なまけ者、これは仕方がないよ。しかし、ずるい奴、スマートな奴、スマート・ガイ、抜け目のない奴、美しい言葉で若者を誘惑することで金を儲《もう》けてた奴、それで生活していた奴、すばしこい奴、ハートのない奴、ハートということがわからない奴。これは許さないよ。みんなが許しても俺は許さないよ。心の中で許さないよ。

小林桂樹は二〇〇〇年六月二十三日付『朝日新聞』夕刊で、「朗読していて神宮球場で六大学野球を観戦した学生たちはどこへ行っちまったのだろうか、半数は戦死したのだろうかと詠嘆する場面は共感した」と語っている。ルポライターの梶山季之《かじやまとしゆき》（一九三〇／昭和五年生）も、一九六三年十一月十一日付『報知新聞』で、「めったに泣かない私」が、この作品では三回も涙を流したと明かし、「大正の二桁生まれと、昭和の一桁生まれの人々には、絶対に共感を呼ぶ映画だと、私は思っている」と書いている。一九六三年十一月二十日付『日本経済新聞』夕刊の映画批評では、「会社の若い連中を相手にしたはしご酒で江分利がまくしたてる戦争へののろいと〝白髪の老人〟への怒りはちょっとくどすぎ、軽妙な映画のトーンをくずしている」と書いているが、それでも「大正のふたけたと昭和のひとけた生まれの者には身近な共感だ」と、梶山と同じ感慨を催している。

その長広舌の最後、喜八の使用したシナリオには「みんなが許しても俺は許さないよ」のあとに、手書きで「心の中で許さないよ」と書きこまれている。これは、喜八オリジナルの言葉ではなく、山口瞳の原作にもある一文だ（原作では「俺の心のなかで許さないよ」）が、もともとのシナリオに「心の中で許さないよ」というセリフはなかった。この欠落は、井手が単に書き忘れたか、必要がないと判断したのだろう。だが、喜八自身の書きこみによって、この一言が、喜八にとって欠かすことのできない意味を持っていたことが分かるのだ。喜八は映画公開の四年後、この長広舌について、「私自身作中にもぐり込んで一緒に泣いてしまった。同窓生名簿を思い出したからである」と述べている（『日本読書新聞』一九六七年八月二十八日付）。

小林は前出の草壁のインタビューで、「岡本さんが非常に思い入れが強くて、それがこちらに伝わってきました」と答えた後、こう語っている（『演技者──小林桂樹の全仕事』）。

岡本喜八ちゃんに触発されて分かってきたというか、僕は役者でズーッと過ごしてきたので役者の感覚というのはあるのですが、一般生活者の実感というものを持ってないきらいがあるのです。ところが、喜八ちゃんは作家ではありますが、助監督時代が長かったし、その意味で衣食住の問題に堪えてきて一般生活者の感覚があるわけです。その喜八ちゃんの持っているものがこちらに伝わってきたのです。山口さんにしてもサラリーマンですが、宣伝部でコピーライターですから…。喜八ちゃんが一番人物に近い人だと思いました。それが段々こちらに伝わって、こちらもそれで段々調子が出ました。台詞《せりふ》が最も表現してます。戦争に対する事とか、戦中派の思いというものがありました。

また、小林は「岡本監督は大正十三年生まれで、僕は十二年生まれ。撮影が始まるときに、

『江分利満氏の優雅な生活』撮影時の喜八（左）と主演の小林桂樹（右）。

監督が『大正十二年と十三年が一番戦死している』と言うんです。確かに僕の旧制中学の同級生も大勢戦死している。監督は非常にこだわっている感じを受けましたね。ちょっと説明しにくいんですが、戦中派の気概という共通点が、僕と監督、山口さんにありました」とも語っている（『四国新聞』二〇〇八年三月十二日付朝刊）。

山口も戦中派の気概について、『男性自身—困った人たち』に収録された「戦中派」と題されたエッセイでつづっている。ちなみに、この『男性自身』は「戦中派サラリーマンの親子3代を描く」作品として、喜八が映画化を計画していた（『日刊スポーツ』一九九五年九月二日付）。山口は「私は戦中派コンプレックスがひどすぎると人にいわれ、自分でもそう思うことがあるが、一方ではこのコンプレックスを大事にしてゆこうとする気味あいがある」と明かし、戦中派を「戦争に対する批判的な眼を持つことなしに戦争に参加した世代」と定義し、その心情を次のように表現する。

どうせあのとき死ぬ運命にあったんじゃないか、いつ死んでもいいや、という気分と、戦時に育ったための極端な臆病とが交互する。どうせ変な具合に生き残ったんだから、こんな世の中は笑いとばしてやれというヤケッパチと、せっかく生き残って、切望した戦争のない世界にいるのだから、父と妻子の小さなかたまりを大事にしようという気持が交互する。

作中、江分利が会社からの帰途につく場面で、江分利の小さくなった後ろ姿に、こんな印象的なナレーションが入る。

「才能のある人間が生きるのはなんでもないことなんだよ。宮本武蔵なんてちっとも偉くないよ、アイツは強かったんだから。ほんとに偉いのは一生懸命生きている奴だよ、江分利みたいなヤツだよ」

このナレーションと、喜八の「あらゆる手を使って、ぶきっちょな男が懸命に生きている姿を描こう」（『毎日新聞』二〇〇二年三月十二日付夕刊）という言葉、作中の「すばしこい奴、ハートのない奴、ハートということがわからない奴」というセリフ、そして、前述の山口の言葉がリフレインすると、戦中派の心情がはっきりと浮かび上がる。

山口はエッセイの中で、「『江分利満氏』は私の処女作であるが、ふつうの処女作とは違って、私は、私の持っているものの全部を書いてしまったつもりだった」と述懐する（『男性自身―困った人たち』）。映画となった『江分利満氏』についても、「それを作ったときに、岡本さんは、のめりこんでしまったという。そのために、端役も大部屋の人も、のめりこんでしまった。そういうところのある映画である」とつづり、こんなエピソードを紹介した。

撮影中に、主役の小林桂樹さんと目があうと涙が出て仕事にならないので、監督はそっぽをむいていたというから、ずいぶん変な映画だ。

これ以上に、この作品を象徴する言葉は見当たらない。まさに、戦中派による戦中派のための映画であった。

このエッセイでは、作品公開から六年後の一九六九年に新宿の紀伊國屋《きのくにや》ホールで上映された際、映画評論家の白井佳夫さんと対談するため登壇した喜八の様子まで描いている。

岡本さんは、ラストのほうで泣いてしまって、対談のためにステージにあがったときも涙声になっていた。（中略）こんなふうだから、岡本さんは、いまの若い人たちに、心情的であり、ナンセンスだと言われるのだろう。私も同様である。岡本さんの言うように、私も、このナンセンスをつきつめていかなければならない。それが私たちの戦争体験なのだから──。

世代間のずれ

作品世界に戻る。立ち上がって熱弁を振るっていた江分利は、やおら本棚から一冊の本を抜き出し、今度は「前略ご免下さいませ。忠雄様　その後一向にお便りありませんのね。御達者にてお暮しでございましょうか……」と朗読し出す。この本は岩波新書の『戦没農民兵士の手紙』だ。「……この手紙は昭和二十年二月十七日にフィリッピンで戦死した陸軍兵長が肌身につけていた遺品である……」と、ここまで読むと、後輩の田代に「おい、あとを読め」と本を渡そうとする。田代が嫌そうな顔をして小宮に譲ろうとするが、断られた様子を見た江分利の妻、夏子（新珠《あらたま》三千代）が、朗読をかって出る。その声を聞きながら、襖《ふすま》にもたれかかり、目を閉じる江分利に、シナリオのト書きでは「閉じた眼から涙が流れる」と記されている。

一方で、田代と小宮は始発電車に乗るために江分利家の門を出る。小宮が大きなくしゃみをし、二人は肩をすくめ足早に去って行く。翌日（とは明記されていないが）、二人は屋上で行われたコーラスの練習に参加している。小宮が「風邪ひいちゃったよ」と情けない声を出すと、田代も「ひでえ目にあったよ」と憎々しげにつぶやく。恨めしげに二人が見つめる先で、元凶である江分利はその輪から離れたところで、物思いにふけりながら一人ぽつんと立っている。そして、「随分色んなことがあったけど、バカバカしいことはもう起こらないだろう。ああいう時代やああいうことはもう終わったんだ」と江分利の心の声がする。

あの熱弁と、『戦没農民兵士の手紙』の朗読にこそ、「大正の二ケタと昭和の一ケタ生まれの日本人が抱く感慨が煮つめられて吐露しているのだ」という評価がある（『アサヒ芸能』）。その一方で、若い世代の社員たちには、どうやらその思いは響いていない、と見える作りになっている。

脚本を担当した井手俊郎がこの点について語っている（『読売新聞』一九六三年八月三十一日付夕刊）。

原作自体が一人の男のつぶやきみたいなもんだから、そのままシナリオにすればいいようなものだが、トウトウと述べる戦中派の考え方がいまの若い人についていけるかという心配もあって、シナリオでもその世代の食い違いをちょっと出してみた。

井手はあえて、世代間の分かりあえなさを表現しようとしたのだ。その井手が戦後社会への違和感を吐露したエッセイがある。戦時中は「活動写真も情報局国民映画とか陸軍報道部と一緒になって、撃ちてしやまむとか一億総ケッ起とか何だか大変勇ましい映画を作るようになって、（中略）映画人としてちゃんと国策に協力しているみたいな感じで、何となく堅気みたいになってしまった」。ところが、戦後は一転して、「国策はなくなっちゃったけど、今度は民主主義ってのが出て来て、それの宣伝をやらされるようなことになった。何でもかでもデモクラシー。それからヒューマニズムとか社会性とか何とか言っちゃって、映画はそのまんま大手を振って歩けるみたいで、ちっとも堕落しない」と腐している（『シナリオ』一九六二年三月号）。前述のように、井手は一九一〇（明治四十三）年生まれで、喜八たちより十歳以上年長だ。それだけが原因ではないだろうが、山口や喜八、小林と井手とでは同じ戦中派の心情、世代間の違和感と言っても違いがあるようだ。喜八たちは戦後の民主主義を否定しているわけではない。

何より、喜八は雑誌『丸』一九六九（昭和四十四）年五月号に、「ヒモツキ軍備」というエッセイを寄稿し、そこで、日本が戦争に巻きこまれないためには、「どちらの陣営にも属さず、中立を保つことですね。そのためには、まず安保をなくすこと」と提言し、「安保があってアメリカの陣営に属しているから、米軍の基地がある。そこから飛びたった飛行機が、相手の国へ行って爆弾をおとす。おとされた方では、当然これに報復する。となると、日本はすわったままで、いつのまにか戦争にまきこまれています」と書いている。喜八には珍しく率直に政治にかかわる発言だが、喜八の安保への拒絶反応は伝わる。

すでに紹介した江分利と田代、小宮の安保をめぐるやり取りは、実は原作にはない。しかも、井手の脚本の段階では、小宮の「安保だって止められなかったもんな」と、それに対する田代の「そうだよ」だけだったが、完成した作品では、小宮と田代の自問が江分利の独白に合いの手のように入っている。喜八があえて入れたセリフなのだ。これを、喜八の下の世代への共感と捉えるなら、その後の「ひでえ目にあったよ」というセリフは必要ないだろうし、屋上の場面で江分利が一人離れて立っている場面も余分だろう。世代間のずれを表現するためにこのセリフが一言だけあれば十分だと考えた井手よりも、喜八はこのセリフを重視した。

先述したように、安保自体を拒否する喜八が、それに反対する運動を否定するとは考えにくい。終戦時三十代半ばだった井手に対して、二十歳そこそこだった喜八は、当時の自分と同年代の若者が参加した安保闘争について、関心を寄せた。しかし、安保闘争と、自分たちの戦争体験を同列に並べてほしくないという思いが心の底にあった。戦争反対の声を上げることができなかった過去の自分たちの世代のことを恥ずかしいと思いながらも、あの時代は、声を上げることさえできなかったのだと主張したいのではないか。もちろん声に出して言うわけではないが、「俺たちの気持ちがお前たちに分かるか」と心の中でつぶやいたのだろう。

一方で、安保闘争に加わった若者の心情を理解しようとしてみても、喜八にはどうしてもできなかった。このことについて、喜八の妻、みね子さんに聞いたことがある。みね子さんはただ、「(喜八は) そういう気持ちは最後まで分からなかったと思うわ」と話してくれた。

映画評論家の小倉真美は作中の若手社員の態度について、「ついに若い世代は江分利の心境を理解しないようだ」と書いている(『キネマ旬報』一九六四年一月新春特別号)が、戦中派である江分利も若い世代の心境を理解しようとしなかった。小林桂樹が「私は戦中派だけにしか分からないのじゃないかと少し危惧をしたのです。映画というものは最大公約数で見せるという事もありますから、その点この映画は分からない奴はいいやという感じの映画で、僕らはそれに酔ってた所もあって」と語っているくらいだ(『演技者—小林桂樹の全仕事』)。

この世代間のずれは、撮影前から重要なテーマだった。映画がクランクインする前日、山口、小林、喜八、そしてプロデューサーの金子正且《まさかつ》を集めて開かれた座談会の模様が『東宝映画』一九六三年十月号に掲載されている。

司会の市川久夫が、「岡本さんなり小林さんに対するご注文は?」と山口に水を向けると、山口は「お願いするとすれば、非常に、これは精神的なことなんですけれども、私どもは戦中派といっていいと思うのです。その感情ですね」と答えている。市川が「と言いますと?」と尋ねると、山口は「ともかく戦争でいっぺん人生が終っちゃったわけです。そのことがたえず、今でも尾をひいているサラリーマン。その人自身は平凡なサラリーマンだけれども、私たちの年代の人たちにはみんな、ある種の共通な感情があると思うのです。人生が一回挫折したという感情ですね。そういうある種の感情が出ていれば、私としてはいちばん狙っていたところですから嬉しいんですが……」と思いを伝えている。

心配になったのだろうか、金子が「シナリオに出ていますか?」と聞くと、山口は「ええ、トップとラストのシーン、そこに、年代の違う若い人たちは、戦中派を理解できないようなサラリーマンの会話となっていて、私の狙った線とは別な形ですけど、出ていると思いましたね。それが全体の雰囲気として出てくれれば、これは岡本さんにお願いすることですけど」と答えている。一方、話を振られた喜八は「それが単なる異和感だけではないというふうにできれば成功じゃないかと思うんだけれど、あそこが一番むつかしいところなんです。(笑)」と応じている。実は、喜八が使っていたシナリオの冒頭にも、山口が言及した「トップ」のシーンに、若者と戦中派との分かりあえなさを示すもうひとつのエピソードが書かれているのだが、最終的に映像にはなっていない。その役目を担ったのが、ラストの江分利と後輩たちとのかけ合いだったのだろう。

村上春樹と違和感

世代間のずれは、心の底では戦後社会と折り合いをつけることができないということにつながっていくのだが、その分かりあえなさがよく出ている例がある。作家の村上春樹（一九四九／昭和二十四年生）が、『オール讀物』二〇〇九（平成二十一）年五月号掲載の「サラリーマンが輝いていた頃」と題した座談会で、編集者の都築《つづき》響一（一九五六／昭和三十一年生）やエッセイストの吉本由美（一九四八／昭和二十三年生）とともに、『江分利満氏の優雅な生活』を俎上に載せ、議論している。村上は一九六二（昭和三十七）年に公開された『ニッポン無責任時代』に始まる植木等主演の『無責任』シリーズと比較しつつ、こう語っている。

村上　植木等の「無責任」シリーズと『江分利満氏の優雅な生活』は、結局、真逆にあるものだと思うよ。六〇年安保後の日本というのは、国全体が完璧に分裂し始めていたんだね。五〇年代の日本はみんな貧乏で、社会党系の労働組合と資本側がせめぎ合っていて、その一種の総集編みたいな感じで六〇年安保があった。それが弾けてだんだん日本が豊かになっていくと、「みんなでそこそこお金持ちになって楽しく暮らせばいいじゃん」という派と、「労働者はやっぱり資本家と戦うべきだ」という派にちょっとずつ分かれてきちゃうんだ。

都築　六〇年安保を引きずっているのが『江分利満氏の優雅な生活』だというわけですね。

村上　『江分利満氏の優雅な生活』は監督の岡本喜八も戦中派だし、原作の山口瞳も戦中派で、戦後の混乱から安保闘争へと移行していくルサンチマンみたいなものが全体に強く滲み出ていて、それが映画の背骨になっている。でも「無責任」シリーズの植木等には「もうそんなこといいじゃん、次にいこうよ！」という感じがする（笑）。

吉本　とても同じ時代に作られたものとは思えない。『江分利満氏の優雅な生活』も最初のほうは山口瞳の原作にあるユーモアが漂っているけど、途中から岡本喜八が全面的に出てきてしまって、江分利満氏のしゃべりじゃなくて岡本喜八のしゃべりになってしまう。

村上　岡本喜八的ユーモアというのは、当時はシャープだったんだろうけど、今観るとちょっときつい。となると、やっぱり植木等だよな、と……。

このやり取りのあと、村上は「メッセージ性の強い映画というのは時代が変わるとよほどのことがない限り、色褪せてきちゃうよね」と論評している。

原作中で、村上が「あれはおかしかった」と話すお気に入りの場面がある。上役から大阪弁で「これほかしといてくれ」と言われた部下が、東京人であるため「ほかす」の意味が分からず、「保管する」と思い、ずっと取って置く。そのうちいっぱいに溜まってしまい、「どうしましょうか?」と聞くと、上役から「だから、ほかしといてくれ言うたやろっ!」と叱られるというやり取りだ。村上はこの場面が映画では使われず、しかも、江分利が直木賞を取ったあたりから「やたら理屈っぽく」なる展開が不満だったようだ。

都築の「この映画を観ていた同年代のサラリーマンの人は身につまされたのかもしれないね」という問いかけに、吉本は「そうでしょうね」と同意しているが、村上はやはり喜八作品に対して好意的ではないようで、「岡本喜八は『独立愚連隊』(一九五九年)みたいな娯楽作品を撮った後でこれを撮ったから、力が入りすぎたのかな。その後の『肉弾』(一九六八年)なんかに近いラインですね」と語っている。戦中派の体験、そして心情が発露した作品への村上の評価は渋い。

村上の父

一九四九(昭和二十四)年生まれの村上に戦中派の心情は受け入れられなかったのだろうか。そうだとしても、身近な人の姿から、そういう心情を持った世代が存在することは感じ取っていたのではないか。村上は『文藝春秋』二〇一九年六月号に、長年、葛藤のあった父親について初めてまとまった文章を発表した。その後、単行本、文庫本にもなった『猫を棄てる』、副題「父親について語るとき」を読むと、そのことが感じられるのだ。
村上の父、村上千秋《ちあき》は一九一七（大正六）年十二月一日に京都市の寺の次男として生まれた。

おそらくは不運としか言いようのない世代だ。物心ついたときには、束《つか》の間《ま》の平和な時代、大正デモクラシーは既に終わりを告げ、昭和のどんよりと暗い経済不況へ、そしてやがて始まる泥沼の対中戦争、悲劇的な第二次世界大戦へと巻き込まれていく。そして戦後の巨大な混乱と貧困を、懸命に必死に生き延びていかなくてはならなかった。そんな不運きわまりない世代のささやかな一角を、父は人並みに担うことになる。

これらは戦中派の背景説明として正しく、村上の父親が一角を担ったという、その「不運きわまりない世代」こそが戦中派だった。父親は村上が知る限り、一日も怠ることなく、毎朝、朝食を取る前に、菩薩《ぼさつ》像を収めたガラスの小さなケースに向かい、長い時間目を閉じて熱心にお経を唱えていた。その「おつとめ」と父親が呼んでいた行為について、村上は「父の背中には、簡単には声をかけがたいような厳しい雰囲気が漂っていた」と回想する。幼い頃村上は、その行為について、父親に「誰のためにお経を唱えているのか」と尋ねたことがある。父親はこう答えたという。

前の戦争で死んでいった人たちのためだと。そこで亡くなった仲間の兵隊や、当時は敵であった中国の人たちのためだと。

父親のこの行為の理由を村上は探る。村上千秋は三度召集を受け、二度目、三度目では自身は辛くも戦地に行くことを免れたが、所属した部隊はビルマやフィリピンの激戦地で戦った。村上は、そんな千秋の戦歴をたどった後、こう述べる。

おそらく「幸運なことに」と言うべきなのだろうが、しかし自分一人が命を取りとめ、かつての仲間の兵隊たちがそうして遠くの南方の戦場で空しく命を落としていったことは（その遺骨のうちには、今でも野ざらしになっているものも少なからずあるだろう）、父にとって大きな心の痛みとなり、切実な負い目となったはずだ。

一市井の人であった村上の父。紙一重の生死は、ここにもあったのだ。

そうして、村上は「父が毎朝、長い時間じっと目を閉じ、心を込めてお経を唱えていたことがあらためて腑に落ちる」と慨嘆する。この村上が推察した父親の心情こそが、戦中派の心情であり、それゆえに、村上がずっと違和感を感じていた父親の姿と、『江分利満氏の優雅な生活』の江分利の姿は重なっているのではないか。
村上は母から聞いた話として、若い頃の父親について、「戦争の厳しい体験がまだ身体の中に残っていただろうし、人生が自分の思いとは違う方向に流されてしまったというフラストレーションも、それなりにきつかったに違いない」と慮る。そして、この作品の「あとがき」にこう書いている。

僕がこの文章で書きたかったことのひとつは、戦争というものが一人の人間——ごく当たり前の名もなき市民だ——の生き方や精神をどれほど大きく深く変えてしまえるかということだ。

都築響一や吉本由美との座談会で言及した、『江分利満氏の優雅な生活』に対する村上の突き放すような批評には、父親の存在があったのではないか。村上の父親や喜八のような戦中派はある時代には数多くいた。そして、やはりその下、あるいは子供たちの世代との隔絶を感じていた。まさに『江分利満氏の優雅な生活』で描かれた江分利と部下との心情部分での分かり合えなさは、そのことを端的に物語っている。戦中派は、分かり合えないだろうと諦観しつつ、それでも、表現できる手段のある者はそれを表現した。表現手段を持たない市井の人であっても、その心情だけは手放さなかった。戦中派の世代の一角を担い、こだわり続けたのだ。『江分利満氏の優雅な生活』で戦中派の心情を明らかにした喜八は、生き残った者として、自身を省みることが増える。つまり、なぜ自分は生き残り、そして、仲間たちは死んでいったのか。戦争は愚かなことだが、戦争で死んでいった仲間を含む兵士のことを悪くは言えなかった。自分一人が生き残ってそれでよしとはできない、あの時代を生きた者の、運命に従わざるを得なかった者の、強さと弱さがある。『江分利満氏の優雅な生活』は、戦中派の心情を表した到達点ではなく、出発点だった。

血と砂

『江分利満氏の優雅な生活』のあと、今もカルト的な人気を誇る『ああ爆弾』（一九六四年）、大老井伊直弼《いいなおすけ》が暗殺された桜田門外の変を斬新な撮影手法で描いた『侍』（一九六五年）を経て、喜八は一九六五（昭和四十）年公開の『血と砂』にたどり着く。

この物語の設定はなかなかユニークだ。舞台はやはり北支戦線だが、ひげ面で歴戦の勇士である小杉曹長（三船敏郎《みふねとしろう》）と彼を追ってきた朝鮮人慰安婦のお春（団令子）、そして楽器を抱えた少年軍楽隊の面々が登場する。原作は、北支や上海などで五年にも及ぶ戦場体験を持つ伊藤桂一《けいいち》（一九一七／大正六年生）の『悲しき戦記』だが、これには軍楽隊は出てこない。主人公も大人の兵隊たちだ。

軍楽隊を物語の中心に据えた理由を喜八が語っている。引用する証言は、『血と砂』のDVDに収録された森卓也と佐々木淳による喜八へのインタビューと、それを編集し、掲載した『フォービートのアルチザン』の記述をもとにしている。喜八は、「軍かの『か』は歌と靴があるんだけど、それとジャズが競り合っている中で育った世代だから、軍楽隊に入ってジャズやりたいだろうなって理屈」と話す。戦争前、軍隊に入るまでにそれぞれがどういう生活をしていたか、がここでは重要なモチーフとなっている。喜八の日記には、ジャズについての言及はないが、映画や演劇、スケートなどと置き換えれば、学生時代の喜八自身の姿に重なるだろう。

小杉は軍楽隊の少年たちを引き連れ、火葬場《やきば》と呼ばれる戦いの最前線に向かう。この場所を奪還することが、小杉たちに与えられた任務だった。攻略のための作戦を実行する際、手榴《しゅりゅう》弾《だん》で攻撃することを思いついた小杉が「この中に、誰か野球やったことのある奴いるか?」と尋ねると、原田という一人の少年が勢いよく「はい、ぼくやりました」と答え、小杉が「ボク?」と苦笑する場面がある。陸軍の場合、一人称は通常「自分」で、「ぼく」とは言わない。原田も普段はそういう言葉遣いはしていなかっただろう。ただ、甲子園に「エースで四番」として出場したという経験を持つ原田が、野球の話題になったその瞬間だけ、戦争前の姿に戻ったのだ。原田自身はそのことに気付いていないが、兵隊になる前の原田の姿を見た小杉は思わず、笑みを浮かべるのだ（セリフは『キネマ旬報』一九六五年七月下旬号などによる）。

映画終盤、軍楽隊員が戦死していくが、その弔いの時、小杉は「お得意のディキシー（筆者註：ディキシーランド・ジャズ）をやってくれ。おもいっきり派手にだ。ピッチャーはいくつだ、十九だ、トロンボーンは十八。わずか二十年も生きられなかったンだ。悲しい音楽では淋し過ぎる。賑やかに送ってやらないと死ンでも死にきれない……さァバンバン派手に行こう」と生き残った隊員たちに呼びかけ、「聖者の行進」を演奏させる。戦死した「ピッチャー」と言うのは、先述の原田のことだ。

死ぬのはやむを得ない。運命だ。だが、せめてその若さに相応《ふさわ》しい明るさの中で、青春の最期を弔ってやりたい。そんな素朴な感情が出ている。かけがえのない青春の終わりが、人生の終わりと重なった哀しい世代だった。作中、喜八はそんな彼らが何のために死ぬのかにも答えようとしている。一度別れたものの、最前線まで小杉を追いかけてきたお春は、慰安婦としてまだ童貞だった軍楽隊の少年たちの相手をする。急造された慰安所に次々と入る少年たち。少年たちは恍惚《こうこつ》の表情で出てくる。その様子を見ていた、入隊前の職業から葬儀屋とあだ名される持田一等兵（伊藤雄之助）が、陳さんと呼ばれる捕虜となった中国人に語りかける。

「それにしても隊長さんは考えたもンだね……な、陳さンよ、あんたたちは赤旗の旗印の下に命を賭けて戦うンだろ。わしらの旗印は軍旗だけど、少年兵たちはまだ軍旗を見た事もないンだ。だからね隊長さんは、こいつらのために赤い腰巻の旗をこさえてやったンだ、少年たちはお春さンを守るために一生懸命に戦う、強くなる。強くなるってことは生き抜くってことなンだ……どうだね陳さン、同じ赤旗でもね、こっちの方が身にしみてありがたかねエかね」

喜八にとっては、軍旗も赤旗も一緒なのだろう。それより、もっと確かなもの、それは目の前にいる初体験の相手となった女性だった。『独立愚連隊西へ』で提起した、何のために死ぬのかという問いの答えを、『江分利満氏の優雅な生活』を経て出そうとしていた。

作中、暴力を否定し、銃を撃つことも拒否する志賀という人物が登場する。この志賀を演じた天本英世《あまもとひでよ》は一九二五（大正十四）年十二月二十日生まれ（年末に生まれたので、当時の慣例に従い翌年一月二日に出生届けを出している）。自伝『日本人への遺書《メメント》』によれば、鹿児島市の旧制第七高等学校に入学した翌年の一九四五年五月十五日、熊本市の工場に勤労動員されていた時に赤紙が届き、本籍地の佐賀県鳥栖《とす》に近い福岡県久留米の野砲隊に入隊した。熊本を発つ前日、恋人から千人針をもらい、初めて手を握って別れた。それから終戦までの三か月間、毎日つるはしを持って穴を掘らされた。炎天下の穴掘りに意識を失って倒れると、伍長が飛んできて水をかけられた。意識が戻るとまた穴掘りを始めるが、ぐずぐずしていると、また伍長が来て殴り、時に木刀で叩いた。天本は戦争についてこうつづっている。

戦争中の私たちは、毎日を真剣に生きていた。明日も自分が生きている保証なんてどこにもなかったのである。今日を精一杯生きることしかできなかった。

みんな必死に生きていた。必死に恋をしていた。生きて帰って恋人と会えるとは、全く思っていなかった。

喜八が陸軍工兵学校に入校する前のエピソードにも通じる。この時代、日本中のあらゆる場所で、まだ二十歳になるかならないかの若者たちが友や恋人、家族、そして、この世との別れを覚悟していたのだ。天本は、感慨をこめてこう記す。

狂気の国家の下では、人間の運命などは木の葉の如くに風に舞い、その生と死との差はまさに紙一重となる。

戦争体験者によってくり返される「紙一重」という言葉。しかし、あの時代の運命の苛烈さや不思議さを表現するのに、この言葉以上に実感を持つ言葉はなかったのだろう。

日本のいちばん長い日

『血と砂』の二年後の一九六七（昭和四十二）年に公開されたのが、『日本のいちばん長い日』だった。八月十四日正午のポツダム宣言受諾決定から、翌日正午の昭和天皇による玉音放送までの二十四時間の間の政府や陸軍との駆け引きや、終戦阻止を狙い、クーデターを企てた陸軍青年将校たちの息詰まる攻防を軸に、サスペンス調で描いている。興行成績も好調で四億円を超える大ヒットとなり、『黒部の太陽』に続く、一九六七年度日本映画年間第二位を記録した（福間良明「『フマジメ』な抗い」『近頃なぜか岡本喜八』）。

喜八は一九九三（平成五）年八月十三日付の『赤旗』で、自身の運命を分けた長い日について、「まこと生死は紙一重。運良く生きのびたわたしは、『八月十五日』を言わば第二の誕生日と思って来たのだが、あの日に、一体どんなドラマがあっての事だったのかを知ったのは、戦後二十年ばかりも経って刊行された、『日本のいちばん長い日』を読んだ時である。日本と日本人がどうなるか？　大変なドラマであった」と書いている。さらに、『キネマ旬報』一九六七年二月上旬決算号で、製作意図を短い文章ながら端的に記している。

〝日本のいちばん長い日〟は、新しい日本の歴史の一ページめだ。しかし、この一ページめに何が書かれてあるかを、私を含めてほとんどの人が知らなかった。

この作品について、喜八がこだわったのは、八月十五日に至るまでに何が行われていたのかの「事実」を描くことだった。

一九六七年八月十二日の全国一斉封切りを前に、喜八は全国を行脚し、各地でメディアの取材に積極的に答えている。十日午後に名古屋市内のホテルで行った記者会見で、喜八が語った同作の意図を翌日の『名古屋タイムズ』が伝えている。

これまで〝愚連隊シリーズ〟などで何本か、戦争を扱ったものを撮ってきたけど、史実と真っ正面から取り組んだのは初めてのことだけに、この史実をドラマとしてどう構築するか苦心した。自分流に料理してきたこれまでのものに比べると、こんどはそれが許されなかっただけに、事実の重みというものをつくづく感じた。これが若い人にどう受けとめられるか、とにかくそれが気がかりです。

ここでも「事実の重み」を強調している。そして、戦争映画を多く撮ってきた理由を尋ねる記者に対し、「同窓会の名簿をみたとき、半数以上が戦死して名簿から消えていたため戦争そのものをもう一度、自分なりにみつめようと考えたからだ」とも答えている。

国民を描いていないという批判が来ることを想定し、『毎日新聞』一九六七年八月十一日付朝刊ではこう話している。

民衆が登場しないという批判もあるようだが、私たちとしてはこの映画を通じて〝二度とこんな日がないように〟戦争反対への願いはこめたつもりだ。

当たり前だが、喜八自身もその民衆、国民の一人だった。

一九六七年八月十二日付の『中日スポーツ』でも、「事実の重みを痛感した。できるだけ客観的に描こうとしたが、かえって苦しかった。自分も含めて、国民の立場は焼け跡のシーンと最後の数字で出したつもりだ」と答えている。やはり、「事実の重み」について言及しているが、ここで喜八が語る「作品の最後に出てくる数字」とは何か。

それは、一九四三年十月に明治神宮外苑競技場で行われた出陣学徒壮行会の場面と重ね合わせ、「太平洋戦争に兵士として参加した日本人」、「1000万人（日本人男子の1／4）」、さらに出征した兵士たちや戦死者の映像などを背景に、「戦死者200万人」、「一般国民の死者100万人」、「計300万人（5世帯に1人の割合いで肉親を失う）」、「家を焼かれ財産を失った者」、「1500万人」というテロップが七カット、次々と出てくる場面のことだ。

この場面は喜八が脚本の橋本忍《しのぶ》に要望して実現したと森卓也に語っている（『フォービートのアルチザン』）。その理由について、喜八は「皆が右往左往して、やっと終戦に持ち込めたのだが、何だ彼だと言っても、とにかくあの戦争で命を無くした日本人が三百万人、戦闘員二百万人、非戦闘員百万人、それは五世帯に一人の割である、そんなタイトルをラストに出したい」と語る。

映画評の中にはこの数字に着目し、「岡本監督は、戦死した多くの友に想いをはせ、この映画を戦争犠牲者に捧《ささ》げようと、ひそかに期しているのではないか、と思えてならなかった」と推し量っているものもあった（『キネマ旬報』一九六七年四月下旬号）。

また『中日スポーツ』の記事で言及した「焼け跡のシーン」について、喜八プロに残されたスクラップブックに貼り付けられた新聞記事の中では「映画の最後の方で、挫折した青年将校が狂ったようにビラをまく場面がある。この場面で、防空ごうの中にいた浮浪児がビラを拾う姿が出てくるでしょ。あの浮浪児が僕なのです。僕の気持です」とも明かしている。

国家の決断を描いているようで、「自分の戦争体験」を通してしか、喜八は実感を持った場面を描くことができなかった。『キネマ旬報』一九六七年四月下旬号に掲載された撮影中の喜八の言葉はそれを物語ってはいやしまいか。

代表作となった『日本のいちばん長い日』。© TOHO CO., LTD.

まさか、この作品が回ってくるとは思っていなかったので、最初どこから出発すべきか、一カ月ほど考えました。その結果、当時二十一・六歳だった自分の実感——反発と共感をふくめて——から出発しようと思いつきました。

史実を重視したことに疑いはない。だが、それをどう表現するか模索し続けた。実現する段階では、喜八の心情が如実に反映された。そのことは結果として、事実からずれた描写を生むことになる。

現実と虚構の狭間で

『日本のいちばん長い日』に登場する実在の人物と、それを演じた俳優との差異に関して、関係者が『週刊文春』一九六七（昭和四十二）年八月十四日号で証言している。三船敏郎が演じた阿南惟幾《あなみこれちか》について、自決した最期を見届けた元陸軍中佐の井田正孝は「実際の阿南さんはもっと色白でふっくらとしていたが、三船さんのはどっちかといえば東条さんを偲《しの》ばせました」と語り、天本英世が演じた狂信的な愛国者である佐々木武雄大尉こと大山量士《かずひと》は「私はこんなに肥えているのに、映画の私を演ずる天本英世さんは痩せっぽち」と大笑いしているという工合だ。

阿南の義弟で、井田とともに最期に立ち会った元陸軍中佐の竹下正彦も、作品のパンフレットに載せる文章にもかかわらず、「生前の阿南を身近かに知っている人々にとっては、恐らくは誰でもがこの配役に対して、一応はピッタリと来ないという感じを持つのではなかろうか。それは体質的にも、風貌からも精悍《せいかん》という感じを受け、またそのような役を多く演じてきた三船というものと、阿南のイメージとの間には相当の距離を感ずるからである」と不服を唱え、「私などから見れば、三船はむしろ米内《よない》さんの方に近い感じさえする」と、三船よりも米内光政を演じた山村聰《そう》のほうが適任だと記している。

さらに、クーデターの首謀者で、作中では黒沢年男のエキセントリックな演技が話題となった畑中健二陸軍少佐についても、異論が出された。加山雄三演じる日本放送協会の舘野《たての》守男アナウンサーが、スタジオに乱入した畑中から額にピストルを突きつけられるシーンがある。舘野は『週刊読売』一九六七年八月二日号の記事で、「実際は、ちょっと違っているんですよ」と言い、ピストルを突きつけたのは畑中ではなく別の若い少尉であり、突きつけた場所も脇腹だったとする。印象も黒沢が演じたものとは違い、「軍人というより、むしろ学者タイプの感じだったですね」と語っている。

私は二〇一五（平成二十七）年前後に、立て続けに鈴木貫太郎、阿南、迫水《さこみず》久常の家族と会っているが、各人を演じた笠智衆《りゅうちしゅう》、三船、加藤武《たけし》については軒並み好意的な印象は聞かれなかった。一方で、二〇一五年に原田眞人《まさと》監督によって『日本のいちばん長い日 THE EMPEROR IN AUGUST』として公開されたリメイク版では、各人をそれぞれ山崎努《つとむ》、役所広司、堤《つつみ》真一が演じたが、三家族ともその配役には満足気だったのが印象的だった。役者に対するイメージによって、遺族の心証が左右された面は大きい。ただ、なぜそのようなことが起こるのかと言えば、戦争への距離が影響していると思う。先述の『週刊文春』一九六七年八月十四日号で、迫水が「岡本喜八監督をみたとき、あんなちっちゃな男に大きな映画ができるのか、と思いましたよ」と、冗談にしても辛辣なことを語っているように、あの戦争の時代を知っている当事者がまだ数多く存命している中で、自身の戦争体験を反映させることは難しかった。事実にこだわろうとしながらも、物語の襞《ひだ》の中に、知らず知らず織りこまれていった喜八の感情、主観があった。

物語の児玉飛行場

本作において特に深い印象を残すのが、一九四五（昭和二十）年八月十五日に特攻機が飛び立って行く児玉飛行場の場面だ。半藤一利《はんどうかずとし》の原作中の児玉飛行場に関する部分を八月十四日午後八時から九時にまでさかのぼって、見ていきたい。

埼玉県児玉にあった陸海混成の第二十七飛行団基地では、午後八時、出撃命令をうけた搭乗員たちが各飛行戦隊長の訓示に耳を傾けているところであった。そして陸軍爆撃機を改装した雷撃機（魚雷一本を搭載）三十六機が轟々《ごうごう》たる爆音を一つにして夜空にとどろかせながら、暖機運転をはじめていた。彼らには日本の降伏決定など露ほども知らされておらず、これから苛烈な戦闘に突入していこうとしているのである。

映画では、伊藤雄之助演じる野中俊雄大佐が、特攻隊員となる若者を前に「攻撃目標は房総沖四〇〇キロにある、空母三隻を含む、三十数隻の敵機動部隊。出撃予定時刻は払暁攻撃を目指し、午前ゼロ時」と独特の抑揚を付けた口調で語りかけると、それを聞く若者のアップが映し出される。続けて、「なお、本日の出撃については、特に児玉町町民に諸賢らの歓送をごく間近にまで許した。久しく敵機の跳梁《ちょうりょう》下にあって切歯扼腕《やくわん》している銃後の人々に、今日こそは翼に日の丸を付けて大空を駆けめぐる三十六機の大編隊を見せたい」と言うと、再び、特攻隊員のアップが二カット続く（セリフは、『東宝シナリオ選集　日本のいちばん長い日』などを参照）。演説は「本土決戦の緒戦、皇国の興廃はかかって出撃諸賢の双肩にある」と力強い口調で締めくくられる。

再び原作から、児玉飛行場の八月十五日零時から午前一時の場面を引用する。

埼玉県の児玉基地では、空襲警報のサイレンの鳴りやまぬなかで、房総沖に遊弋《ゆうよく》する敵機動部隊に猛攻撃を加えんと、第二十七飛行団の主力三十六機の出撃準備が整えられている。飛行団長野中俊雄少将は、期待をこめて準備の進捗を見守っていた。最前線の指揮官は、戦争が午後十一時をもってすでに終ったことなど知るはずもなかったから、いまこそ猛訓練の成果を発揮してくれと、可愛《かわい》い部下たちを死地に投ずる決心をあらためて固めるのである。児玉町民が陸軍飛行部隊の出撃を知って、日の丸の旗をもち、ぞくぞくと飛行場に集ってきた。町民もまた、祖国が降伏したことを知るべくもない。ただかならず〝神風〟が吹くものと信じているのである。

この描写も映画に登場する。『若鷲《わかわし》の歌』が響き渡る中、「愛国婦人会」の襷をかけたおばさんに鉢巻きを着けてもらう隊員、戦友の背中を台にしてハガキを書いている隊員。喜八が描いたコンテ(『描いちゃ消し描いちゃ消し—岡本喜八の絵コンテ帖』)を見ると、このハガキを書いている隊員のところには、「母へ写真で送りたい」と喜八の字で書かれてあった。他にも、ぼた餅を食べる隊員、町民たちが振る日の丸の旗ごしに、握り拳を振って一緒に歌う隊員。そして間もなく場面は、終戦の詔勅に御名を記すシーンに変わるが、哀切を帯びた『若鷲の歌』はしばらく鳴り止まず、死に向かう悲壮な空気に満ちた飛行場の場面を引きずるような印象を与える。

次に児玉飛行場が登場するのは、天皇が終戦の詔勅を録音する場面の直後だ。天皇がマイクの前に立ち、録音盤が回りはじめる。「……ここに忠良なるなんじ臣民に告ぐ」と読み上げたところで、先ほどまで隊員が最期の時を過ごした場所に残された机の上の灰皿、一升瓶、食器のカットに切り変わる。隊員が操縦する特攻機が滑走路に向かうと、機体に付けられた爆弾ごしに小旗を振る町民たちと、それに応じるように、操縦席に座り、ぼた餅を口に放り込む隊員たちの姿が描かれる。コンテにはある一人の隊員について、「笑って敬礼していたが、シュンとなって、メガネをかける」と書き込まれている。その刹那、彼は急速に死に向き合ったのだ。天皇の詔勅の読み上げはまだ続いている。再び、飛び立つ隊員たちの場面となる。コンテに

「敬礼　コワバッタ笑い」、「敬礼。泣きそうになるのを耐えて、風防を閉める」とあるシーンの後、二機が飛び立っていく。出撃する隊員を見送る野中の表情がアップになる。コンテには「唇を噛みしめている」とある。一機また一機と飛び立ち、野中は敬礼を続ける。そして、最後の一機が飛び立っていった――。

作中、三度目に児玉飛行場が登場するのは、ラストに近い場面だ。それは、再び、タバコが残る灰皿と一升瓶、食器のカットから始まる。隊員たちが出撃し、どれほども時間がたっていないことを意味しているのだろうか。ただ、この飛行場にもすでに終戦の連絡は入ったようだ。副官が野中に玉音放送を聞くため全搭乗員と全整備員を集めたことを伝える。背中を向けた野中は何も言葉を発しないが、コンテでは「大佐の眼がはじめてうるみはじめる。そして、眼尻から、泪《なみだ》が頬を濡らして、一筋、二筋」と記されている。

この伊藤雄之助演じる野中大佐の印象的な表情に、涙に、伊藤自身の生きざまがにじみ出る。伊藤は、その自伝『大根役者・初代文句いうの助』で、一九四三年にいちど除隊した直後、早朝に有楽座（筆者註：東宝が所有していた劇場・映画館）へ飛んで行き、宿直の警備員を起こし、劇場の中に入り、「だれひとりいない客席を走りぬけました。涙がとめどなく頬を伝わり、思わず、舞台にキスしてしまったことを憶《おぼ》えています」と回想している。その後、伊藤は二度目の召集を受けるが、軍医の誤診で「即日帰郷」となった。そして、「この時の召集兵は、暁兵団として、まもなく、セレベス島で全滅してしまったのですから、わたしは文字どおり生命《いのち》びろいをしたわけになります」と書く。伊藤が野中を通して見せたのは、生きながらえることの価値を身に染みて分かっている男の姿だった。

史実の児玉飛行場

特攻機が飛び立つ八月十五日の児玉飛行場の場面は、史実とは異なる。第一に、児玉飛行場の主役は、第二七飛行団長の野中俊雄大佐（半藤一利の原作では少将となっている）ではなく、その配下である飛行第九八戦隊長の宇木素道《うきもとみち》少佐だった。このあたりの事情は、歴史家・秦郁彦《はたいくひこ》の『八月十五日の空』が詳しい。同書によると、宇木は「陸軍軍医の息子で、ハイカラ学校の暁星中学校に学んで文学好きの軟派少年だったが、学校でただ一人幼年学校を志望して落第、陸士に入り直したという異端児だった」という。

宇木は中尉時代に砲兵から航空に転科、大型爆撃機の操縦者となり、戦地を転戦し、終戦直前の一九四五（昭和二十）年春に第九八戦隊に赴任してきた。実戦経験こそ少なかったが、着任すると、沖縄戦で指揮官機に搭乗して出撃する。秦は「その放胆な指揮ぶりと職業軍人離れした風格とで若手将校と下士官兵の人気を集めた」と記している。

そして、現実の児玉飛行場にも八月十五日が訪れた。第九八戦隊と上級司令部の第二七飛行団は、児玉小学校の木造校舎を借り上げ本部として使っていた。小学校の校庭で玉音放送を聞いた宇木少佐は、「私のもとで団結してくれ。別命あるまで待機せよ」と訓示していた。宇木少佐は上官である飛行団長の野中大佐の存在が気がかりだった。秦によれば、野中大佐は「慎重な性格」で、「軍の正式命令が出るまでは自重せよ、と連絡して東京へ出かけて」いた。部下から特攻を提案された宇木少佐は、野中大佐に相談すれば止められると思い、独断で実行することを決め、改めて抗戦の意志を訓示で伝えた。

一夜明けた十六日、昼前に出撃命令が出され、編成が進められた。その日の夜、校庭に整列した出撃隊員に向け、宇木少佐は「飛行第九八戦隊は硫黄島より北上する敵機動部隊を求めて攻撃せんとす……余は一番機に搭乗、空中指揮す」と命令した。

出撃の情報を伝え聞いた児玉町の町民が次々激励に訪れる。町長からは出撃祝いに清酒の四斗樽《だる》が贈られ、その酒を宇木少佐が柄杓《ひしゃく》で掬《すく》い、隊員にまわした。日の丸の小旗を振り、興奮状態となった町民たちの歓声を浴びながら、隊員たちは小学校から六キロほど離れた飛行場へと向かった。

予定の突撃時刻は午前二時だったが、悪天候のため出撃できずにいた。最後の攻撃を無駄にしたくないと考えた宇木少佐は出撃を実行に移せなかったが、部下からの進言もあり、攻撃延期を決断した。秦は「結果的に、悪天候は百数十名の雷撃隊の勇士を死の淵《ふち》から救い出したことになる」と書く。児玉での抵抗はその後一週間ほど続くが、この夜が頂点だった。

埼玉県の歴史を調べる北沢文武も『児玉飛行場哀史』の中で、「『いちばん長い日』考」と題して、この出撃を考察している。北沢は一人の観客として、児玉飛行場の記述は原作中「四か所」しかないが、それにもかかわらず、「映画の与える児玉基地の印象は強烈である」と感心する。この論考での北沢の狙いは「終戦の日の未明、児玉基地から三十六機もの特攻出撃があった」かどうかを確かめることだった。

北沢が同書で引用している木俣滋郎《きまたじろう》の『陸軍航空戦史』には、八月十五日の児玉飛行場からの特攻がこう描かれている。


埼玉県の児玉町には陸軍唯一の雷撃機たる第二一飛行団（第七、第九八戦隊）の飛竜が配置されていた。彼らは台湾沖航空戦や沖縄戦のベテランであり、米軍が関東地区に上陸を企図したら、ただちに特攻隊として敵空母と刺し違える腹でいた。彼らは降伏をいさぎよしとせず離陸してしまったのだ。一説には終戦を知らなかったともいう。今回だけはめずらしく村民たちにも旗を振って特攻機を見送ることが許された。司令部が埼玉県児玉町の小学校にあったため、世にこれを児玉特攻隊と称する。一機また一機、日本陸軍航空部隊最後の出撃だ。千葉県房総沖にあった米第三八機動部隊に対して第九八戦隊の三六機が発進した。しかし途中、行方不明となるものが続出した。

ここに書かれた内容は、『日本のいちばん長い日』とも一致する。だがこの記述に疑念を持った北沢は、宇木少佐が一九七二年十二月特大号の『丸』に寄稿した文章にある、玉音放送のあと、出撃を試みて飛行場に向かったものの「その日は暗雲が飛行場ひくくたれさがって、飛行機の離陸を妨害した。そしてその夜はむなしくおわった」という箇所に着目。宇木少佐本人に連絡を取り、「あれは十六日夜のことで、雨は降っていなかったが空一面の黒雲、当時の飛行機では、編隊を組んで出撃するのはとても無理だった」という証言を引き出している。

さらに、当時飛行場の通信兵だった男性からも、十六日夜に第九八戦隊が「隊長を先頭に、鉢巻姿・飛行服の隊員がトラックに乗り、他の隊員は隊列を組み、隊歌を高唱しながら児玉飛行場へ向かう」姿を目撃したこと、「戦争に負けた〝最後の特攻隊〟が今、飛行場に向かうというので、町中が興奮のるつぼだった」という証言を聞いている。それらのことから、北沢は、十五日未明の児玉飛行場からの特攻は「実際には存在しなかった」と結論づけた。

事実を超えた真実

事実ではない場面を事実にこだわった作品の中に入れたのは、もちろん喜八が、それが事実でないと知らなかったことが大きいだろう。しかし、結果として、原作ではほんのわずかだった児玉飛行場に関する記述が、映画では欠かせざる要素となり、痛烈な印象を与えることになった。

八月九日深夜から十日にかけての御前会議で、ポツダム宣言は天皇の聖断という形で受諾された。陸軍では御前会議の模様を梅津美治郎参謀総長が次長らに、「軍に対する（天皇の）御信頼が全く失われたのだ」と説明した通り、天皇の心は明確に軍から離れていた。前出の山田朗・明治大学教授は「天皇の離反によって、熱狂の極致にあった軍内部の本土決戦準備は急激に冷却された」と分析。加えて、「八月一五日午前中までは、沿岸部の作戦部隊では本土決戦の準備は進められたのである。しかし、正午の『玉音放送』を境に虚脱感のなかで全ての作戦準備が中止・放棄された」と述べている（『幻ではなかった本土決戦』）。

本土決戦に備え、陸軍特別甲種幹部候補生として、愛知県豊橋市の陸軍予備士官学校で訓練をしていた岡本喜八郎は八月十五日、「重大発表」があると言われ、屋外に整列した。喜八がその時の心境を語っている（『女性セブン』一九九五年八月二十四日・三十一日号）。

21才だったぼくは、まさか戦争を終結する、なんて発表だとは夢ゆめ思わず「いよいよ本土決戦だ！」というようなことかなと思っていました。

八月十五日正午、その時まで喜八は死ぬ運命だった。だが、死ななかった。その時の自分の姿と、八月十五日の払暁に特攻隊として出撃した若者たちとを重ね合わせた。彼らは等しく、八月十五日という日を知らずに、死を覚悟、あるいは生を諦めざるを得なかった者であり、この日を境に生死を紙一重で左右された者たちなのだ。時間と数字によって区切られた運命に、喜八は極めて敏感に反応した。戦争の時代が青春と重なり、戦争にかり出され、戦死が現実として目前に迫っていた。すべてはその時代に生まれたという数的な偶然だった。その数字は仮借ない現実の厳しさを突きつけたが、喜八の命を救ったのもまた、八月十五日という数字だった。

エンドタイトルの最後で、鐘の音が鳴り響く。ＤＶＤ版『日本のいちばん長い日』のライナーノーツで、ライターの増當竜也《ますとうたつや》は次のようなエピソードを紹介している。音楽を担当した佐藤勝が「あのキンコンは、今振り返るとちょっと恥ずかしかったかな」とやや自嘲気味に語ったところ、喜八は即座に「あのキンコンは鳴っていいんですよ」と返答した。増當は「戦争で死んでいった人々を追悼し、生き延びた者の希望と責任を導こうという監督の信念。その象徴として、やはりあのキンコンはなくてはならないものである」と続ける。

実は、これ以前にも鐘の音を響かせた作品がある。『江分利満氏の優雅な生活』だ。その冒頭、鐘の音が鳴る。戦争が終わり、新しい時代の幕開けを知らせ、戦死者たちへの鎮魂として鳴らした鐘の音は、あれから数年がたってもまだ響いていた。その鐘の音の意味するところを、実感を伴い理解していたのは、戦中派だけだったのかも知れない。

庶民側から見た戦争

『日本のいちばん長い日』を撮った後、喜八の中には悩みが生まれた。自分たちが加わることも、見ることさえもできなかった場所で、自分たちの運命は決められていた。あの日、生き残ったことの意味を喜八は考えずにはいられなかった。

雑誌『潮』一九六九（昭和四十四）年四月号で、こうつづっている。

入隊の時十五貫（筆者註：一貫は約三・七五キログラム）あった目方が復員の時は十一貫しか無かった。目方はせっせと食えばなんとか元へ返るが、死神にオドオドしながら過したカーキ色一色の青春と、私より一寸先に入隊しただけ、たったそれだけの為にフィリッピン沖で死んで仕舞った、五十人中二十五人の同級生たちは返らない。だから〝肉弾〟を私のフトコロで暖めはじめたのは、正確には、この頃だったと言っても良さそうである。

ここに出てくる『肉弾』は一九六八年公開、喜八二三作目の作品だが、シナリオを書きはじめた時期について、撮影の三年前の一九六五年で、「二十日ばかりで、一気に書き終えた覚えがある」と書いている（『東京新聞』一九九六年十月三日付夕刊）。

前出の『日本のいちばん長い日』は一九六七年三月にクランクインし、同年八月に公開されたが、喜八のところに監督の椅子が回ってきたのは、クランクインの半年ほど前のことだった（『映画芸術』一九六七年十月号）。もともと、この作品の監督は、先述した『人間の條件』や『切腹』（一九六二年）などで知られる小林正樹がつとめる予定だった。突然の交代の事情については、映画史研究家の春日太一が記した橋本忍の評伝『鬼の筆』が詳しい。この中で橋本は春日に対し、プロデューサーの藤本真澄《さねずみ》と小林正樹が大喧嘩したことが理由だと証言している。

もっとも喜八もすでに原作を読んでおり、「自分が昭和二十年に助かったのはどうしてか、ということがよく書かれていて、俺も知るべきだし、皆も知る必要がある」と感じていた。一方で、「あれには庶民が出ないだろう、じゃ俺の体験から、庶民の側の戦争というか敗戦を描きたい」と考え、『肉弾』に着手していた（『キネマ旬報』一九八三年一月上旬号）という。喜八の残したメモには、「〝肉弾〟の標的は、小林正樹演出（企画）〝日本のいちばん長い日〟だった」と書かれていた。

喜八は、『日本のいちばん長い日』が描いていない部分を表現しようと、『肉弾』のシナリオを書いた。両作品が交叉《こうさ》していることの意味は大きい。『日本のいちばん長い日』を撮っている喜八の意識の中には『肉弾』の世界、つまり、私史と私情があったのだ。

『肉弾』の物語の舞台は一九四五年夏、本土決戦を控えたある海辺の町だ。喜八の戦争体験を如何《いかん》なく投影した主人公は「あいつ」と呼ばれる「特別甲種幹部候補生」で、寺田農が演じた。第三章で触れたが、作品が始まって間もなく、黒板に書かれた「日本人の平均寿命」が画面に映し出される。

そこから「あいつはあの時、二十一歳六カ月だった……」と仲代達矢のナレーションが入る。一九二四（大正十三）年二月生まれの喜八は、一九四五年八月には二十一歳六か月だった。「あいつ」が本土決戦用に食糧が備蓄された糧秣庫《りようまつこ》から、「乾麺麭《カンメンボー》（筆者註：陸軍で乾パンのこと）四袋」を盗んだとして、田中邦衛《くにえ》演じる区隊長に殴打され、その理由を詰問される。「あいつ」は、歪《ゆが》んで笑っているように見える顔を突き出し、「空腹を覚えたからであります」と答える。そして、「候補生の三分の二は既に栄養失調。その三分の一は入室、三分の一は練兵休」と、飢えによって身体が弱り切っていることを訴える（セリフは一九六八年十月刊行『アートシアター』六二号などを参照）。

第三章で詳述した通り、陸軍工兵学校時代の食糧不足は深刻だった。作中では区隊長が、栄養失調は「候補生の咀嚼《そしやく》技術拙劣のせいである」などと得意げに語ったにもかかわらず、納得しかねるといった様子で反論をくり返す「あいつ」の態度に激怒し、「他の候補生はこの試練に耐えておる。耐えられなかった貴様は豚だ」と叫ぶ。「あいつ」が、「ブタ?」と聞き返すと、区隊長は「豚は品性下劣の象徴だ」となじり、「そうだ、豚はハダカだったな、貴様ハダカになれ」と命じる。

この場面も喜八の体験談をもとにしている。戦争が終わり、復員を待っていた時に起こった出来事を、喜八が雑誌のインタビューで話している(『女性セブン』一九九五年八月二十四日・三十一日号)。

ちょうどそのときに、倉庫当番だった男が靴下を盗んだという事件があってね。それで「おまえは人間じゃない!豚だ」と上官が怒って、その男を全裸にさせて10日間、服を着させなかった。

また、別の雑誌のインタビューでは「裸にされたやつ(寺田農扮する主人公)は自分じゃなくて、工兵学校で隣のベッドに寝てたやつ」と話している(『コミックボックス・ジュニア』一九九九年十二月号増刊)。この隣のベッドで寝ていた同期生が、終戦直後に、靴下を盗んだ罰として裸にされたということだろうか。妻のみね子さんはこんな見方をする。

「もしかしたら、裸になったのは本人じゃないかな」

そして、静かな調子でこう語る。

「喜八さんみたいな不器用なタイプは軍隊の中では生きづらい。上官にニコッとしないタイプだから。要領の悪い、正直な人だから。穴掘って、訓練する。理屈に合わない訓練をする。理不尽な軍隊の組織の中で傷ついたことがいっぱいあったんだと思う。そういう中で、見て来たこと、そういうのが彼の土台になっている」

作品中、「あいつ」ら候補生たちが「ピースの箱ほどの黄色薬」の導火線に火をつけ、決められた位置にまで走って行き、伏せて爆発を待つ訓練の場面があるが、この描写も、実際に喜八たちが経験したものだった。第三章で言及した、喜八に手紙を送った陸軍工兵学校の同期生がつづった手記にも、こう記されていた。


黄色火薬は十糎《センチメートル》四角で厚さが三糎程の色も高野豆腐に似た物だ、真ん中に穴をくり短い鉛筆程の雷管を挿入し導火線をつなぎ、その先端でマッチを擦《こす》れば、導火線は中身が黒色火薬が仕組まれ秒速1糎で燃え、爆薬に点火する仕組みになっている、従って十秒後に爆発させようとするなら導火線の長さを十糎でセットすれば良いことになる。

シナリオには「導火線十センチは十秒で燃える」と書かれており、手記の内容と完全に一致している。砂浜に穴を掘り、爆弾を抱え、戦車に体当たり攻撃を仕掛けるため穴の中に潜むことを命じられた「あいつ」もまた、本土決戦を控えた喜八の姿だった。いざ決戦となれば、最前線で戦う運命だったのだ。

何のために死ぬのか

『肉弾』の物語を貫くのは、死から逃れようとするのではなく、そのこと自体は運命と受け入れつつも、自分が何のために死ぬかを模索する若者の姿である。それはまさに、喜八の葛藤そのものだった。

何のために死ぬのかということは、何のためなら死ねるのか、という問いへとつながり、若者たちはその答えを探し求めた。そうでないと、死ねなかった。それを探す中で、「あいつ」は大谷直子演じる少女と出会った。最初は、亡き両親の代わりに経営者となった女郎屋の道路に面した一室で、少女が因数分解の問題を解いているところを「あいつ」がのぞきこんで、答えを教える場面。二度目は、雨の中、「カッコ、aの二乗プラスbの二乗プラスcの二乗……」とつぶやきながら駆けて行く「あいつ」と、「マイナスbc、マイナスca、マイナスab……」とつぶやきながら走って来る少女とがぶつかって、「出来たッ!」と叫んだ途端、佐藤勝の音楽が流れる場面だ。どんな時代の、どんな場所にも青春があったことを、哀しくも高らかに謳《うた》う。

急激に距離が縮まった二人。裸になった少女が、「あいつ」に聞く。「……きれい?」と。「あいつ」は「うン、とっても……」と応じる。両親を空襲で喪った彼女もまた、明日をも知れぬ運命を生きていた。「あいつ」が、少女に抱きつきながら叫ぶ。

「おれは死ねる。これで死ねる。君のために死ねる。……おれは、君を守るために死ねるぞォ!」

雷鳴、風、土砂降りの雨の音が余韻を断ち切る。運命的な出会いをした少女のために、「生きる」ではなく、「死ねる」という心境になる哀しさが、胸を打つ。その後の、何か恬淡《てんたん》とした「あいつ」の姿が印象的だ。その時代に生きた若者の心の中にしか存在しなかった心境が、見るものに伝わる。「あいつ」にとっての少女は、喜八にとって、第二章で言及した、あのお七だった。

出征間際の喜八に千人針と手紙を届けたお七と、復員後に実家で再会したことを、喜八はエッセイ集『鈍行列車キハ60』で記している。「ぼうぼうと荒れた庭に目をやりながら、ボソボソと、八ケ月の候補生生活のあれやこれや」を話したという。後年、風の便りに、彼女が結婚したことを知る。喜八は、「生と死の狭間にいた八ケ月、私のつっかい棒になり続けてくれた祖国が、手をのばせば届くところに居る」ことに感謝した。再会の時、ほとんど伝えられなかった「お七への思いの丈から出発したイメージ」が、『肉弾』の少女を創りだした。

この何のために死ぬか、というテーマは、その後の喜八作品の中でも登場する。全面に押し出したわけではないが、あえて潜ませた。そう言えるのは、原作にもない場合があるからだ。たとえば、『肉弾』の十一年後の一九七九（昭和五十四）年に公開された『英霊たちの応援歌　最後の早慶戦』。

一九四三（昭和十八）年十月、終戦前最後の東京六大学野球の早慶戦が行われる。野球にかけた思いを胸に、学徒たちは特攻隊員となり出撃していく。喜八作品の中では、取り上げられる機会が少ないが、その理由として、タイトルに「最後の早慶戦」とあるにもかかわらず、試合経過が出てこないことが考えられる。しかし、喜八自身、『マスコミ評論』一九八〇年新年号で、「何回に誰が打って何点入ったなんてことやったって意味がないですよ。そんなんだったら、のっけから僕はやってませんね」と語っているように、その点については自覚的だった。さらに、『時代』一九八〇年二月二十日号では、「ぼくが映画のなかで描きたかったのは、早慶戦の試合でなく野球好きの若者が、昭和18年から20年にかけて、いかに真剣に生きたかという青春群像だったのだ」とはっきり述べている。「最後の早慶戦」を描くよりも、その当時の自分を含めた若者の心境を表現しようとしていたのだ。

劇中、出撃前の特攻隊員たちが、黒板に銀座の商店街の店の名前を書いていくシーンがある。最後の一店が思い出せないまま、出撃の時を迎える。飛行場に向かうまさにその時、はっと思い出した隊員が、黒板のところに走って戻り、書きこむ。その明るさが、飛行服を着る前の学生時代の彼らの姿を一瞬、浮かび上がらせる。だからこそ、とても哀しい。

これまで見てきた日記の記述からもわかるように、喜八も銀座にはたびたび出かけていた。劇中の若者たちは野球をやりたいが、もはや時勢がそれを許さなかった。彼らは野球を諦め、戦場へと向かった。それは、まさに助監督から監督へ向かう、その夢の途中で陸軍工兵学校へと入校し、本土決戦に臨んだ喜八の姿ではなかったか。

そして、「何のために死ぬのか」である。特攻隊員である秋山信吾（永島敏行）と同じ隊員の三上哲男（中村秀和）との間にこんなやり取りがある。

秋山「……哲男、ハラは、決まったか?」
三上「ハラ?……死ぬ覚悟って奴か?……まあな……」
秋山「明朝出撃って、言われてもか?」
三上「うん……ただ……」
秋山「ただ……?」

三上「一寸なんかが足りねえなって感じがして、一寸困ってる……」
秋山「判った！　祖国の為にって奴だろ？　トヨアシハラノチイホアキノミズホノクニじゃ、もう、一寸どころか大分摑めねえんだ……」
三上「そうなんだ、ここまで来たら、なんかこう、目に見える、手でさわれるものが欲しいんだよな……」

そして、三上は「手でさわれるもの」を母親に求め、秋山はかつて実家で女中として働いていた照代（大谷直子）に求める。出撃の前、秋山は照代に「俺は、明日突っ込む……独りじゃ死にきれん！」とむき出しの感情をぶつけ、求婚する。照代は秋山に武者ぶりつき、うめくように泣く。

今一度強調すると、これは、神山圭介《かみやまけいすけ》の原作にはない場面だ。喜八自身が語るように、喜八の同学年であっても、一九二三（大正十二）年生まれは特攻隊員となり、その多くが亡くなった（『英霊たちの応援歌』にも、特攻隊員の位牌が並べられた場面がある）。何のために死ぬのかというテーマを撮ることは、彼らの代弁でもあり、喜八からの問いかけでもあり、自問でもあったのだ。

原風景

『肉弾』に戻ると、作中、「あいつ」が歩きながら「むかし、むかし、いずもの国に、オオクニヌシノミコトという、たいそうなさけぶかくて、かしこい神さまがおりました……」と「因幡《いなば》の白兎《しろうさぎ》」の物語の内容を語り出し、「うさぎは、なきながら、こんなはなしをしました」と言い終わると、砂浜で寝てしまう場面がある。やがて、何やら砂の上を行く物音に目を覚ました「あいつ」が、「うさぎだ、いなばの白兎三匹……」とつぶやくやいなや、にじり寄った青年団の団員たちが喚声をあげて、三人の看護婦を追いかけ回す。看護婦たちの悲鳴にも笑い声が混じる。だが、その祝祭的な光景は、急な米軍の爆撃によって断ち切られる。

砂浜で出会った少年から、「あいつ」がこの人のために死のうと思えた少女が、空襲で焼け死んだことを知らされる。少年もこの空襲で兄を喪った。

少年が「日本ハ春夏秋冬ノナガメノ美シイ国デス……」と教科書の文言を朗唱すると、「あいつ」は「折角のヨイ国も、ダメだな……戦争でめちゃめちゃになっちまったな……」とつぶやくように語り、こう慨嘆する。

「おれ達、一番悪いときに、生まれちまったたな……」

青年団員が看護婦を追いかけ回す幻想的な場面について、喜八は森卓也のインタビューに対し「僕の幼児体験なんですよね。鳥取県の日本海側の砂浜のイメージ。それと出雲の方の神話の世界の雰囲気」と語っている（『フォービートのアルチザン』）。そこに、戦争の時代に理想とされ、教科書などで示された国の姿を提示していった。

二〇二三（令和五）年三月末に喜八の従弟、小原淳男さんを島根県安来市に訪ねた時のことだ。好意で食事をご馳走になることになった。妻の美恵子さんの運転で近くの飲食店を目指し、だだっ広い能義《のうぎ》平野を走行中、美恵子さんが「出雲大社と大山に守られているんですよ」と穏やかな調子で言うのを聞いて、この土地に住む人にとって神話は身近なものなのかも知れないと思った。

出雲大社の祭神は大国主命《おおくにぬしのみこと》だ。その大国主命が登場するのが、あの「因幡の白兎」だ。だましたワニに皮をはがれたウサギが、大国主命の助言で、身体にガマの花を付けると白毛に生え替わり恩返しをするという物語。『肉弾』の場面にあてはめると、青年団の団員が「ワニ」ということになる。

大国主命は、国造りの神としても知られる。情け深い神が造ったこの国で、なぜ人々は死に怯《おび》え、苦しめられなくてはならないのか。第一章でも述べたが、喜八の母は、この安来市の出身だ。幼い頃から行き来したことで、喜八の中には、神話が根付いていたのではないか。一九九八（平成十）年六月六日付『埼玉新聞』朝刊への寄稿で、喜八は「特攻隊の生き残りが、このためなら死ねると思える具体的な祖国の姿を捜し歩く話です」と書いている。あるべき祖国の姿を探し求めて、喜八の思いは、遠くて近い神話の世界へと飛躍した。

この場面を「見る人によっては喜八的なメルヘンだと思うかも知れないけど、現実にあったんですよ」と言う人もいる。前出の映画評論家の白井佳夫さんだ。白井さんの話は、実家のある小田急線の読売ランド前駅周辺の「顔役」だった父についてから始まる。

「戦争中、僕の親父っていうのはね、あのあたりの村を束ねる男だったわけですよ。出征兵士があると青年団の楽隊が、音楽を奏でて神社から駅まで兵隊さんを送ったんだけど、若い男がどんどん出征していって、それができなくなった。代わりに僕も、小学生で太鼓を叩いた。小田急の駅も男性はみんな出征しちゃったから、駅員が女三人になっちゃったんですよ。青年団がある夜、彼女たちを拉致して、お宮に連れて行くって事件が起きたんです。警察に捕まっちゃって、親父が取り下げに行ったらば、彼らは女性を全裸にして墨で身体中に字を書いて解放したと、そういうふうなことを言ってると……」

ここで一拍置き、白井さんは私の目をじっと見た。そして、「これ『肉弾』じゃないですか」と語り出す。「本当はセックスしてるかも知れないけど、全裸にしてそれを十分見て、いたずら書きしただけだから、罪にならないで済んだ」。私が「当時の若い人もいつ死ぬかわからないから、生きているうちにっていう思いがあったんですかね」と尋ねると、はっきりとした口調でこう言った。

「そうだね。当時は自分たちも間もなく出征しなきゃならないので、許されるだろうっていう。そうだ、特攻隊の隊員になった八百屋の息子が、帰ってきたんですよ。間もなく死ぬ男ですがね。近所の人が集まって宴会になって、『明日軍隊に帰る前に何をやりたい』って聞いたら、『三軒隣のうちのお嬢さんと最後に一緒に酒飲みたい』って言うんです。使者が呼びに行ったら、その女性はちゃんと来ましたよ。お酌して、『頑張ってくださいね』って。それだけです。ええ、ちょっと喜八の映画みたいな話じゃない。そういうシチュエーションがあったんですよ、実際ね。世の中全体が、ふざけていると批判された喜八映画に近い状態になっていたわけですな」

訪れた戦後

刻々と死に近づく当時の心境を、喜八は作品のそこかしこに投影させていった。砂浜で爆弾を抱え戦車への体当たり攻撃に備えていた「あいつ」は、魚雷をくくりつけたドラム缶に乗って沿岸に浮かび、敵艦の出現を待った。やがて、敵艦（と思った「オワイ船」）を見つけた「あいつ」は急いで、ドラム缶と魚雷をつないでいるロープを外し、魚雷を標的に向けて発射した。しかし、魚雷は力なくその場で海中に沈んでいった。敵艦に接近しているので、うまく当たれば自分も無傷ではいられないだろうが、もとより生還を期せずの体当たり専用特攻兵器とは違うのである。

ここに、物語とは言え、自身を主人公に投影したばかりに、戦中派としての喜八の偽れない心情を見ることができる。同世代の若者が実際に体当たり兵器に乗り、死んでいった。その事実は、同じ決戦作戦の平地に立っていただけに、余計に偽れないものだった。どう考えても、魚雷をドラム缶に結びつけるという発想は荒唐無稽だ。いや、むしろ、この場面にリアリティーがあってはいけなかった。ただただ、心象風景を描くことが大切だった。実際に自分が体験したことの上に、その死に対峙した心境を表現してみせた。

戦後の描き方にも、喜八の心象がよく反映されている。魚雷による攻撃に失敗して消沈している「あいつ」は偶然通りかかった「オワイ船」の船主から声をかけられ、戦争が終わったことを知らされる。抽象的に言えば、「オワイ船」という「戦後」が訪れたのだ。事実ではないことなのだから、漁船でもよかったのに、あえて喜八は「汚穢船《おわいせん》」を選んだ。しかも、「あいつ」は、伊藤雄之助演じる船主から誘われても、船には登らず、ドラム缶に乗ったまま日本本土へ引っ張って行ってもらうことにする。戦争に負けた悔しさもあったが、ようやく戦争が終わったという安心感もあっただろう。何より死を覚悟せざるを得なかった自分の心情に折り合いを付けることができなかったのではないか。

自伝的作品ともいえる『肉弾』では寺田農が「あいつ」を演じた。©1968 東宝

船主は、「あいつ」が特攻隊員だと分かった時は、「特攻？　そりゃどうも、御苦労さんでした」と慇懃《いんぎん》に対応するが、「あいつ」の乗ったドラム缶を曳航《えいこう》するロープがちぎれても気がつかない。しかし、そこに悪意は感じられない。船主はただ、目の前の蠅《はえ》を追い払うことに囚《とら》われている。濃淡はあれども、戦争のただ中で戦いの当事者として、生死のあわいにいた者たちのことは、急速に忘れ去られていく。やがて、「あいつ」は骸骨となる。一九六八（昭和四十三）年にこの作品を撮った時、喜八はそれを痛切に感じていたのだろう。『江分利満氏の優雅な生活』の時と同じく、いや、さらに戦中派の心情は世の中に通じなくなっていたのかも知れない。

終戦から二十年以上がたち、「あいつ」が死ぬことを覚悟し、空襲で兄を喪った少年が理不尽さに悲嘆した砂浜の様相はすっかり変わっていた。作中では「昭和四十三年　盛夏」のテロップとともに、水着姿の男女が海や砂浜で遊ぶ姿が映し出される。喜八はこう解説する（『毎日新聞』一九六九年二月十五日付夕刊）。

戦争映画は見る人によって、実にさまざまな受けとめ方をされます。この映画も、僕の知るかぎりでは大学生に不評で、むしろ高校生に好評だった。大学生は主人公が戦争そのものに、抵抗もせず死んでゆくことが不満らしい。当然です。高校生は〝戦争中に生きていなくてよかった〟と思うんですね。これも当然。いずれにしろ、僕は二十歳そこそこで終わってしまうような青春は、断じてホンモノじゃない、いまの青春のほうがホンモノだ――と訴えたかった。ラストに主人公のシャレコウベと、現代の若者たちの姿を対照的に見せたのも、そのためであり〝いまどきの若い者〟に対して〝しっかりしろ〟なんて訓示をしたかったからではない。もし説教とうけとられたとしたら、僕の表現力が至らなかったのです。

これは率直な心境だろうと思う。喜八の中には、断ちきられた自身の青春への名残惜しさがあり、奪われた日々への憾《うら》みがあった。そして、誰に憚ることなく満喫できる青春への強い憧憬があった。だから、骸骨になった「あいつ」は「ばかやろおー」と叫ぶのだ。交々《こもごも》感情はあっても、いざ言葉にすると、もう、そう叫ぶしかないのだ。

『肉弾』公開から十四年、戦後四十年近くたった一九八二（昭和五十七）年に雑誌に掲載されたインタビューで、喜八は「『肉弾』に英語のタイトルをつけると〝A　HUMAN　BULLET〟なんで〝A〟なわけ、こういう青春がいっぱいあったんだよね」と感慨深げに語っている（『名古屋プレイガイドジャーナル』一月号）。そこからさらに二年後の一九八四年三月二十四日付の『朝日新聞』夕刊では、「英訳はA Human Bullet。“The”でなく“A”にしたのは、肉弾となるのが、僕であり、君であり、だれでもあるからです」と説明している。

　自分だけではない。そういう若者たちがかつて大勢いたことを、喜八は伝えたかったのだ。分かってもらえないかも知れないが、そういう時代があったのだと、言いたかったのだ。

　先ほどの白井佳夫さんの話には後日談がある。終戦直後のことだ。

「若い男が戦争に行って、なかなか帰ってこないでしょ。戦後もずっと女性駅員が三人いたわけですよ。アメリカ占領軍が厚木にいたでしょ。これが小田急線に乗って新宿に遊びに行くわけですね。『チョコレート誰かいらない？』とか『コーラ飲む？』とか言うわけです。『ラッキーストライクどう？』とか言って。肉の缶詰やチーズを持って、途中の駅で降りて女性駅員をたぶらかす。当時肉の缶詰とかね、貴重ですよね。ある日の夕方、僕の家の石垣のところに友人と腰かけて、何となく駅のほうを見てたんですよ。三人の女の駅員と三人のアメリカの兵士がキスしてる。日本人がキスしているところを初めて見たんだよね。アメリカ映画を観ているようで、快感はありましたね。ようやく女性も自由になって、こんなことできるようになるのかなって。何となく二人ともはしゃいだ」

白井さんは戦後の変化を違和感なく受け入れているように見える。一九三二（昭和七）年生まれで、終戦時十三歳だった白井さんと戦中派の喜八との感覚の差であろうか。喜八はそんなふうに割り切ることができず、雑誌『近代中小企業』一九八〇年五月号に、こう書いた。

戦争が終わっても、僕の脳裡《のうり》からは、あの恐怖と飢餓の陸軍時代の体験が消え去ることはなかった。

特に、僕の戦争アレルギーは、映画「肉弾」を撮り終えるまでは、私生活はもちろん、仕事のなかにも色濃く、深く浸透していた。

それを敏感に感じ取っていたのが、主演の寺田農さんだった。相米《そうまい》慎二や実相寺《じっそうじ》昭雄作品への出演でも知られる名優だ。二〇二一（令和三）年十一月下旬、池袋駅から少し離れたところにある喫茶店で初めて会った。白いズボンに赤いスニーカーのいでたちで現れた寺田さんは、一九四二年生まれで、この時七十九歳。今どき珍しい喫煙可能な喫茶店で、横に座った私のほうに時折、視線をやりながら話をしてくれた。『肉弾』公開時、寺田さんはまだ二十六歳だったが、「生き残ったからこそ、映画という作品にかける情熱は違ったよね」と語るように、喜八の熱意と、戦争への思いは伝わっていた。「戦争の話をしたか」と私が聞くと、「一回もしなかった。ただ、立ち振舞いを見ていると、あの人に友達を一瞬にして失ったことへの思いがすごくあることは感じました」と即答した。その言葉の真意を尋ねると、煙草を一息はき出して、横顔にかすかに笑みを浮かべた。

「オレと監督が並んで、ツーショットで笑っている写真があるけど、監督の笑いの中には、すごいシニカルな、明日死ぬかも知れないという思いを感じる。常に戦争を続けている。オレなんかノー天気で。決して戦争が身近にある時代ではなかったけど、撮影の現場での佇《たたず》まいとか、一緒に飯をとって起居をともにする中で、監督の体験は伝わってきた。笑い顔が違う。今日を無駄にしないというのを、オレは身に染みて分かった。つまり監督に明日はないんだっていう。明日は無限に続くもんだと、それが青春じゃない? でも、監督にとっては明日は来るかどうか分からない。だから、ああいう顔になるんじゃないかな」

戦争へのアレルギーは、『肉弾』を撮り終えたからと言って、喜八の中から消え去ることはなかった。むしろ、戦争体験、そこから生まれた戦中派としての心情は、はっきりとその姿を現していた。

時代劇にも戦中派の心情をこめる

『日本のいちばん長い日』以降に撮影された二本の時代劇、『赤毛』（一九六九年）と『吶喊《とつかん》』（一九七五年）は、なぜ日本が戦争に突入していったかを問うた、いわば『日本のいちばん長い日』の前史とも言うべき内容だ。

喜八自身はこのことについて雄弁に語っている。たとえば、『キネマ旬報』一九六九（昭和四十四）年十月下旬号に寄稿した文章で、「太平洋戦争は、なぜはじまり、なぜあのような状態の終戦を迎えたのか。それは、ほじくりかえしていくと、結局、明治維新にまでさかのぼってくるのではないか、という気がするのです」と述べている。この文章では、錦の御旗《みはた》が、連隊旗に象徴される「強力な権威」の構造につながっているとも指摘している。

同号の喜八の「今日創る時代劇は、ただいまの時代の合せカガミでなければならぬ。——それが、私の根本的な時代劇観です」という言葉を、社会文化学・メディア史が専門で、流通科学大学講師の佐藤彰宣《あきのぶ》氏は、「岡本にとってはこうした『時代劇観』には切実な問題意識が潜んでいた」と考察する（「余計者にとっての『明治』と『民衆』」、『近頃なぜか岡本喜八』収録）。問題意識はやはり、あの戦争の根源を探るということだった。

時代劇だからこそ、喜八の戦中派としての心情は純化した形で表れやすかったとも言える。たとえば『赤毛』では、新政府軍が迫る中で、幕府側の武士が「力を貸してくれ」と言うと、高橋悦史演じる元旗本の半蔵は、「時の流れというやつを知っていますか。その流れに葵《あおい》は……いや、もう流されてしまったとは思いませんかね」と返す。すると、別の幕府側の武士が「分かっておる。そういう世の移ろいとは知りながら、一矢報いて死にたいのだ。葵は枯れゆく時でも美しくありたいものとな」と答える。再びそれに対して半蔵は「死ぬのに美しいも醜いもありますか。ただ無。すべてが無くなる。それだけですよ。だから私は生きてる間、何かに燃えていたい。それだけだ」とつぶやく（セリフは『キネマ旬報』一九六九年五月上旬号などを参照）。『吶喊』では、仲代達矢演じる土方歳三《ひじかたとしぞう》に「理屈に合わねえものへ歯向いてえだけよ」と言わせている（セリフは『アートシアター』一一四号より）。

何のために戦うのかを考え続けた喜八は、時代劇でもその問いを立て、さまざまなかたちでその答えを出そうと模索していた。

『日本のいちばん長い日』と『肉弾』の間に公開された『斬る』（一九六八年）には、岸田森《しん》演じる浪人たちを率いる隊長が、戦いの終わりが目前に迫っていたのに、仲間が理不尽に殺害されたことに怒り、果然、敵へと立ち向かう場面がある。生き残れば、妻との生活も待っていたであろう。何のために死ぬのか。一緒に戦ってきた仲間のためであり、理屈に合わないことに立ち向かいたかったのだ。その姿は、まさに戦中派の心情そのものであった。

沖縄決戦

『激動の昭和史　沖縄決戦』（一九七一年）は戦争末期、一九四五（昭和二十）年四月から六月にかけての米軍と日本軍との熾烈《しれつ》な攻防を中心とした物語であり、その背景にあった、持久戦を主張する現地軍の高級参謀、八原博通《やはらひろみち》大佐（仲代達矢）と、積極的な攻撃を望む軍中央との作戦をめぐる確執も描いている。第三二軍の司令官、牛島満《みつる》中将を小林桂樹、参謀長の長《ちょう》勇《いさむ》中将は丹波哲郎が演じた。

映画の中で、生涯戦中派であることにこだわった作家、吉田満《みつる》（一九二三／大正十二年生）の小説『戦艦大和《やまと》ノ最期』の一節を読み上げる場面がある。戦艦「大和」は一九四五年四月七日、特攻で沖縄へ向かう途中、米軍機の攻撃を受け、九州南西沖で沈没した。乗組員三三三二人のうち、生存者はわずか二七六人とされる。朗読しているのは、吉田役の寺田農さんだ。その箇所を原作から引用してみる。

兵学校出身ノ中尉、少尉、口ヲ揃エテ言ウ「国ノタメ、君ノタメニ死ヌ　ソレデイイジャナイカ　ソレ以上ニ何ガ必要ナノダ　モッテ瞑スベキジャナイカ」

学徒出身士官、色ヲナシテ反問ス「君国ノタメニ散ル　ソレハ分ル　ダガ一体ソレハ、ドウイウコトトツナガッテイルノダ　俺ノ死、俺ノ生命、マタ日本全体ノ敗北、ソレヲ更ニ一般的ナ、普遍的ナ、何カ価値トイウヨウナモノニ結ビ附ケタイノダ　コレラ一切ノコトハ、一体何ノタメニアルノダ」

何のために死ぬのか。くり返されてきたテーマがここにもある。

だが、喜八がこだわったテーマが着目されることはなく、沖縄県民の被害が描けていないことが批判にさらされた。特に竹中労が『キネマ旬報』一九七一年十月下旬号に掲載した批評は苛烈だった（引用は竹中労『琉球《りゅうきゅう》共和国』より）。この作品には「私の心の虚を衝《つ》き剔《えぐ》る場面は一つもない」、なぜなら「沖縄の庶民（うちなーんちゅ）が不在だからである」とし、「この映画にえがかれた〝沖縄〟は、沖縄ではない」と述べる。沖縄県民として出演した役者たちが標準語をしゃべっていることも竹中は許せなかった。「私は滑稽感よりもむしろ深刻な怒りを抱く」と憤然として書く。そして、「岡本喜八は、日本軍人を美化する（この映画には民間人を凌《りょう》辱《じょく》する日本兵は一人も出てこない!?）数倍の努力をはらって、南部の戦闘に自死した沖縄民衆の抵抗を描くべきだった。そうすれば白骨となった彼らの怨念は、二十六年の歳月を跳躍して私たち日本人（やまとんちゅ）に、〝戦争〟とは何か？〝平和〟とは何か？という問いを鋭く突きつけたであろう」と論じた。

「そりゃあ、そういう批判をされると思っていましたよ」と話すのは、同作のプロデューサーだった針生宏《はりゅうひろし》さん（一九三五／昭和十年生）だ。その反応が容易に予想されたため、針生さんは喜八に、「軍も兵士も本土を守るためという名目で、県民たちを悲惨な結末に追い込んで行った。そういう場面をもっと書き込んでほしい」と要望した。だが、「監督は、うん、うんと聞いていたけど、結局加えてくれなかったね」と針生さんは淡々とした口調で振り返る。針生さんは、喜八が戦争を否定しつつも、戦争で戦った、いや戦わざるを得なかった〝戦友〟たちのことを悪く言うことはできなかったのでは、と考えている。

一方で、針生さんは「いかにも喜八好みであった比嘉《ひが》さんの目線で本当は撮りたかったのかもしれないが、それでは『沖縄決戦』にはならないので、結果的に温厚篤実な牛島目線に落ち着いたのでは」と推し量る。比嘉とは、第三二軍司令官、牛島中将の理髪師だった比嘉仁才《じんさい》という人物のことだ。この役は、喜八映画の常連であり、常に重要な役を与えられた田中邦衛が演じており、美術を担当した村木与四郎は、作中において「沖縄の庶民の代表的人物」という位置づけであったと回想している（『映画テレビ技術』一九七一年八月号）。

喜八は、シナリオ・ハンティングの際、比嘉と会っている。そのことを報じた一九七一年二月十五日付『読売新聞』夕刊の記事が比嘉について紹介している。一九四四年八月に、沖縄から本土へ疎開する児童たちが乗った対馬丸《つしままる》が米軍の潜水艦に撃沈されたが、比嘉の長男もこの船に同乗していた。記事には比嘉の「国内戦だけはやめた方がいい」という言葉を、喜八が「忘れられない」と語ったことが記されていた。

沖縄での現地ロケを取材した日刊スポーツ文化部の多賀三郎記者は、比嘉のことを牛島中将の「自決3時間前まで一緒にいたという生き残り」として紹介し、比嘉の「閣下は人間的な、思いやりのある方でした」という証言も記している。さらに、「沖縄は変わりましたよ、あまりに観光化されすぎちまって、心がどこかへ消えちまって…」と嘆く言葉も、聞き逃さずに記録している（『映画撮影』四十三号、一九七一年七月）。これだけ見ても、庶民としての比嘉という人物の姿が浮かび上がる。

作家の吉村昭も昭和四十年代の初め頃、どこか物語性を感じさせる比嘉に会い、『剃刀』という短篇《たんぺん》をものしている。吉村は同作を収録した『総員起シ』の文庫版のあとがきで、比嘉について「老いた理髪師の眼に映じた戦闘とその終結に、私は沖縄戦の一面を見た」と短く触れている。

『沖縄決戦』のプロデューサーだった針生さんは私との手紙のやり取りの中で、喜八の「庶民意識」そして、「反戦意識」について自身の考えを伝えてくれた。「『沖縄決戦』では一般論ではなく、沖縄の戦争、沖縄の庶民。それを本土の日本人がどう見てたのか、今どう見るのかという問題」があった。「歴史的には明らかに差別政策が取られ、大本営も本土防衛のための捨て石と位置づけていたにもかかわらず、岡本さん自身には沖縄に対する偏見も差別意識も全くないから（それはホントだと思うが）、軍も兵も自分と同じとして描く。それが本音ではないかと見えてしまう」。だからこそ、準備稿にあった牛島の「本土を守るために最善を尽くしたい」というセリフが、喜八の決定稿では「日本を守るために最善を尽くしたい」になっているというのだ。針生さんは冷静に喜八の真意を見ようとしていた。針生さんの文章は、こう続けられていた。

沖縄戦の一番の苛烈さは、司令部の崩壊後にも、赤んぼの泣き声が米軍に聞こえるから殺せと兵隊に迫られた母親や、民間人は出て行けと洞窟を追い出された女子挺身隊が降伏も拒んで逃げる途中で米軍に撃たれて死んだ、自決したとかいう庶民の末路。もしこれが本土でも、兵士たちは同じことを言えただろうか？　そういう問いかけを頑《かたく》なに拒んだのは、岡本さんの戦争体験、出陣学徒兵の感性だったのかも知れません。

なぜ、喜八は兵士の残虐な行為を描くことを拒むのか。陸軍工兵学校の生徒であっても、実質的に本土決戦の要員に組み込まれた喜八の立場は複雑だった。戦争の苛酷さを知っているとも言えるが、戦場の残酷さを知らないとも言える。それゆえに、最前線に送られた兵士の、戦場での行為を咎《とが》めることはできなかったのではないか。教条的で観念的な「戦争反対」という立場にはなれなかったのだろう。

映画監督の庵野《あんの》秀明（一九六〇／昭和三十五年生）は、かつて喜八と対談した際、本人を前に、『「一番好きな監督はどなたか』と言われたら、考える間もなく『岡本喜八』と言ってしまうんですけど」と告白し、喜八を「どうも恐縮で」とはにかませている。『月刊アニメージュ』一九九七年一月号に収録されたこの対談で、庵野は「『肉弾』は2度しか見てないんですよ」と伝え、喜八は「2度見れば、十分」と笑いながら応じている。続けて、庵野は「『日本のいちばん長い日』とか『沖縄決戦』は何度も何度も何度も見てるんですよ」とたたみかけ、「『沖縄決戦』は、僕が生涯で一番何度も見た映画なんです。のべ100回以上見てますね」と打ち明けている。そして、「テンポは岡本さんの影響を直撃してますね」と熱っぽく語る。

二〇一六年公開の映画『シン・ゴジラ』は庵野が脚本と総監督を務めているが、作品中、対談でも語った喜八の代表作の一つ『日本のいちばん長い日』を連想させるシーンをいくつも挿入した。そもそも、物語の鍵を握る人物として登場した生物学者「牧悟郎」の写真は、誰あろう喜八その人だった。しかも、作品中、牧が残したものとして登場する「私は好きにした、君らも好きにしろ」という言葉は、どことなく、喜八らしさを感じさせる。

『沖縄決戦』のブルーレイ版付属のライナーノーツに、庵野の文章が載っている（ここでも「100回以上も繰り返し観た」と書いている）。おそらく誰よりもこの作品を観た庵野だからこそ、「上映時間150分の中に、数多くのエピソードが点景のように描写されている。それは、地面にはいつくばったカメラによる『ミクロなディティール』、つまりその場にいた人物の積み重ねにより『マクロな世界』を構築している」という分析が可能になる。そして、ここにこそ、喜八のこだわりがあったと庵野は考えている。その上で、庵野は喜八が描こうとした戦争の真実性について言及する。

アラを探せば、沖縄方言ではなく標準語をしゃべる現地人、どうみても伊豆にしか見えない海岸、予算が不充分だとはいえ日米併せて30人程度しか画面に写らない白兵戦、日本兵による沖縄県民への暴挙の欠如等、「ありったけの地獄をよせあつめた」と聞く「沖縄戦」を描くには、「嘘」と感じる所も確かにある。だがしかし、その場にいる人間をヒューマニズムをかざす事せず、感情に溺れる事もなく、ディテールとして捉えた本作品の視点は、知りもしない「戦争」という言葉でしか知らない漠然としたものを、我々により具体的に真実味を持って伝えているのではないだろうか。

だからこそ、「戦争を知らない世代の私は、渡嘉敷《とかしき》の集団自決のシーンで十二分に『戦争はいやだな』と感じた。これで本作品の意図は果たしているのではないかと思う」という指摘へとつながっていくのだ。

竹中労は、沖縄戦の実態が描けていないことを批判したが、そもそも、沖縄戦における悲惨さを描き切ることなど到底できない。むしろ、その現実に起きた悲惨さ故に、喜八は安易に、描くことができなかったのではないかとさえ思える。喜八ができたのは、限られた予算や時間の中でも、沖縄戦の現場で起こった出来事を一人ひとりの人生を通して描き、それを職人的に積み上げること。そして何より大切にしたのは、やはり自身の実感で、戦争を描くことだったのではないか。

喜八の戦争への思いをたどれば、戦争当時の喜八とさほど歳の変わらない学徒隊が死を覚悟する場面などは、単なる史実の再現ではなく、夢の途中で死と対峙せざるを得なかった、かつての自分の姿の投影だったとも言うことができる。

『沖縄決戦』の公開直後、喜八が雑誌のインタビューでこう語っている（『週刊朝日』一九七一年八月六日号）。

映画は、技術的なものは二の次で、何を言いたいか、その熱気が人の心を打つこと、これが大切だと思うんです。その意味で、ぼくは戦中世代の目から訴えていくものしか撮れないとはいえますね。

戦中派の心情があふれる

四十代の戦中派、三十代の戦後派、そして二十代の戦無派、年齢だけではなく、思想も職業もまるで違う三人が巻き起こす騒動を描いた『にっぽん三銃士　おさらば東京の巻』(一九七二年)と、その続編『にっぽん三銃士　博多帯しめ一本どっこの巻』(一九七三年)は、五木寛之さんが『読売新聞』に連載した同名小説が原作となっている。五木さんは『青年は荒野をめざす』や『青春の門』など時代を彩り、影響を与えた小説だけではなく、『生きるヒント』や『大河の一滴』といった批評、随筆もベストセラーとなるなど、長年第一線で活躍し続ける作家だ。その人が喜八をどう見ていたか、聞いてみたかった。勇んでインタビューをお願いしたものの、映画は原作者と関係なく作られていたことや、喜八とは当時会っていないことなどを理由に断られてしまった。

映画『博多帯しめ一本どっこの巻』には、こんな場面が登場する。「DYNAMITE」と書かれ、「爆発危険」の紙が貼られた貨物から白い煙が立ち上り、今にも爆発しそうになっている。元陸軍中尉の戦中派、小林桂樹演じる黒田忠吾は、「誰かがやらねばならぬ。誰かがやらねば沢山の人が死ぬ。沢山の人が死ぬのは、大東亜戦争だけで沢山だ」と絞り出すように言い、戦後派の八木修（ミッキー安川）が「でも、なにも、チュウさんが……」と止めようとしても、「どうせおれは死んでる。八月十五日がなけりゃ死んでる」と引かない。そして、戦友の名前を呼びながら貨車に向かって行く（セリフは『シナリオ』一九七二年四月号などを参照）。

結局、「DYNAMITE」の文字もはり紙もいたずらで、貨物の中身はインスタントラーメンだったというオチが付くのだが、私はこの戦友の名前を呼び上げるシーンに既視感があった。『レイテ戦記』や『野火』などで知られる作家の大岡昇平の『ミンドロ島ふたたび』の中に、自身が戦ったミンドロ島へ遺骨収集に向かう船をテレビのニュースで見て、涙を流し、戦友の名前を呼び上げるような詩を書く場面が出てくるのだ。

しかし、大岡が一九〇九（明治四十二）年生まれなのに対し、五木さんは一九三二（昭和七）年生まれで、終戦時はまだ十二歳。戦中派の気持ちがなぜ分かるのだろうか。一度は断られた依頼ではあったが、何とか会ってもらえないかと再度お願いしたところ、時間を取ってもらえることになった。

二〇二二（令和四）年の年末、東京タワーのほど近くにある東京プリンスホテルのラウンジで、五木さんと会った。テレビや雑誌で見慣れたロマンスグレーの波打つ髪。黒いタートルネックのセーターにジャケットを着ている。九十歳になるが、仕事は今も途切れず、「ありがたいですよ」と物腰柔らかく、雑談に応じてくれた。本題に入り、終戦時十二歳だった五木さんになぜ戦友を思う心情が分かるのか、と率直に尋ねた。五木さんは少し考えて、話しはじめた。

「これはもうやっぱりね、僕ら戦場に立つような機会はなかったんですけどね。年代が違いますから。しかし、引き揚げの時に北朝鮮の平壌《ピョンヤン》から、脱北っていうか、公的な引き揚げじゃないですから、我々の場合は。日本人の移動は厳重に禁止されて、見つかったら大変っていう時に、グループで平壌を脱出して、徒歩でね、三八度線を越えて韓国の米軍キャンプにたどり着くわけですけど、その間でやっぱりずいぶんたくさんの人たちが亡くなってますからね。それはもうあの戦場で戦友を喪ったのと、同じようなものですよ。同じ年頃の少年の仲間もいたし、あるいは大人の人たちもいたし、子供たちもいた。僕は昭和七年の生まれだけど、戦争っていうのは、生涯消えない影を自分の中に落としてます」

そして、『博多帯しめ一本どっこの巻』で戦友の名前を口にする場面にこめた思いについても語ってくれた。

「明治の日清戦争から日中戦争までは、もうずっと戦争の時代なんですよ。その時代に育って、その時代に生きてきた人たち、やっぱりたとえば今、仮にサラリーマンが自分たちの同期が定年退職して、その人たちの名前を、一人ひとり思い出してあげていくっていうのとはちょっとわけが違うね。人間の生き死にっていうか、そういうものが身近な時代ですからね」

そして、ふっと「戦争観というものは、岡本さんの中には無意識に影を落としているね」とつぶやいた。五木さんは多くの喜八作品を公開当時映画館で観ており、私のインタビューに備えて見返してくれてもいたという。この言葉の真意について尋ねると、「消し去ろうとしても、消えないものがいっぱいあってね」と自身の体験を穏やかだが、はっきりとした口調で語り出した。

「たとえば軍人勅諭とかね。そういうものはね、もうはっきりとね、少年の頃に暗記させられたものが今も残って消えないですよね」と言うと、その一節を暗唱する。それから、手旗信号の動作をし、「モールス信号だって、ツーツーとか」と言って、打つ仕草をする。

「七十五年以上たってるもんね。でも、忘れようとしても記憶が消えない。だから岡本さんにも忘れようとしても消えない記憶っていうのが働いてると思いますよ。これはもうね、どうしようもないんだよねえ……」

柔和な表情に一瞬、苦衷が浮かんだように見えた。

五木さんは喜八の陰の部分に関心を持っていた。

「苦労の陰が出ているんだよね。僕も業界紙とか色んなところを歩いた後に作家になったので、共感するところがありますよ」

だからこそ、「面白おかしく描いても、その苦労の陰、苦さが出る。だから、陰影がある」

というのだ。どれだけ明るく描いても、それは確かに明るいことは明るいのだが、どこまでいっても、その作品からにじみ出る哀しみがあることを、五木さんは感じ取っていた。

映画評論家の川本三郎（一九四四／昭和十九年生）は『時代劇ここにあり』で、日本映画史上の数多くの時代劇を浩瀚《こうかん》な知識を動員し考察しているが、喜八の撮った時代劇も俎上に載せている。中でも、『吶喊』については「痛快でいながら、最後には、戦さの空しさ、哀しさをじんわり感じさせてゆくところは、学徒兵世代の岡本喜八らしい」と書いている。

五木寛之の喜八論

かつては映画の製作側を目指し、数多くの作品が映画化された五木さんには独自の喜八論があった。「役者もちゃんと立ててるし、気を遣ってるんだよね」と評する喜八と比較するのは、黒澤明だ。「黒澤さんとかさ、なんかサディスティックに俳優とかを使うじゃないですか。そういうことはできないんだね。なんか、こう人間味というか、そういうものが出ている」

そして、言い含めるように、こう語るのだ。

「喜劇なんて言うのはね、あんまり人間的にやっちゃダメなんですよ。人間っていうのはね、やっぱり高いところから見てね、ある程度馬鹿にしてるっていうかさ、なんかそういうところがないと。喜劇とは残酷なもんですから。

岡本さん、温かいところがあるからね。喜劇は非人間的な撮り方をしないとできない。人間を人間として尊重しすぎたら、喜劇は撮れないと思います。なんかアホがとか、こんな馬鹿がとか、こんな欲深い人間がとかね、徹底的に人間っていうものをね、突き放して見てないと本当の喜劇はできない。それがやっぱり岡本さんは、人間的にそれができなかった。観念的じゃないですね。観念的ってことは人間を残酷に捉えることができるってことですよね。徹底的に突き放して、人間は本能の動物なんだ、と決めこんで作っていけるけど、そういう撮り方はしてないです。むしろ、人間的なんだな。

だから岡本監督の作品に惹かれる人たちは、やっぱりその辺に関心を……関心というか、気がつかず無意識に共鳴してる部分があるかも知れない。馬鹿な役を演じさせても、突き放していないいんだよ。これはもう個性の問題ですからね。人間に対して絶望的な、皮肉な眼を持てない」

その言葉が、じんわりと私の胸に広がっていく。世代が違うのに、戦中派の気持ちをなぜ理解することができたのか、その理由を教えてもらおうとしたインタビューは、やがて、喜八の本質にたどり着いた気がしていた。

喜八の直截的、具体的なものの見方には、人に対するどうしようもない肯定感がある。人生を尊重したいという思いがある。その原点となる姿は、学生時代の日記の中に見られる。だが、その後、覆い被さるように体験した戦争の記憶が心の中から消えず、どれだけ語っても、語り尽くすということがなかった。そして、より奥底には母や姉の死があったのかも知れない。だから、喜八の作品は面白く、温かいのに、どこかふっと哀しさが漂う。

喜八自身、このことを意識していた。日付や掲載誌は不明だが、喜八プロのスクラップブックの中にあった「出会いと別れ人生学」という特集記事でインタビューに応じている。

> 喜劇っていうのは、だから、本当に痛烈だなって思う。見ているときは、おかしくて仕方ないんだけれど、おかしゅうて、やがて悲しい……、とそういうものを、どうしてもやりたい。とってもむずかしいことだと思いますけれどね。

まさに喜八作品の神髄だった。

五木さんは、喜八の学生時代の日記を当然読んでいない。だが、その日記に表れた喜八の人間性を作家らしい目で見抜いていた。

先述した高野和明さんは、ベストセラーとなった『13階段』や『ジェノサイド』などの著書があるが、かつて脚本家を目指し、仕上げた脚本を喜八に見てもらうため、喜八の自宅を訪ねていた時期があった。一九八四年から八〇年代の終わりにかけてのことだ。「監督さんのお話をうかがう、映画界への入場券が自分の書いた脚本なわけですよ。入場券代わりに自分の書いた脚本を監督に提出すると、それについてなんかおっしゃってくださる」と一息に話す。そこに、喜八への親愛の情がにじみ出る。喜八は高野さんが書いた脚本について、プロの視点から技術的な指摘はしたが、高野さんの心情や心境を否定することは一切なかった。

「技術的なところには指摘するけれども、その作者にとって大事だと、僕の精神的な部分は絶対否定しない。監督さんご自身がその脚本を書かれる上で、ここは技術で書くところで、ここは心をこめる部分ていうのは分かっていらっしゃったんだと思いますね。これ以上話が進むと、なんか嫌な感じがして、これ以上行ってほしくないと思うわけですよ。そうすると監督さん、まさにそこで話が引き返してくる、あれはびっくりしましたね。人の心の中にあるものを、徹底的に大事にしてくださる方でした。それは相手が二十歳そこそこの青二才であっても、人の心を絶対に否定しようとはなさらなかった」

そんな高野さんに、強い印象を残した喜八の振舞いがある。それは、立場の弱い者へのまなざし、態度だった。

「あのね、これ普段も感じていたことですけど、監督さんは、その場にいる立場の一番弱い人のことをずっと気にかけていらっしゃいます。常に一番弱い人の味方をされましたので。自分は喜八組でずっと最年少でしたから、一番それがよくわかる立場でした」

五木さんや高野さんが感じたことは、ずっと喜八のそばにいた妻のみね子さんの見方とも通底する。

「彼の喜劇は、人を笑わせようとしているのではなく、一生懸命やっていることがおかしいってこと。喜劇の本質を喜八さんに言わせると、できない人が一生懸命やっても駄目なことがある。一人の人間の中に、人間の持つ弱さとか、哀しさとか楽しさがあって、それを素直に表現していくと喜劇にも悲劇にもなる。人間は悲劇にもなるけど、彼は根本で、人間の苦しい時の素直な姿や、人を温かく見ていたから。人間の一生懸命やっている姿は立派なものではない。戦争がそうでしょ。逃げられない。お腹《なか》がすけばなんでも食べる。そこに喜劇もあれば、悲劇もある。あの人のおかしさは一生懸命やるおかしさなのよ。喜劇役者を喜劇役者として見るのではなく、その人の持っている喜劇性があるじゃない、そういうところを温かく見ていた。役者さん、その人を観察して、その人の持っている良さは素直に出すことをした。だから素人でも使うのがうまかった」

喜八自身「人間が懸命に生きてる姿っていうのは、どこか可笑しみもあるもんですよ」という信念を持っていた（『山陰の経済』一九八六年八月号）。

さらに、『肉弾』の完成直後に、喜八が陸軍工兵学校の同期生、谷口周平と行った対談で、谷口が「映画では上官もすべて人間くさく描かれている」と感想を述べたのに対し、喜八は

「いわゆる悪玉はいない。戦争のためには、そうせざるを得なかったということだ」と答えている（『神戸新聞』一九六八年十月十二日付朝刊）。

みね子さんも「善悪とか分けてシナリオを書くと楽。でも、悪い人の中でも優しさがあり、優しさの中にも、不遜な優しさもある。自分の体力や才能……自分を掛け値して見ないけど、人も掛け値して見ない。世の中のいい意味で頭のいい人はかけ算引き算足し算がうまい。そういうことを、ものすごく嫌った」と話す。

ダイナマイトどんどん

一九七八（昭和五十三）年公開の『ダイナマイトどんどん』の脚本は、井手雅人と古田求《もとむ》の共作で創られた。井手は喜八より四歳年長の一九二〇（大正九）年生まれ。『井手雅人　人とシナリオ』によれば、一九四二年一月、井手が現役兵として入隊したのは東部七部隊（近衛歩兵第四連隊）だった。第二章で書いたが、当時、喜八はこの近くの青木荘に下宿していた。井手は軍人として優秀で、甲種幹部候補生となり、教育総監賞も受けている。終戦間際の一九四五年六月に千葉陸軍歩兵学校教導連隊付となり、米軍の本土上陸に備え、対戦車戦闘の研究を行っていた。終戦時の手記には、「此の身の力足らなさがしみじみと感ぜらる」と書きつづった。

同じ戦中派でも、井手と喜八とでは、その戦争観に違いはあったようだ。しかし、井手は一九四二年に派遣されたソ満国境の守備隊で、「戦友の半数は戦死し、残った者はシベリヤのラーゲルに連れ去られて、更にその何分の一かが死んだ。逃走して射殺された者も居る」という体験をしている（『大衆文芸』第十七巻第七号、一九五七年七月）。戦中派の心情として分かり得るところはあったのではないか、とも思えるのだ。

この作品の原作は火野葦平《あしへい》の『新遊俠伝《しんゆうきょうでん》』で、一九六六年に同名作品として斎藤武市《ぶいち》監督で映画化されている。しかし、喜八の『ダイナマイトどんどん』は、これらとはまったく異なる喜劇だ。

終戦後間もない一九五〇年の北九州ではヤクザの抗争がエスカレートしていた。手を焼いた警察署長は、抗争を民主的に解決するため、野球大会の開催を提案する。かなりトリッキーな設定だが、この野球大会はトーナメント方式で一二チーム（といってももちろんすべてヤクザの組）が参加するというものだった。物語は、嵐寛寿郎《あらしかんじゅうろう》を親分に据える「岡源」と、金子信雄率いる「橋伝」との争いが軸となる。主役である加助（菅原文太）と仇役《かたきやく》の銀次（北大路欣也《きんや》）がヤクザの面子《メンツ》と、惚れた女性、お仙（宮下順子）をめぐって争う。

プレスシートの「ルールも仁義もそっちのけ。ヤクザの縄張り争いを野球でカタをつけるという奇想天外なアイデアで贈る、抱腹絶倒の大喜劇です」という文句は、この映画の見方をうまく表している。喜八自身、製作発表で「昔の〝愚連隊〟のタッチで大真面目な喜劇を作りたい」と語っている（『フォービートのアルチザン』）。この思いは強く、撮影中も変わらなかったようで、スクリプターとして現場にいた梶山弘子《こうこ》さん（一九三六／昭和十一年生）が使っていたシナリオには、喜八の「大まじめな喜劇／独立愚連隊路線／ヤクザと人間／野球／九州男児」という指示が書き留められている。何より、喜八自身が使用していたシナリオにこう書いている。

・早く言えば、ヤクザが野球で戦う話です。
・平たく言って、〝頑張れベアーズ〟のやくざ版。
・松本零二《ママ》風に言えば、大Ｂ級任侠映画の大パロディ。
ともあれ、やたらと可笑しい大マジメな喜劇。

言いように（タッチ）よれば（久しぶりに）独立愚連隊的。
・どこから出発したいか？
　野球は好きだけれども、野球にオボれない。

九州男子も好きだけれども、九州男子にオボれないコト、あたりから……

従って、ヤクザの可笑しみ、野球の可笑しみ、九州男子の可笑しみ、それぞれが懸命な可笑しみ、それらをトコトン、ホジくってみたい。

作家の小林信彦（一九三二／昭和七年生）は『キネマ旬報』一九七八年十二月上旬号のコラムで、この作品を「岡本喜八監督久々の佳作だと思う」とした上で、これがなぜ「ホームラン」とならなかったのかを書いている。小林が批判したのは、作品の終わりに近い場面で展開された岡源の監督をつとめる五味徳右衛門（フランキー堺）のエピソードだ。五味はプロ野球、セネタースの名投手だったが、戦争で左手と片足を負傷し、松葉杖《まつばづえ》がなくては歩けない身体になっていた。小林が批判した場面に行く前に、前段のシーンから見ていきたい。

決勝戦、岡源の投手、吹原（石橋正次《しょうじ》）の投げた球は、打者にぶつかりデッドボール、そこから三者連続デッドボールで塁が埋まる。さらに、次の打者に投げた球は、捕手の加助のはるか向こうに飛んで行くワイルドピッチとなり、走者が次々とホームに帰ってくる。いきり立った加助がマウンドに駆け寄ると、「橋伝のまわしもんかお前は」と叫び、吹原を殴り倒し、蹴り飛ばす。ふと、その時、吹原の指に白い包帯が巻かれているのに気付いた加助は、その手を見せろと迫る。隠そうとする吹原を岡源の連中が羽交い締めにし、その手を無理やり引っ張り出すと、包帯で巻かれた指先は、赤く染まっていた。開き直った吹原が「指詰めたんじゃ」と声を張る。相手方のピッチャー、銀次が詰めた指で投げる球が魔球のように変化していたため、勝つためにはと、吹原も指を落としたのだ。それを見た五味が哀しさを嚙みしめたような表情を浮かべ、絞り出すような声で、「戦争でン、何でンなか時に、自分で自分の指ば……馬鹿もん!!」と言い、交代を告げる〈セリフは撮影時に使用された台本などを参照〉。

　そしていよいよ、小林が批判した場面となる。一九四四年の夏、セネタースとイーグルスの優勝を賭けた一戦。一対〇とセネタースリードで迎えた九回裏、ツーアウト、ランナー一塁、セネタースのピッチャー五味はイーグルスの四番打者の榊原《さかきばら》と対戦していた。ここで五味はあえて打ちやすい球を投げて榊原にホームランを打たれる。この試合を最後に、榊原が出征することを知っていたからだ。試合は榊原のサヨナラホームランでイーグルスが勝利をおさめるが、五味の口からは榊原がレイテ沖で戦死してしまったことが語られる。

　小林はこの一連の場面を「またしても〈戦中派の感慨〉である。レイテ沖がどうのこうのいっても、私を含めた観客にはカンケイないし、シラける一方である」、「シナリオでは、鮮かなギャグで終っているラストが、戦中派の思い入れで終る。岡本監督のくせとはいえ、ジャンルの混乱、ここにきわまった。こういう形で、〈戯作者の良心の痛み〉を示すパターンは、いかになんでも、古いように思う」と、「佳作」と評価したとは思えないような、厳しい論評で終えている。

　マウンド上での五味のセリフは、井手、古田の脚本になかったものを、あえて喜八が加えた。喜八が使った台本には、喜八の字でこのセリフが書きこまれている。シナリオ段階ではなかったものを入れることで、喜八は戦中派の感慨を表現しようとした。喜八に師事していた高野和明さんは、喜八から「一番大事なセリフはチクッてやる」と言われたという。多弁に語るのではなく、針で刺すように、鋭い言葉で突くというのだ。このセリフで、喜八は観る側の心をチクッと突き刺そうとしたのではないか。それと気づかれぬうちに刺す。それゆえに、小林は強く拒否反応を示したのだ。

近頃なぜかチャールストン

小林が批判した点は、喜八も自覚していた。自覚しながら撮ったのが、一九八一（昭和五十六）年公開の『近頃なぜかチャールストン』だった。戦争体験、戦中派としての心情を喜劇で表現すること。この作品は、その到達点にあった。

製作の意図について喜八は、この作品の予告編で「今もし独立愚連隊の隊員たちと肉弾の主人公あいつが生きていたとしたらどうなっているでしょうか」とナレーションを入れることで表明している。一九八一年十一月十三日付『朝日新聞』夕刊の記事には、「喜劇タッチで世に問い、『どっこい戦中派は生きてるぜ』といいたいだろう。それを強く感じさせる」とある。この指摘は正鵠《せいこく》を得ている気がしてならない。本作では「独立愚連隊の隊員」や「肉弾の主人公あいつ」だけではなく、生死を超えて、かつての登場人物たちの戦後の姿や心情が改めて描かれ、投影される。『血と砂』の少年軍楽隊の面々、慰安婦のお春、『にっぽん三銃士』の黒田忠吾、『ダイナマイトどんどん』の五味徳右衛門、もちろん江分利満、そして、『英霊たちの応援歌』の秋山信吾をはじめとする英霊となった若者たちも、一緒にチャールストンを踊っていたのかも知れない。

脚本として喜八と名を連ねるのが、映画『クロエ』（二〇〇一年）や『さよならドビュッシー』（二〇一三年）の監督としても知られる、俳優の利重剛《りじゅうごう》さん（一九六二／昭和三十七年生）だ。高校三年生の時に、「高校の中に徴兵制が起きちゃうっていうブラックコメディー」の八ミリ映画『教訓Ⅰ』を作った。その上映会に来てくれるよう、喜八にファンレターを送ったことをきっかけに、岡本家に出入りするようになった。

喜八は利重さんに「東宝という会社は黒澤明という巨匠がいて、市川崑という切れ味のいい天才がいて、個性のある人がいて、自分は後発。遅れて出た感じなんだ。自分の個性は何かと考えた時に、変化球だと思った。野放図に、でたらめに作れるのが持ち味だと思っていた」と語ったことがあった。

さらに喜八が、「君のは本当にでたらめで、自分はまるくなってしまったのかな」と話すので、恐縮した利重さんが「僕は作り方が分からないので、でたらめになっているんです」と言うと、「そこは関係ないんだ。面白いか面白くないかで僕は見ているから。面白かったんだ。映画は面白いのが大事だ」と諭したという。

その後、喜八からシノプシスを渡され、「これ一緒にやらない？」と誘われたのが、『近頃なぜかチャールストン』だった。翌日から喜八の家の離れに泊まり、「俺が追いかけていくから先行して書きな」と言う喜八に従って、脚本を書いた。とは言え、すでにシノプシスはできている状態で、「脚本は全然採用されなくて、2、3行くらいだった」と苦笑しながら打ち明ける。喜八も「第一稿は全部僕が書いて、セリフのいい方とかリアクションなんかを、自由に直すというのか書いてもらったわけです」と語っている（『名古屋プレイガイドジャーナル』一九八二年一月号）。

物語は、一九八一年八月五日から始まる。利重さん演じる自称「独立非行少年」（このネーミングも意味深だ）の小此木《おこのぎ》次郎は、少女への婦女暴行未遂で警察に捕まる。留置場の中で出会ったのが、独立国「ヤマタイ国」の国民と称する老人たちで、それぞれ総理大臣、陸軍大臣、外務大臣などの肩書きを名乗っていた。やがて、この閣僚たちに、次郎、そして次郎に好意を抱く小此木家のお手伝い、タミ子（古館《こだて》ゆき）を加えた面子がヤマタイ国で共同生活を行うようになる。

冒頭、「戦後の平均寿命」として、昭和二十年の「男46・9才、女49・6才」という数字が登場し、そこから年毎の平均寿命らしき数字が挿入される。やがて刑事部屋で、財津一郎演じる大作刑事が、本田博太郎《ひろたろう》演じる中町刑事と平均寿命を取り上げた新聞記事について話をしている場面になる。大作刑事が中町刑事に「お前、いくつになる」と尋ねる。作中、徹底してコミカルな役回りの中町が「27」と答えると、何やら計算していた大作が我が意を得たりと、「見ろ、今年の73・32から昭和20年の46・9を引いてみろ、見ろ見ろ、ざっと27だ！　ピッタシだ！　戦争中だったらお前なんか、精虫にもなってねえんだぞ！」と叫ぶ。『肉弾』から十三年、喜八はここでも数字の持つ意味にこだわっている（セリフは『アートシアター』一四八号や作品の映像を参照）。

ちなみに、大作刑事の「大作」、この名前が用いられたのは今作が初めてではない。『肉弾』の主人公は「あいつ」となっているが、作中、食糧を糧秣庫から盗んだことで区隊長から尋問を受けた際、自身の官姓名を「陸軍工兵特別甲種幹部候補生第三中隊第三区隊第三分隊、佐倉大作であります」と名乗っている。さらに、喜八は『助太刀屋助六』のシナリオを書いた時は、「生田大作」とクレジット表記をしている。「大作」は、喜八が住んでいた神奈川県川崎市生田の地域名だ。

『肉弾』の主人公と同じ名前を付けたことの意味は、戦争中、海軍の航空隊にいたという大作刑事が自身の戦争体験を語る場面で明らかになる。「トイレ、いや、厠《かわや》に行ってた為に36年間苦しい思いをして来たんだ」と沈痛な表情で語り出し、こう続ける。

「あの日の、12時、今頃だ、俺が厠でシャがんでる時に、エンジンを止めて入って来やがった

B29が、1発だけ250キロ爆弾を、飛行場に落っことして行きやがった……、俺が駈けつけてみると、部下の13名はコナゴナになってた……、俺あ、その、これ位になっちまった部下を、馬穴（筆者註：バケツ）に拾い集めた……」

海軍の航空隊という設定なので、爆弾が落ちた場所も飛行場となっているが、このエピソードは特別甲種幹部候補生時代の喜八が豊橋陸軍予備士官学校で体験したことと重なる。いや、あえて重なるような体験を持つ人物を登場させ、「大作」と名付けたのだ。

喜八は「今もし独立愚連隊の隊員たちと肉弾の主人公あいつが生きていたとしたら……」と着想し物語を作ったとしているが、実際には、喜八自身を投影したと思える人物が大作刑事以外にも登場する。閣僚名で言えば、陸軍大臣。演じたのは田中邦衛だった。その経歴を総理大臣（小沢栄太郎）が「ベニヤ張り特攻艇の隊員として、特攻寸前に終戦を迎えられまして」と紹介する。この役の意味について、喜八自身が語っている（『名古屋プレイガイドジャーナル』一九八二年一月号）。

結局、生きてる僕の方が不思議なわけでね、ほとんど死んでいるというか、僕らの世代の半分は死んでいる。邦さんの役ってのはその生き残りですよね、「肉弾」の〝あいつ〟が生きてたらっていう事です。

この二人だけではない。あらゆる登場人物に自身の姿を投影させた。ゆえに、各人のセリフには喜八らしさと、実感がこもる。たとえば、殿山泰司《とのやまたいじ》演じる文部大臣に「昔の国の為にも判んなかったし、今の国の為にも判んねえよ」と言わせている。その殿山は、一九一五（大正四）年生まれ。殿山にも戦争体験があった。自身のエッセイの中で、こうつづっている（『殿山泰司ベスト・エッセイ』）。

オレはこの前の戦争で、貴重な青春時代を5年近くも、中支の戦線を引っぱりまわされ、兄弟二人きりのそのたった一人の弟は、ビルマのマンダレーというとこで戦死してしまった。オレみたいなクダラナイ人間は、弟のかわりに死んでやればよかったと、オレはいまでも思っている。

殿山が出演した『どぶ』（一九五四年）、『裸の島』（一九六〇年）、『人間』（一九六二年）、『母』（一九六三年）など数多くの映画で監督を務め、友人でもあった新藤兼人《しんどうかねと》（一九一二／明治四十五年生）は、殿山の没後、評伝を記した。『三文役者の死』と題されたその評伝で、新藤は戦争体験が殿山に与えた影響について述べている。新藤自身、戦地には行っていないものの凄惨な軍隊体験を持っていた。終戦直後のある日、新藤が逗子《ずし》の海に行くと、殿山が泳いでいた。一緒に泳ぎ出したが、殿山はどんどん沖へと行く。思わず、新藤が「タイちゃん危ないよ」と引き留めると、殿山は「どうせ拾った命だ」と言って笑ったという。その時のことを振り返り、新藤はこう述懐する。

わたしにも同じ思いがあった。戦争へ行ったものに共通の心理である。拾った命、アルファつきの人生。戦争はタイちゃんにある決定的な影響を与えた。

ヤマタイ国の閣僚たちは、戦争の足音が自分たちに迫るのを聞いた世代である。喜八の言葉を使えば、「死神」に追いかけられた世代でもある。その時の実感を今も忘れていない。小沢栄太郎演じる総理と今福将雄《いまふくまさお》演じる外務大臣がお互いにその気持ちが今もあることを確かめ合う。そして、総理の小沢が「我々チャールストン世代の宿命なんでしょうねえ……」と慨嘆すると、次郎が「チャールストンって、近頃流行《はや》りだしたばっかの、あれ……?」と聞く。そこから、こんなやり取りが始まる。内閣書記官長を演じるのは岸田森だ。

内閣書記官長「そうですよ労働大臣、あれが流行った頃、ここにいる皆が生まれたり、育ってる……」

次郎「へーえ……！」

外相「でもねえ労働大臣、ちょっと気がかりなのは、あの軽快なリズムがだよ、あの頃、いつの間にかミリタリズムにすり替った事なんだがねえ……」

この作品のシナリオが掲載された一九八一年十二月刊行の『アートシアター』一四八号に、作家の田中小実昌《こみまさ》が寄稿している。田中は「アメリカでチャールストンが流行りだしたのが、1927年ごろで、ニホンでは1930年あたりが最盛だったらしい。昭和初期のエログロ・ナンセンスのころだが、1931年には満州事変がはじまり、翌1932年には上海事変がおこり、ストンと十五年戦争になる」と述べている。

田中は一九二五年生まれで、喜八より一歳下。「あの戦争では、最後の現役兵だった」という経歴を持ち、「軍隊のアホらしさ、おそろしさは、今だに、忘れるどころか、じんわり、じっくり、身にしみている」からこそ、『肉弾』は「自分たち若い兵隊のことを映画にした名作だった」と書く。そんな「若い兵隊のままオジン（失礼）になった岡本喜八」が作ったこの作品を、田中は「脚本がいい。芝居がおもしろい。俳優さんたちもおもしろい」と絶賛している。

実際にチャールストンが流行った時代は、喜八が謳歌した学生時代とは重ならない。喜八も、

「チャールストンが踊られ始めているという事をきいただけでね、大流行しているわけじゃないんだけれど、でも、それは関係ないわけね、かつてチャールストンがいつの間にかミリタリズムへ変わっていったという事が問題なわけで」(『名古屋プレイガイドジャーナル』一九八二年一月号)と語っている。

かつて戦争の影もまだ見えなかった時代に流行ったダンスがあり、それに興じた若者がいた。その若者たちは戦争に行って、帰って来なかったのだろうか。踊りたくなるような愉《たの》しい時代が、終わっていくことの辛さや哀しさ、虚しさを、喜八は身をもって感じていた。ヤマタイ国の登場人物たちのかけ合いには、喜八の私情がこもっている。

一人の人間の生きざまとして

『朝日新聞』一九八一(昭和五十六)年十一月十三日付夕刊には、「赤紙から逃げまどう男、というのを私はやりたかったんですよね」という喜八のコメントが載っている。この思いを形にしたキャラクターが、ヤマタイ国の領土である家屋の家主で、次郎の父である小此木宗親(藤木悠《ゆう》)だった。ヤマタイ国の閣僚たちに宗親は「私の一生は、逃げて逃げて、逃げまくった思い出しかないのですよ」と語りはじめ、「まず徴兵検査から逃げ、次に赤紙から逃げて、警察に追われ、憲兵に追われ、8月の15日が来るまでの5、6年間は、逃げて逃げて、逃げまくっ

『近頃なぜかチャールストン』の撮影現場で。六十歳近くなっても、喜八はバンダナを巻いてきびきびと動きまわっていた。© TOHO CO., LTD.

た、ま、そんな卑怯者《ひきょうもの》でしてね……」と打ち明ける。それに対し、総理の小沢が「違いますすよ、それは……それは勇気がおありだったからですよ」と強い口調で言い、千石規子演じる大蔵大臣が、「そうよ、ほんと」と合いの手を入れると、宗親は「しかし、皆さんは、ちゃんと戦争に行かれた」と言う。面々は次々と、行ったものの大して役には立たなかったとか、敵を殺さなかったことがせめてもの救いであったことなどを話しはじめる。宗親は、決して、自分の行為を認めることも、開き直ることもしていない。むしろ、戦後にまで「逃げぐせがコビリついた」と自嘲している。

兵役拒否の実態を知るために、喜八は『近頃なぜかチャールストン』の五年前、『週刊新潮』一九七六年四月二十二日号掲載の「週刊新潮掲示板」で、徴兵忌避した人の体験談を募集した。喜八はその理由を、「赤紙から逃げまくった男たち、とでもいうのでしょうか、あの大戦中には、徴兵検査でわざと不合格になり、あるいは検査からかろうじて逃げおおせて、四苦八苦の揚句《あげく》、〝徴兵忌避〟に成功した連中が、わずかながらもありました。（中略）私自身は、ごくまじめに検査を受けた者ですが、こうした人々への共感は今も忘れ得ず、彼らのナマの姿を喜劇に描いてみたいと考えています」と記した。

すると、翌々週の五月六日黄金週間特大号には、数人の体験談が寄せられた。その中の一人、大妻女子大で生物学の教授をしているという井上寛《ひろし》（一九一七／大正六年生）は、「いかなる理由でも他人の生命を断つことをしまいと考え」、「入隊前の一週間、水以外はとらず、毎晩フロ場で水を浴び、ぬれたままウチワであおいでカゼをひき、発熱し、最悪の状態で入隊しました。健康診断の上、即日帰郷」したと明かしている。

喜八の回想によると、終戦後、四〇人ほどの候補生が、豊橋陸軍予備士官学校から脱走した。それについて喜八は「逃げ出したくなる気持もわからないではなかったが、私にはやっぱり、逃げるのは卑怯、男らしくないというモノサシがあった」（『週刊漫画アクション』一九七三年三月十五日号）と言い切る。

候補生時代の自分の姿を主人公の「あいつ」に託した『肉弾』でも、区隊長から本土決戦となったら「逃げるか?」と詰問された「あいつ」が、「逃げませン、闘うより他に逃げ道がありませン。日本は島国です。闘います」と答える場面がある。

妻のみね子さんも「戦争が嫌だと言って止められる時代ではないんだから戦わざるを得ない。せめて仲間だけは裏切りたくない。そんな思いだったと思う」と話す。

第二章で、喜八が山本五十六の国葬に参加した時の感慨について書いた日記を紹介した。実は喜八は、山本の長男、山本義正《よしまさ》（一九二二／大正十一年生）が一九六九年に刊行した『父・山本五十六』に推薦の言葉を寄せており、それがカバーの袖部分に掲載されている。「私自身、『日本のいちばん長い日』『江分利満氏の優雅な生活』『肉弾』などの映画を通じて、男の世界を描きつづけてきたが、この本に一貫して流れる調べも、男の愛の美しさときびしさである。黙々と妻子を愛し、黙々と部下の死に涙し、黙々とソロモンの空で散った山本元帥の愛と死が、哀切の筆で浮彫りされている」と情緒あふれる調子で称賛している。

こんな文章を書いた喜八が、果たしてどこまで徴兵検査を逃れ、軍隊に入ることも免れようとした男たちに共感できたのか。いや、『週刊新潮』での喜八自身の言葉にあるように、共感しようとはしただろう。しかし、なぜ自分は兵役忌避をしていないことを断る「私自身は、ごくまじめに検査を受けた者ですが」という書き方をしたのか。

喜八とは学年が四つ違いで、ともに一九二七年生まれの吉村昭と城山三郎が、対談で徴兵忌避について述べている（城山三郎『失われた志』）。

吉村　僕がとくにショックを受けたのは、ある作家が、自分は徴兵検査の時、醬油《しょうゆ》を一升飲んで体をおかしくして不合格になったと書いているのを読んだときです。不合格になって兵隊に行かずにすんだと書いていたのなら別に驚きはしない。それが自分の反戦の意思表示だった、戦争に対する抵抗だったというんですよ。冗談じゃない。徴兵というのは員数ですからね。代わりにその作家より体の弱い一人の若者が戦争に行って、戦死しているかもしれないじゃないですか。単なる保身を抵抗と言いくるめる、そんな議論があの終戦直後の時代にはあふれていたんです。

城山　そうそう。進歩的と称せられるある女流作家が、息子さんが徴兵を免れるようにいろいろ工作して成功したという話を僕も読んだことがある。

そして、城山は、息子を戦争で亡くした財界の大物、石坂泰三《たいぞう》を持ち出し、「立場上、いくらでも工作できたはずなんです。しかし、それをせずにみすみすフィリピンに行かせて戦死させてしまう。やっぱり、僕は石坂さんは偉かったな、と思う。子供が死ぬということは親にとって大変なことです。それを覚悟の上で、あえてコネを使ったりしなかった。僕は少なくともそのタイプの方が好きだな」と語っている。

戦中派であることに自覚的であった二人にとって、徴兵忌避は許しがたい行為だった。特に吉村は兄が戦死し、近所に聞こえないよう雨戸を閉めて、狂ったように泣いていた母が翌朝、「お兄さんはお国のために死んだのだから、お線香をあげなさい」と毅然《きぜん》と言う姿を見ているだけに、余計に許すことができなかったのだろう。戦中派の中の意見もさまざまであることは理解しても、幼い頃から「(男らしいかどうか)というモノサシで物事を計る事にしていた」(『週刊漫画アクション』一九七三年三月十五日号)という喜八の心境は、吉村や城山と似通っていたのではないか。さらに言えば、喜八は、「いっとう嫌いなのは、人生と闘って、その闘いにやぶれさったり、その闘いから逃げてばかりいる顔だ」(『ななめがね』)とも書いているのだ。

だからこそ、『近頃なぜかチャールストン』の作中、これまで陰から次郎を見守っていた宗親は、次郎を殺害しようとする殺し屋の飯室(寺田農)から逃げずに、身をもって次郎を救おうとするのではないか。最後は逃げなかったということで、宗親は自分の中で辻褄《つじつま》を合わせようとした。

死ぬ時は死ぬ

終盤、陸相はしつこく次郎を狙う飯室と戦って勝つが、深手を負って死ぬ。喜八ファンであることを自認していた映画評論家の双葉十三郎《じゅうざぶろう》（一九一〇／明治四十三年生）は『アートシアター』一四八号で、「ちりばめられた警句も日本映画にはめったにない面白さで、これだけ内容の充実を感じさせる作品もめずらしい」、「なによりもうれしかったのは、久しぶりにうまい映画が見られたということである」と絶賛している。しかし、「ただひとつ、ぼく個人の心情として残念なのは田中邦衛が死んでしまうことである。彼を死なせたことに意味があることはたしかだが、理屈を超えて、みんなと一緒にバスの旅を楽しませてやりたかった」と述べている。

陸相を死なせた理由について喜八は、父親の敞一が脳軟化症を患い、「喜怒哀楽とか、人間の感情のブレーキが利かなくなっちゃう」状態になってしまったことを持ち出し、「ああなったら死んだ方がいいやと思うし。だから、カッコイイだろうというような線で止めた」のだと説明する（『名古屋プレイガイドジャーナル』一九八二年一月号）。せめて格好よく死なせてやりたかったというのだ。

一方で、前出の利重剛さんも、陸相が死ぬことについて悩み、喜八に「邦さんがどうしても亡くならないといけないんですか」と聞いている。それに対して喜八ははっきりした理由を言わなかったというが、利重さんはこう慮る。

「そこは監督は絶対譲れないものだったみたいですね。死んで欲しくないからといって死なないシーン書いてどうするんだと。人って、嫌だろうと何だろうと死ぬ時は死んでしまうしさ、ということだし。戦争で仲間が死んでいったわけなので。安易に描いているわけではないんだよと。ストーリーのために人を死なせているわけではない。ただ、人って死ぬんだよと。あそこに思いがすごくあるんだと思う」

一方、中町刑事役で出演した本田博太郎さん（一九五一／昭和二十六年生）は「戦争で亡くなった友人が俺だったかもという思いが、喜八さんにはある。『生かされた命』という意識が強かった」と話す。

生死の境目を意識した戦中派は他にもいる。一九二二（大正十一）年生まれの評論家、安田武《たけし》だ。上智大学在学中に徴兵され、自著『戦争体験』によれば、終戦を告げる玉音放送を知らずに、その日も満洲国境付近でソ連軍と交戦を続けていた。朝早くからの激戦で、七〇人近い兵士が戦死した。激戦が終わった幕間《まくあい》のような時間、安田の一〇センチ隣にいた戦友が狙撃され、「声も立てずに死んだ」。ほんの少しでもずれていれば安田が狙撃されていたし、八月十四日が終戦でも、十六日が終戦でもその運命は変わっていた。もちろん、この戦友が生き残り、安田が戦死していた可能性もあった。だからこそ、安田は「なぜ、戦争体験に固執するのか」と尋ねられると困ってしまうのだ。「固執するわけではなく、固執せざるを得ないのだ。なぜならば、その体験を抜きにして、ぼくの今日は無なのだから」と告白する。そして、こう述べる。

アイツが死んで、オレが生きた、ということが、どうにも納得できないし、その上、死んでしまった奴と、生き残った奴との、この〝決定的な運命の相違〟に到《いた》っては、ますます納得がゆかない。――納得のゆかない気持は、神秘主義や宿命論では、とうてい納得ができないほど、それほど納得がゆかない。まして、すっきりと論理的な筋道などついていたら、むしょうに肚《はら》が立って来るだけのことである。

喜八の思いもそこにあったのではないか。その不可解さが、この『近頃なぜかチャールストン』にも表れている。ヤマタイ国の面々は、国土を守り切ろうとはしない。別の〝祖国〟を求め、バスに残りこむ。利重さんが語る。

「『肉弾』の話をした時に監督に聞いたんですが、死ぬのはしょうがない、死ぬんだと思っていたんだと。何のために死ぬんだとなった時に、国のためというのは、どうもイメージが分からない。じゃあ、何のために死んだらよいのか、どうしたら納得できるのかと考えていた、と言っていましたね」

何のためなら死ねるのか、その答えを出す必要はない。ただ、喜八は「とことん生きてやろうというのが〝ヤマタイ国〟への希《のぞ》みでもあった」と考えた（『名古屋プレイガイドジャーナル』

一九八二年一月号)。

生き残った宗親と大作、そして、閣僚の面々が乗るバスが、陽気な音楽とともに去っていく。短いカットでつなぐ喜八映画では珍しい一分三十秒の長回しの場面は、異質な印象を残す。カメラマンとして参加した加藤雄大《ゆうだい》さん(一九四三／昭和十八年生)は、喜八が「心の叫びを映画の中に定着させようとした」と思っている。生き残った側と、生き残れなかった側の人生を交叉させて描いてみても、それでも答えは出なかった。ただ、そういう人たちがいたということ、戦中派の存在を喜八はフィルムに刻みつけたのだ。

戦中派としてのこだわり

金銭的に不自由することなく、映画や芝居、スケートを友人たちと謳歌した学生時代。短いながらも、充実した助監督時代。それらと比べあまりにも極端な現実が軍隊時代にはあった。戦死を覚悟し、映画撮影の現場にはもう戻れないと諦めたあの時の気持ちを、喜八は生涯忘れられなかった。

エッセイ集『ななめがね』の中で、戦争をテーマにした作品についてこう書いている。

カッコよさと、カッコよさの裏側とをどう出すかが問題だ。見てる間はおもしろくて、見終わったあとに痛烈なものが残らなければ、戦争ものをこさえる意義はない。

別の喜八の言葉で言い換えると、「シリアスなテーマをシリアスな訴え方をする、そういう映画を僕が見た場合、抵抗がある。『わかってる、わかってるよ』と言いたくなっちゃう。映画を見てるときは何しろおもしろくなくちゃいけない、テーマは見終ってから出てくればいい」(『マスコミ評論』一九八〇年新年号)となる。

『近頃なぜかチャールストン』が公開される前年、雑誌『近代中小企業』一九八〇(昭和五十五)年五月号では次のように記す。

映像というものは実に正直で、自分の迷いや偽りを見事に見抜いてしまう。だから、僕の場合、戦争を正面からとらえることはできなかった。自分自身の体験としてある戦争を、第三者の立場からとらえきれるほど、僕は客観的な眼を、戦争に関する限りもち合わせていないからだ。むしろ、僕自身のなかにある恐怖と飢餓の実体験を描くことでしかとらえることができないと思った。

「独立愚連隊」「肉弾」の主人公は、やっぱり僕自身であったし、そうすることによって戦争と僕の関わりのすべてが表現できたと思っている。

まさに、戦中派の「戦後の生き方」や心情について、端的に表現した。『ダイナマイトどんどん』公開時、小林信彦が戦中派の心情をこれでもか、とこめることを「古い」と批判した。それへのアンチテーゼのような『近頃なぜかチャールストン』だったが、職人監督として、観客の不満も十分理解していた。『近頃なぜかチャールストン』で喜八が使っていたシナリオには、こんな喜八直筆のメモが記されていた。

俺の〈戦争とか8／15へのコダワリが〉今の世間に何処まで通用するか？

どれだけ時間がたっても、生死を分けた理由は分からない。その不可解さから逃げることなく、目を背けることもなく対峙し、岡本喜八は映画を撮り続けた。

晩年になっても、喜八の根底にあったのは戦争体験であり、戦中派の心情だった。一九八六年公開の『ジャズ大名』では、「戦争なんかにカマけるよりジャズにカマけた方が、はるかにマシである」がテーマだった。『大誘拐』（一九九一年）では天藤真《てんどうしん》の原作の中に、「お国って、私には何やったんや」という主人公柳川とし子の発した言葉を見つけたことで映画化を決めたと、この作品にまつわるインタビューでくり返し語っている。例えば『サライ』二〇〇三（平成十五）年九月四日号では、「この言葉に全体が集約し、シナリオの構成が決まりました」と書いている。実に喜八らしい動機だとは思うが、その言葉の持つ意味が必ずしも『大誘拐』という作品全体に有機的に結びついているようには見えない。ただ、それまで三六もの作品を撮ってきた職人監督としてのうまさが、そのことを気にさせなかったのだ。

死生観

喜八が最後に撮影に取りかかろうとしていたのは、山田風太郎原作の『幻燈辻馬車《げんとうつじばしや》』だった。同作を「風太郎明治物の最高傑作」と評価した筒井康隆（一九三四／昭和九年生）の筆によれば、「もと会津藩士の干潟干兵衛は、西南の役で戦死した息子・蔵太郎の遺児である孫娘のお雛《ひな》を馭者台《ぎよしやだい》の横に乗せて辻馬車を走らせている。時は自由民権運動で世相が波乱含みの明治十五年。物騒な自由党の壮士たちが跋扈《ばつこ》する東京で、干兵衛とお雛はさまざまな事件に遭遇し、巻きこまれる。だが、馬車が無頼の群れに囲まれてあわやという時、お雛が鈴のような声で『ととと！』と叫ぶと、血みどろの軍服姿で蔵太郎の幽霊が現れ、白刃をひっさげた物凄い姿で馬車の前に立つのだ。これにはたいていの者が驚き、逃げてしまう」と、そのあらすじを簡潔にして生き生きと描く。筒井の筆はさらに物語を追い、「もと相馬藩の儒者・晩香老人と共に革命軍を助けようと、死を覚悟し、爆裂弾を辻馬車に乗せて走るラストはみごとである」とつづる。

そして、「これを映画化しようとしたのは、ぼくの『ジャズ大名』を映画化してくれた鬼才・岡本喜八監督であり、すでにシナリオも完成していて、友人の山下洋輔が音楽を担当することまで決定していながら急逝されたことは残念でならない」と締めくくる（『朝日新聞』二〇一〇年五月十六日付朝刊）。

時代の熱狂を写す幕末物、アクション、そして、戦中派。同世代である喜八と風太郎、両者がこだわったテーマには共通する点は多いように見える。何よりともに死を正視しようとした。だが、同じ戦争の時期に書いた日記や戦後の発言を比べると、時代の捉え方、ものの感じ方には、微妙な違いがあるように思う。

その違いについて、『幻燈辻馬車』の映画化にかかわった高野和明さんが興味深い話を教えてくれた。

「ずっと後になってから（喜八の妻の）みね子さんからうかがってびっくりした話があるんです。みね子さんも『幻燈辻馬車』の時に初めて監督さんから聞かされたらしいんですけど、レイプシーンだけはなんとしても撮らないという信条があったらしいです。山田風太郎はちょっと扇情的にレイプシーンとか入れますけれど、岡本監督は普通に男女の親密さとか、性行為をもちろん撮る場合もありましたけれど、レイプシーンだけは撮らないっていう。もう生涯撮らないって決められたみたいで。山田風太郎原作で岡本喜八監督となったら誰しも共通点を思い浮かべると思うんですけど、みね子さんもやっぱり、そっちばっかりに気がいって、二人の違いっていうのにまったく気付いていなかったとおっしゃいました」

さらに、風太郎が自身の死生観について語っている記事を追うと、『読売新聞』一九八七年五月七日付夕刊で、「底にあるのはブラックユーモアというより、無常観ですよ。善人が幸福な死をとげ、悪人が不幸な死を迎えるとは限らないってことね。死というのはまったく意外な形でやって来るんだから」と述べていた。さらに、一九九二年五月二十二日付『読売新聞』夕刊では、こう語る。

まあ、人間は虫ケラだと自覚するほかはないね。虫のように草のかげで静かに死んで行く。それを認識することが安心立命の道じゃないかな。人間の命はいとはかなし。実に平凡な結論だけど、本当にそうなんだから、仕方がないなあ。

死に対して達観したような風太郎の言葉は真に迫るものであったとしても、喜八の価値観との違いは大きいのではないだろうか。

喜八も自らの死生観について、エッセイ集『ヘソの曲り角』で言及している。ここで、喜八は映画の中の登場人物の死について、「『死んだ』といったふうにさりげなく片づけたい。その代わり、その死に到る前は丹念に凝りたいと思っている。死そのものはアッケなくても、人間一人が死に到るまでは、そうそうアンチョコなものではないと考えるからである」と書いている。さらに、見栄えがよいだけの振り付けを好まず、「どんなに娯楽的要素の強い作品であっても、人間の死を扱う以上は、そんなきれいごとで片付づけ《ママ》られないと思っている」とも書く。
それゆえ、こう断言するのだ。

戦争中私たちは、「死は鴻毛《こうもう》より軽し」と教わったが、人間一人の死がそんなに軽かろうはずはない、ま、そんな戦争映画を撮ってきたつもりではある。平たく言ってやっぱり「死んで花実が咲くものか」と思う。

喜八は風太郎のように達観はしていないが、風太郎と同じく、死を「アッケない」ものと捉えている。だからこそ「そのアッケなさを納得して死ねるように、生きてる間にせいぜい、まだまだ山ほどもありそうなやりたいことを、出来るだけやっておこう。私には、それしか手がないようである」と記すのだ。
第二章でも言及したが、学生時代の喜八の日記を読むと、両者の間の感受性の差も大きいように思う。物事を捉える時、怒りや哀しみを源泉に、抽象的に思考する風太郎に対し、喜八は喜びを求め、どこまでも具体的だった。母や姉の死による悲嘆が根っこにあったが、抽象化されてはいない。悲しい時は悲しいと言うのが喜八だった。「何と言われても、活動屋は活動写真を創るしか能はない。私はやっぱり、ジタバタし乍ら、引かれ者の小唄をうたいつづけるつもりである」（『宝島』一九七五年二月号）と書き、「好きな言葉に、『人間、その足を切られたら、切り株ででも歩け』というのがある。（中略）『切り株』ででも歩けという言葉に自らを戒めて、これからも撮り続けたい」（『近代中小企業』一九八〇年五月号）とつづった喜八である。達観からは縁遠く、その歩みを止めるつもりはなかっただろう。

何より次女の真実さんは「ほかにも構想していた作品はいくつもあった」と話し、『キネマ旬報』二〇〇五年五月上旬号の喜八の追悼企画で、小林桂樹が「『肉弾』の続編のような作品を構想しているので、そのときには協力してほしいという手紙もいただいていた」と明かしている。『幻燈辻馬車』を撮り終えることができたとして、喜八はまだその先を諦めていたわけではなかったのだろう。

戦友会

戦争体験にこだわり続けた喜八だったが、実は戦友会には出席してこなかった。

あれだけ軍隊を批判した殿山泰司でさえ、戦後二十年ほどたった頃、戦友会に出席し、その時の様子と情懐をつづっている（『殿山泰司ベスト・エッセイ』）。

関東や甲州地方在住の戦友諸君の何人かとは、二年ほど前の秋に、だから二十数年ぶりで、箱根温泉は湯本の旅館で再会した。世話人から召集があったのだ。おれは出かけた。兵隊当時の上級下級の別はなく、大声で談笑し、みんなくっきりと面影を残しており、ひどく愉快ではあったが……（以下略）

戦友会であれば、戦争当時の思い出を語ることが中心となる。おのずと、気持ちはあの頃へと戻る。それは喜八にとって、受け入れがたいことだったのだろう。

喜八が戦友会に出席したのはおそらく一回だけだ。その戦友会とは、一九四五（昭和二十）年一月に松戸の陸軍工兵学校に入校した特別甲種幹部候補生たちが作った「特甲幹一期生戦友会」のことだ。喜八が唯一出席したのは、二〇〇三（平成十五）年九月七日、小田原市にあった「スパウザ小田原」で開催された会だった。喜八が所属した中隊の中隊長だった梶原美矢男の息子である真悟さんによれば、梶原がこれまで一度も出席していなかった喜八に対して、「これが最後の会になるから」と出席を依頼したという。喜八の妻、みね子さんも、この会に同席したことを覚えていた。

二〇〇三年九月、小田原で行われた戦友会にて。喜八（左）にとって、最初で最後の出席となった。妻のみね子さん（右）、中隊長だった梶原美矢男さん（中）と。（梶原真悟さん提供）

真悟さんの手元には、梶原のアルバムが残されており、喜八が出席した唯一の戦友会の様子を写した写真もあった。真悟さんは「実は、処分しようと思っていたんですよ。運がよかったですね」と言って見せてくれた。何枚かに喜八が写っているが、その中には、かつて喜八と対談をした同期生、谷口周平の姿もあった。ほかの候補生たちは笑みを浮かべているが、喜八は口を真一文字に結んでいる。梶原を真ん中に、向かって左手には喜八、右手にみね子さんが写る写真の中の喜八は、少し笑っているようにも見える。

みね子さん曰く「よい印象を持っていた」という梶原からの誘いだから、行ったのだろうか。あるいは、最後という言葉に惹かれたのか。はたまた、それまで出席してこなかった喜八の心境に何らかの変化が起こったのか。どうしても嫌であればこれまで通り、出席はしなかっただろう。自身の戦争体験を受け入れることができるまで、六十年かかったとも言えるだろうし、一人の生身の人間が、六十年かけてようやく、戦争体験というものに向き合うことができた瞬間だったとも言えるのかも知れない。

そのための六十年。それは、あまりに長く、戦争の残酷さに改めておののく。

『マスコミ評論』一九八〇年新年号で、喜八は「僕はB級でいたいと思ってる。A級を目指しながらね。自分の映画をわかってもらうのに、巨匠なら一本の映画でいけるから。僕らは何本か見てもらうしか手がない。それぐらい戦争というのは僕にとってモンスターなんですよ」と語っている。評論家の鶴見俊輔（一九二二／大正十一年生）は、『朝日新聞』一九八七年五月十一日付朝刊に掲載した喜八の自伝的エッセイ『鈍行列車キハ60』の書評を、「時代にあったスピードで今を走りぬけるのが新幹線。その新幹線に次々においこされつつ、ゆっくり今の時代を走ってゆくのが鈍行列車で、キハは気動車の型式記号。キハのハの字を喜八と読みかえ……」と書き起こし、最後はこう締めている。

著者は助監督になってから監督になるまで十五年かかったそうで、だから鈍行列車に自分をなぞらえるのだが、しかし新幹線のようにこの時代を走りぬけたいと思っているわけではあるまい。あの戦争でなくなった三百万人と一緒に動いている故に早くは走れないのだ。

二〇〇五年二月十九日、八十一歳の誕生日の二日後、岡本喜八は亡くなる。戦後六十年の年だった。

おわりに

一九六〇（昭和三十五）年、喜八は早稲田大学を卒業したばかりの、中みね子さんと結婚した。喜八がみね子さんの実家に結婚の挨拶に来た日、みね子さんの父は姿を隠してしまい、母は得意料理としていた、普通の二倍はあろうかという分厚いとんかつを振る舞った。緊張して手がつけられないみね子さんの分も喜八はペロリと食べた。喜八が十三歳年上であることを気にしていた母は、「みーね、歳があんなに違うけどまぁいいや、カツ二枚食べれるぐらいだからちょっと働けるだろう」と太鼓判を押した。そんな思い出話をみね子さんは笑いながら語る。

妹がみね子さんの友人でもあった映画評論家の白井佳夫さんが、こんなエピソードを教えてくれた。

「『肉弾』に大谷直子が裸になるシーンがあるでしょ。その場面を撮る時、喜八夫人が自分も裸になってね、『あなたの隣で私も裸になるから、そのシーンはやってね』って」

思わず感嘆する私に、白井さんも「すごいですよ。当人から聞いた話だから本当なんでしょうね。初出演の女優が全裸になるっていうのが見せ場のひとつだったんで、どうしてもやらないといけない。スタッフの前で一緒に裸になって全身をさらすからあんたもやってねっていうね。それくらい喜八に入れ込んでいたわけですね」。そして、しみじみとした調子で言った。「そういうふうに献身的にやりましたからね。なかなかそこまでやる人も……しかも製作にかかるお金もあの夫人のほうが出したんだろうから。一流の監督にして、岡本みね子あっての喜八だったと。だから喜八ちゃんというのは、本当にいい伴侶を得たんじゃないですかね」

白井さんは続ける。

「でも、もっといけるんじゃないかって。才能を信じているゆえに、もうちょっとこう評価されてほしいと思ったのかもね」

みね子さんがいなければ、岡本喜八郎は、今私たちが目にする映画監督岡本喜八にはなれなかったかも知れない。

この物語はどこまで真実を書けているのか。喜八自身や周囲の語りの中にある創作に気づけているのか。特定の立場に立てば、それ以外の視点はぼやける。白井さんが語った『肉弾』での裸のシーンの逸話を、みね子さんに直接尋ねてみた。みね子さんは「そんなこと言ったかは覚えていないけど、あれは『肉弾』にとって、とても重要なシーンだったから」と語った。一方、主演の寺田農さんは「そんな状況はなかったんじゃないか。直子の体は前張りというか、大きなガムテープで見えないようにしていた。むしろ監督はそういうことに非常に気をつかっていた」と話す。真相は分からない。ここでもまた、喜八をめぐる虚実は曖昧になる。

岡本喜八が語らなかった岡本喜八郎の姿を追う中で、思いがけず、学生時代から東宝に入社し、助監督として活動するまでの一年二か月分の日記が見つかり、この時代の喜八郎の姿を知ることが可能になった。そこに書かれていたことと、映画監督となった後に書いたものでは同じ場面でも、大きく異なることがあった。

次女の真実さんがこんな話を教えてくれた。

「黒澤（明）さんとか成瀬（巳喜男）さんとかみんなすごくて、喜八は助監督十五年やってて芽が出なくて、どうせ僕はって時に、うちのおばあちゃん（喜八の妻、みね子さんの母）が、男を奮い立たせるのに、一人いいものを食べさせて、毎日そうやって調教してけ、みたいなことを母に言ったらしい。だから『俺だけはすごいんだ』って洗脳されていったら、最後は映画監督っぽくなったみたい」

愛娘《まなむすめ》がいたずらっぽく語る逸話の中に、喜八自身が好んで語りたくなかった姿が垣間見《かいまみ》えた。

そんな姿を気取られないところに、今風に言えば喜八の〝ブランディング〟があった。戦後、喜八が東宝に復職したばかりの頃の写真は全然垢抜《あかぬ》けていない。真実さんは「これ見ると、なんか許せちゃうね」と言う。岡本喜八郎は一生懸命、岡本喜八になろうとして、ついになったのだ。江分利流に言えば、「こりゃ大変なことじゃないか。壮挙じゃないか」。

喜八は川崎市内に建てた三階建ての自宅の三角屋根の部分に、書斎を設けた。喜八の死後、わけあってこの自宅が壊される時、真実さんの夫の前田伸一郎さんは新しく建てた家に、この書斎部分を移築した。当然建築費は余計にかかる。それでも喜八を思い、移築を決意した。

本書の執筆も佳境に差しかかった二〇二三年九月下旬、『kihachi―フォービートのアルチザン』の編者で、エディター兼ライターの佐々木淳さんと一緒に資料整理を行った。佐々木さんは、早ければ二〇二四年中に同作の増補決定版を刊行する予定だ。次々に発掘されるシノプシスと膨大なメモ。メモは作品製作にかかわるものから、私生活の備忘録まで多岐にわたるが、やはり目を引いたのは戦中派の心情をうかがわせるものだった。

『幻燈辻馬車』について、原稿用紙に「幻燈辻馬車は、エラくもなく、さして強くもない　普通の人間が懸命に斗《たたか》う話である」と書いた。『近頃なぜかチャールストン』についてと見られるメモには「ミステリィ風コメディ」と書いて、「でも」と一拍置き、「戦中派の心情は、淡々と吐露して」とつづった。そして、「ここまで、生きて来れたのだから、とことん生きてやれ、といった気持ちと、老醜だけはイヤだなといった気持ちのハザマに居る、そんな、今日只今の実感から出発したのです」とも記した。また別のメモには「戦争はモンスターである。従って、あらゆるアングルから囓《かじ》りつかなければその本質に迫まれない」とあった。

喜八の青春には戦争が影を落とし、戦争に骨身をさらけ出した。戦後も心身に戦争がとどまり、思考や行動に影響を与えた。それが戦中派であり、彼らの生きた時代があった。彼らの中には、「はじめに」で触れた私の母方の祖父もいた。一九二五（大正十四）年生まれの祖父は、六十歳を超えたあたりから、戦争中に海軍航空隊の隊員として過ごした京都の峯山《みねやま》、鳥取の美《み》保《ほ》、山形の神町といった海軍の基地のあった場所を訪ね歩くようになった。表現者ではなく、ささやかな実業家であった祖父が戦争中の自分を省みることができるようになったのは、生きるために働き続けた人生にようやく一息ついた頃だった。だが、それから間もなく、祖父は六十五歳で亡くなる。この行動にこめた自らの思いを形に残すことなく逝ったが、「はじめに」で触れた戦友の顔写真付きの名簿を枕元に置いていた行為を踏まえれば、祖父も戦中派の一人として、その心情を手放さなかったのだと思う。そして、孫たる私は、祖父が語らなかった心情を、喜八作品を通して感じている。喜八の残した、おそらく公開を念頭に置いていなかったであろうメモに接したことで、喜八作品の中に戦中派の心情を見ることが間違いではなかったのだと、確信を持つことができた。

第四章で、庵野秀明さんが脚本と総監督を務めた『シン・ゴジラ』について、物語の鍵を握る生物学者、牧悟郎（顔写真が喜八）の「私は好きにした、君らも好きにしろ」という言葉を紹介し、「喜八らしさを感じさせる」と私の感想を付した。ここまで来ると、これは本当に喜八が残した言葉なのだと思える。喜八を知ろうとすればするほど、喜八から「私は好きに生きた。では、君たちはどう生きるのか」と問われているように感じられるのだ。

喜八の書斎にあった資料の整理中、「好きな映画づくりを続ける為には、好きな事の一つや二つは止めなくては、と思って、マージャンに続いて、すでに、とっくにゴルフは止めていた」と書かれたメモを見つけた。喜八にとって生きることは、好きなことを続けることだった。山ほどあるシノプシスもそれを物語る。好きに生きるということは、簡単なことではない。突如として理不尽なことも起こる。しかし、喜八はそれをやり抜いた。いや、もしかすると、やり抜くために戦争をテーマにしたのかも知れない。映画を撮り続けることで喜八は生きてこられた。だからこそ、喜八作品は単なる反戦映画とはならなかった。

一方で、家族には大きな負担がかかった。喜八の死後、喜八が使っていた机の中から、一枚の紙を真実さんは見つけた。そこにはこう書かれていた。

非才
なんだかんだと、
映画づくりに没頭したせい（故）で
あちこちに数々の、

不義理を重ねて来ました。
それだけが、
心残りです。

自負と矜持《きょうじ》と照れが混じる。申し訳ないという気持ちもあったのかも知れない。

喜八の墓は川崎市内の公園墓地「春秋苑」の一角にある。私も折りに触れては墓参をした。ある時、シンボルカラーである黒色の墓石を眺めていると、ふと、真実さんが「映画監督岡本喜八の墓は春秋苑、岡本喜八郎の墓は西念寺」と言ったことが思い出された。確かに今、目の前にある黒い墓石には「岡本喜八」と刻まれており、鳥取県米子市の喜八の生家近くにある西念寺の墓には父や母、姉の名前とともに、本名で「喜八郎」と刻まれていた。真実さんの言葉が何だか気になって、墓石の後ろに回ってみた。そこにはこう刻まれていた。

昭和四十九年九月吉日　岡本喜八郎　みね子　建之

それは、岡本喜八と岡本喜八郎との関係を端的に表していた。くり返し述べてきたように、映画監督岡本喜八が語った岡本喜八郎の姿と、実際の岡本喜八郎が生きた姿は、時に明確に分かれ、時に混じり合っていた。それはまさに虚実皮膜。だが、虚と実を分ける必要はない。職人として娯楽作品に仕上げるため、実の中に虚を躊躇なく取り込んだ。その姿勢、岡本喜八郎は、どこまでも映画監督岡本喜八であった。

最後にお世話になった方々にお礼を。本書は本当に多くの方のご好意で出来上がりました。まず、岡本真実さん。二〇二一年四月下旬にお会いして以来、これほど多くの協力をいただけるとは思ってもみませんでした。本当にありがとうございました。一番長い間、監督のそばにいたみね子さんからも貴重なお話をうかがうことができました。真実さんの夫である前田伸一郎さんには、未見の資料についてのアドバイス、入手しづらい喜八作品の提供、何より書斎に残された資料を整理するご許可をいただきました。伸一郎さんの監督への思いに少しだけでも報いることができたとすれば嬉しいです。

小原淳男さん、美恵子さんご夫婦にお目にかからなければ、米子時代の喜八を知ることはできませんでした。

寺田農さんには、本書の刊行を気にかけていただき、活字になっていないような話まで聞かせていただきました。

喜八作品でプロデューサーを務めた針生宏さんにはお目にかかり、お話をうかがうだけではなく、何度も手紙のやり取りをし、その都度、貴重な証言、知見を披露していただきました。梶原真悟さんにご尊父、美矢男さんの手記を見せていただいたことは、豊橋陸軍予備士官学校にいた時代の喜八の姿を知る上で大きな手がかりとなりました。

戦場体験放映保存の会の田所智子さんには、兵士だった方の有益な情報をいつも教えていただいています。今回も、清水進さんについての貴重な史料をお貸しいただきました。

一橋大学名誉教授の吉田裕先生、戦場体験放映保存の会の渡辺穣さん、エディター兼ライターの佐々木淳さんには下読みをしていただき、有益なアドバイスをいただきました。おかげ様で、安心して世に出すことができました。

ほかにも、お忙しい中、監督のためならばと、取材を受けていただいた方が数多くおられました。その中のお一人が二〇二三年八月にお亡くなりになった劇作家の岡部耕大さんでした。岡部さんには、その年の三月初旬にご自宅でお目にかかり、食事をご馳走になりながら、思い出話をうかがいました。この本の完成を楽しみにしていると言ってくださっていたのに、本当に残念です。

この本を渡し、直接お礼を申し上げることができなかったもう一人が、本書でも引用した『近頃なぜか岡本喜八』の版元であるみずき書林の岡田林太郎さんです。岡本真実さんの連絡先を教えてくれたのは岡田さんでした。岡田さんが二〇二三年七月に亡くなられたことを、同社のＨＰで知りました。岡田さんの手による『近頃なぜか岡本喜八』を読んだことで、喜八についての本格的に調べ出し、本にすることに意義を見出したとも言えます。
最後の最後に、編集者の出和陽子さんにも一言。八年前の偶然の出会いをきっかけに、付き合いが始まり、ついに本を刊行することができました。この奇縁に感謝します。

前田啓介

二〇二三年十二月八日　日米開戦の日に

参考文献・資料

媒体ごとに分けて登場順に掲載。
前の章と重複するものは省略しました。

はじめに

岡本喜八『鈍行列車キハ60』佼成出版社、一九八七年

第一章

岡本喜八『あやうし鞍馬天狗』のびのび人生論30、ポプラ社、一九八七年
『米子自治史』米子市役所、一九三九年
米子商工会議所編、米子商業史編纂特別委員会著『米子商業史—米子商工会議所一〇〇周年記念』米子市、米子商工会議所、米子市商店街連合会、一九九〇年
一九三四年版『米子商工案内』米子商工会議所
『山陰実業名鑑』帝国興信所米子支所出版部、一九一二年
一九二七年、一九二八年版『商工資産信用録』商業興信所
一九三七年、一九三八年版『小間物化粧品年鑑』東京小間物化粧品商報社
岡本喜八『ヘソの曲り角—映画界の鬼才が放つ辛口エッセイ』東京スポーツ新聞社、一九七七年
山室信一『キメラ—満洲国の肖像　増補版』中公新書、二〇〇四年
佐々木雄一『近代日本外交史—幕末の開国から太平洋戦争まで』中公新書、二〇二二年

筒井清忠『戦前日本のポピュリズム—日米戦争への道』中公新書、二〇一八年
『鳥取県史』近代第二巻、鳥取県、一九六九年
小熊英二『〈民主〉と〈愛国〉—戦後日本のナショナリズムと公共性』新曜社、二〇〇二年
岡本喜八『ななめがね』文化服装学院出版局、一九六九年
創立五十周年記念誌編集委員会編『創立五十周年記念誌』鳥取県立米子南商業高等学校、一九七九年
創立六十周年記念誌編集委員会編『創立六十周年記念誌』鳥取県立米子南商業高等学校、一九八九年
加藤陽子『満州事変から日中戦争へ』シリーズ日本近現代史五、岩波新書、二〇〇七年
川田稔『昭和陸軍全史2　日中戦争』講談社現代新書、二〇一四年
吉田裕『アジア・太平洋戦争』シリーズ日本近現代史六、岩波新書、二〇〇七年
『校友会報』第一〇〜一四号、鳥取県立米子商蚕学校、一九三七〜一九四一年
『新修　米子市史』第四巻、米子市、二〇〇八年
田中純一郎『日本映画発達史Ⅲ　戦後映画の解放』中央公論社、一九八〇年
岡田千尋「戦時統制下の中小商業」『彦根論叢』二二八・二二九号、滋賀大学経済学会、一九八四年
天野郁夫『高等教育の時代』上下巻、中公叢書、二〇一三年
駿台資料編纂会『白雲なびく駿河台—明治大学100年学生史』駿台資料編纂会、一九八〇年

『國立公園』四八〇号、一九九〇年一月
『官報』一九二八年二月四日

『山陰の経済』一九八六年八月号
『時代』一九八〇年二月二十日号
『推理』一九七〇年六月特大号

『読売新聞』一九三二年三月二十四日付夕刊

第二章

小宮徳次『還らざる戦友―蘭貢高射砲隊司令部（森一二二〇〇部隊）顚末記』私家版、一九七五年
渋谷区立白根記念郷土文化館編『渋谷区戦災区域図』発行年不明
秦郁彦編『日本陸海軍総合事典　第2版』東京大学出版会、二〇〇五年
新宿歴史博物館編『キネマの楽しみ―新宿武蔵野館の黄金時代』新宿区生涯学習財団、新宿歴史博物館、一九九二年
水島芳静『大東京と郊外の行楽―附・日帰りハイキング案内』荻原星文館、一九三五年
仲摩照久編『日本地理風俗大系』第二巻、新光社、一九三一年
酒井潔『日本歓楽郷案内　改訂版』談奇群書第四編、竹酔書房、一九三一年
森山優「日米交渉から開戦へ」、筒井清忠編『昭和史講義―最新研究で見る戦争への道』ちくま新書、二〇一五年
岡本喜八『ただただ右往左往』晶文社、一九八三年

山本夏彦『誰か「戦前」を知らないか―夏彦迷惑問答』文春新書、一九九九年
『日本国語大辞典　第二版』第六巻、小学館、二〇〇一年
福田眞人「明治翻訳語のおもしろさ」『言語文化研究叢書』七号、名古屋大学大学院国際言語文化研究科、二〇〇八年三月
押田信子『元祖アイドル「明日待子」がいた時代―ムーラン・ルージュ新宿座と仲間たち』育鵬社発行、扶桑社発売、二〇二二年
山田風太郎『戦中派虫けら日記―滅失への青春　昭和17年～昭和19年』ちくま文庫、一九九八年
東大十八史会編『学徒出陣の記録―あるグループの戦争体験』中公新書、一九六八年
蜷川壽惠『学徒出陣―戦争と青春』歴史文化ライブラリー43、吉川弘文館、一九九八年
牛田守彦『戦時下の武蔵野Ⅰ　中島飛行機武蔵製作所への空襲を探る』ぶんしん出版、二〇一一年
伊藤隆監修、百瀬孝著『事典　昭和戦前期の日本―制度と実態』吉川弘文館、一九九〇年
平塚柾緒編著『日本空襲の全貌』洋泉社、二〇一五年
『東京大空襲・戦災誌』編集委員会編『東京大空襲・戦災誌』第二巻、東京空襲を記録する会、一九七三年
『証言・学徒勤労動員―中島飛行機武蔵製作所に動員された学徒の記録』武蔵野の空襲と戦争遺跡を記録する会、二〇〇三年
夏季市民講座記録の会、武蔵野市教育委員会編『戦争と平和を考えるⅡ　戦争と武蔵野市―夏季市民講座の10年』武蔵野市教育委員会社会教育課夏季市民講座担当、一九八四年

『キネマ旬報』一九三八年一月十一日号、一九四八年十一月秋季特大号、一九六〇年四月下旬号、一九八三年一月上旬号、一九九八年十月下旬号
『区劃整理』一九四〇年二月号
『映画芸術』一九九一年冬号
『SIGNATURE』一九八四年三月号
『男性自身』一九八〇年三月五日号
『近代中小企業』一九八〇年五月号
『潮』一九六九年四月号
『週刊文春』一九六八年十一月十一日号
『東京人』一九八八年秋季号
『週刊漫画アクション』一九七三年四月十九日号
『随筆サンケイ』一九六七年十一月号
『毎日新聞』一九六九年二月十一日付朝刊

第三章

『復刻版　戦中戦後時刻表』新人物往来社、一九九九年

工友会『陸軍工兵学校』工友会事務局、一九七七年
工友会『続陸軍工兵学校』工友会事務局、一九八五年
足立全康『庭園日本一　足立美術館をつくった男』日本経済新聞出版社、二〇〇七年
歴史教育者協議会編『幻ではなかった本土決戦』高文研、一九九五年
劇団民藝「狂騒昭和維新」公演パンフレット、一九七五年
岡本喜八『マジメとフマジメの間』ちくま文庫、二〇一一年
山本昭宏編『近頃なぜか岡本喜八―反戦の技法、娯楽の思想』みずき書林、二〇二〇年
春日太一『日本の戦争映画』文春新書、二〇二〇年
高士会『嗚呼、豊橋―学校所在碑除幕記念誌』高士会、一九九五年
豊橋第一陸軍予備士官学校第一期特別甲種幹部候補生士魂会編『五十年のむこうに　あの日があった』士魂会、一九九四年
邦園会編『高師天伯―豊橋第一陸軍豫備士官学校兵科特別甲種幹部候補生（第一期生）記念文集』邦園会
梶原真悟『昭和天皇の地下壕―「（吹上）御文庫附属室―大本営会議室（地下壕）」の記録』八朔社、二〇一八年
北田喜代司『かたつむり』私家版、一九九八年
岩瀬彰利『令和に語り継ぐ　豊橋空襲』人間社、二〇二〇年
豊橋市戦災復興誌編纂委員会編『豊橋市戦災復興誌』豊橋市役所、一九五八年
豊田珍彦『豊橋地方　空襲日誌　五』私家版、一九四五年

豊橋空襲を語りつぐ会『豊橋空襲体験記』豊橋空襲を語りつぐ会、二〇〇〇年
愛知県防空総本部「愛知県地区空襲被害概況蒐録（四）」、『名古屋空襲誌』資料篇、名古屋空襲を記録する会、一九八五年
防衛庁防衛研修所戦史室『戦史叢書　本土決戦準備1　関東の防衛』朝雲新聞社、一九七一年
笠井潔『8・15と3・11―戦後史の死角』NHK出版新書、二〇一二年
兵東政夫『軍都豊橋―昭和戦乱の世の青春に捧げる』私家版、二〇〇七年
飯塚浩二『日本の軍隊』岩波現代文庫、二〇〇三年
向坊壽『帽振れ…―ある戦中派の追憶』作家の自画像4、昭和出版、一九七一年
森岡清美『決死の世代と遺書』新地書房、一九九一年
今村昌平ほか編『戦後映画の展開』講座日本映画5、岩波書店、一九八七年
大山町誌編さん委員会編『大山町誌』大山町役場、一九八〇年
伊藤正徳『帝国陸軍の最後3　死闘篇』光人社NF文庫、一九九八年
防衛庁防衛研修所戦史室『戦史叢書　西部ニューギニア方面陸軍航空作戦』朝雲新聞社、一九六九年
春島会編集委員会編『飯田隊（歩211連隊12中隊）ハルマヘラ戦記』一九八一年十二月
『西南学院史紀要』第九号、二〇一四年
『松戸史談』第五三号（二〇一三年十一月）、第五五号（二〇一五年十一月）
『国づくりと研修』一九八〇年十二月号

『偕行』一九八四年二月号、七月号
『映画芸術』一九六六年四月号
『女性セブン』一九九五年八月二十四日・三十一日号
『週刊文春』一九九三年四月二十二日号
『コミックボックス・ジュニア』一九九九年十二月号増刊
『NOMAプレスサービス』一九八〇年九月号
『シナリオ』一九六六年七月号
『銀座百点』四三九号、一九九一年六月一日
『経済往来』一九八六年七月号
『保険学雑誌』第五三一号、一九九〇年十二月

『読売新聞』二〇一五年八月十五日付朝刊
『毎日新聞』二〇二〇年三月二十一日付朝刊

第四章
成橋均ほか編『太平洋戦争名画集』ノーベル書房、一九六七年
佐々木淳編『kihachi―フォービートのアルチザン―岡本喜八全作品集』東宝出版事業室、一九九二年
佐藤忠男編『岡本喜八ノ世界』日本映画の発見実行委員会、一九九四年

小林桂樹、中山敬三『役者六十年』中日新聞社、二〇〇五年
小林桂樹、草壁久四郎『演技者—小林桂樹の全仕事』ワイズ出版、一九九六年
山口瞳著、小玉武編『山口瞳ベスト・エッセイ』ちくま文庫、二〇一八年
山口瞳『男性自身—困った人たち』新潮文庫、一九八三年
岩手県農村文化懇談会編『戦没農民兵士の手紙』岩波新書、一九六一年
村上春樹『猫を棄てる—父親について語るとき』文春文庫、二〇二二年
天本英世『日本人への遺書』徳間書店、二〇〇〇年
半藤一利『日本のいちばん長い日　決定版』文春文庫、二〇〇六年
『東宝シナリオ選集　日本のいちばん長い日』東宝、一九九〇年〈非売品〉
岡本喜八『描いちゃ消し描いちゃ消し—岡本喜八の絵コンテ帖』アトリエ出版社、一九八四年
伊藤雄之助『大根役者・初代文句いうの助』朝日書院、一九六八年
秦郁彦『八月十五日の空—日本空軍の最後』文春文庫、一九九五年
北沢文武『児玉飛行場哀史』文芸社、二〇〇〇年
木俣滋郎『陸軍航空戦史—マレー作戦から沖縄特攻まで』経済往来社、一九八二年
春日太一『鬼の筆—戦後最大の脚本家・橋本忍の栄光と挫折』文藝春秋、二〇二三年
吉田満『戦艦大和ノ最期』講談社文芸文庫、一九九四年
竹中労『琉球共和国—汝、花を武器とせよ!』三一書房、一九七二年
吉村昭『総員起シ』文春文庫、二〇一四年

大岡昇平『ミンドロ島ふたたび』中公文庫、二〇一六年
川本三郎『時代劇ここにあり』平凡社、二〇〇五年
シナリオ作家協会「井手雅人　人とシナリオ」出版委員会編『井手雅人　人とシナリオ』日本シナリオ作家協会、一九九一年
殿山泰司著、大庭萱朗編『殿山泰司ベスト・エッセイ』ちくま文庫、二〇一八年
新藤兼人『三文役者の死―正伝殿山泰司』同時代ライブラリー、岩波書店、一九九一年
山本義正『父・山本五十六―その愛と死の記録』カッパ・ブックス、一九六九年
城山三郎『失われた志　対談集』文春文庫、二〇〇〇年
安田武『戦争体験―一九七〇年への遺書』ちくま学芸文庫、二〇二一年

『週刊漫画アクション』一九七三年三月十五日号
『キネマ旬報』一九六〇年二月特別号、一九六一年七月臨時増刊号、十二月上旬号、一九六三年八月下旬号、一九六四年一月新春特別号、一九六五年七月下旬号、一九六七年二月上旬決算号、四月下旬号、一九六九年五月上旬号、十月下旬号、一九七一年十月下旬号、一九七八年十二月上旬号、二〇〇五年五月上旬号
『週刊朝日』一九五九年十月十八日号、一九七一年八月六日号
『映画芸術』一九五九年十月号、一九六七年十月号
『映画評論』一九六〇年三月号

『アートシアター』六二号（一九六八年十月）、一一四号（一九七五年三月）、一四八号（一九八一年十二月）
『週刊新潮』一九七六年四月二十二日号、五月六日黄金週間特大号、一九九五年九月十四日号
『小説新潮』一九九六年八月号
『サントリークォータリー』五一号、一九九六年四月
『シナリオ』一九六二年三月号、一九六三年十月号、一九七二年四月号
『オール讀物』一九七二年四月号、二〇〇九年五月号
『アサヒ芸能』※掲載号不明
『丸』一九六九年五月号、一九七二年十二月特大号
『東宝映画』一九六三年十月号
『週刊文春』一九六七年八月十四日号
『週刊読売』一九六七年八月二日号
『マスコミ評論』一九八〇年新年号
『名古屋プレイガイドジャーナル』一九八二年一月号
『映画テレビ技術』一九七一年八月号
『映画撮影』四十三号、一九七一年七月
『月刊アニメージュ』一九九七年一月号
『大衆文芸』第十七巻第七号、一九五七年七月

『サライ』二〇〇三年九月四日号
『宝島』一九七五年二月号

『日刊スポーツ』一九五九年七月二十五日付、一九九五年九月二日付
『読売新聞』一九六三年八月三十一日付夕刊、一九七一年二月十五日付夕刊、一九八七年五月七日付夕刊、
一九九二年五月二十二日付夕刊
『埼玉新聞』一九九八年五月六日付朝刊、六月六日付朝刊
『毎日新聞』一九六七年八月十一日付朝刊、一九六九年二月十五日付夕刊、二〇〇二年三月十二日付夕刊
『佐賀新聞』一九八八年七月二十二日付朝刊
『朝日新聞』一九八一年十一月十三日付夕刊、一九八四年三月二十四日付夕刊、一九八七年五月十一日付
朝刊、二〇〇〇年六月二十三日付夕刊、二〇一〇年五月十六日付朝刊
『報知新聞』一九六三年十一月十一日付
『日本経済新聞』一九六三年十一月二十日付夕刊
『日本読書新聞』一九六七年八月二十八日付
『四国新聞』二〇〇八年三月十二日付朝刊
『赤旗』一九九三年八月十三日付
『名古屋タイムズ』一九六七年八月十一日付
『中日スポーツ』一九六七年八月十二日付

『東京新聞』一九九六年十月三日付夕刊
『神戸新聞』一九六八年十月十二日付朝刊
DVD版『日本のいちばん長い日』ライナーノーツ、東宝、二〇一五年
ブルーレイ版『激動の昭和史　沖縄決戦』ライナーノーツ、東宝、二〇一七年

その他の参考資料

寺島正芳『岡本喜八全仕事データ事典』私家版、二〇一四年
岡本喜八『しどろもどろ―映画監督岡本喜八対談集』ちくま文庫、二〇一二年

JASRAC　出　2309322―301

岡本喜八　作品リスト

タイトル	公開年	著者の推しどころ
結婚のすべて	一九五八	現代人の特権として喜八作品をいくつか観てから鑑賞すべき。
若い娘たち	一九五八	結末まで予想できるのにずっと目が離せない。どこか小津調。
暗黒街の顔役	一九五九	「耐える男」鶴田浩二の期待を裏切らない筋の通し方を観よ。
ある日わたしは	一九五九	ビフテキではなくてコマギレでよかった。タンゴで、味付け。
独立愚連隊	一九五九	五作目にして原点。佐藤允だからこその快活さ、後味の良さ。
暗黒街の対決	一九六〇	ドライであろうとする世界観に義理やら人情やらが入り込む。
大学の山賊たち	一九六〇	スキーを愛した喜八唯一のスキー映画。故に盛り込み過ぎたか。
独立愚連隊西へ	一九六〇	戦争への思いを明確に加え洗練させ、続編が前作を上回った。
暗黒街の弾痕	一九六一	加山雄三の華やかさと明るさが作品全体の色合いまで決めた。
顔役暁に死す	一九六一	知恵と勇気があって、タフで朗らか。そんなヒーローの物語。
地獄の饗宴《うたげ》	一九六一	最終盤で評価急上昇。喜八版フィルム・ノワールの最高傑作。
どぶ鼠作戦	一九六二	戦場を舞台にしたアクション。だけで終わらず自由への逃走。

月給泥棒	一九六二	喜八版の『ニッポン無責任時代』か。ユーモラスで、軽やか。
戦国野郎	一九六三	戦国時代が舞台の『独立愚連隊西へ』や『どぶ鼠作戦』の趣。
江分利満氏の優雅な生活	一九六三	喜八が最も好きと公言した作品。そのすべてに、喜八がいる。
ああ爆弾	一九六四	動作が軽快でコミカル。『江分利満氏の——』風のセリフも。
侍	一九六五	工夫を凝らした井伊大老襲撃の場面は本作中最大の見どころ。
血と砂	一九六五	若者の死は空しく、惜しいものだ。その思いが痛烈に伝わる。
大菩薩峠	一九六六	ただひたすら斬る。斬り続けるその境地も、行き着く先も無。
狂人狂時代	一九六七	意味を追うか感じるか。仲代達矢の硬軟合わせた魅力を堪能。
日本のいちばん長い日	一九六七	一瞬の弛緩もなく最後まで引っ張っていく。息詰まる大傑作。
斬る	一九六八	構図、音楽、人物すべてがカッコイイ。喜八時代劇の最高傑作。
肉弾	一九六八	どこか可笑しくてなぜか哀しい。これこそ喜八映画の真骨頂。
赤毛	一九六九	唾棄すべき卑劣漢はどの時代もいるという憤り。首肯したい。
座頭市と用心棒	一九七〇	無双の両者がもしも戦ったらという設定だけで十分魅力的だ。
激動の昭和史　沖縄決戦	一九七一	卓抜した構図と印象に残るセリフ。「船が七分に海が三分だ」

にっぽん三銃士 おさらば東京の巻	一九七二	二本で一作とし、まずは登場人物のキャラクターを押さえたい。
にっぽん三銃士 博多帯しめ一本どっこの巻	一九七三	折々に表れる戦中派の心情や世代間のギャップが肺腑を衝く。
青葉繁れる	一九七四	喜八の戦争体験を知って観ると、ささやかな青春も愛おしい。
吶喊《とっかん》	一九七五	格好良くても意地汚くても、生きるのは素晴らしいことだ。
姿三四郎	一九七七	明治期の自由と得体の知れなさが混じり合う。その一歩手前。
ダイナマイトどんどん	一九七八	名優たちが大マジメにふざけて流儀も時代考証も吹っ飛ばす。
ブルークリスマス	一九七八	唯一のＳＦ。喜八の想像力の可能性、幅の広さを感じさせる。
英霊たちの応援歌 最後の早慶戦	一九七九	ただただ泣けて仕方ない。特攻隊の若者は死の意味を求めた。
近頃なぜかチャールストン	一九八一	喜八が描いた戦争映画の集大成。虚実ない交ぜの心情が発露。
ジャズ大名	一九八六	筋も主張もちゃんとある。だからこそ最後の狂乱劇が生きる。
大誘拐　RAINBOW KIDS	一九九一	緒方拳の溌剌、北林谷栄の練達。そして、風間トオルの純情。
EAST MEETS WEST	一九九五	ここで出た「御用そのまま」。侍たちの義理と人情の西部劇。
助太刀屋助六	二〇〇二	母への思慕、父への愛情宿る本作が遺作とは。胸が熱くなる。

前田啓介（まえだ けいすけ）

一九八一年生まれ。滋賀県出身。上智大学大学院修了。二〇〇八年、読売新聞東京本社入社。長野支局、社会部などを経て、現在、文化部で近現代史や論壇を担当。満蒙開拓や、ペリリュー・アンガウルの戦い、硫黄島の戦い、沖縄戦、特攻、シベリア抑留など戦争に関する取材に関わってきた。著書に、『辻政信の真実　失踪60年――伝説の作戦参謀の謎を追う』（小学館新書）、『昭和の参謀』（講談社現代新書）がある。

おかしゅうて、やがてかなしき

映画《えいが》監督《かんとく》・岡本《おかもと》喜八《きはち》と戦中派《せんちゅうは》の肖像《しょうぞう》

集英社新書一一九八N

二〇二四年一月二二日 第一刷発行

著者……前田《まえだ》啓介《けいすけ》
発行者……樋口尚也
発行所……株式会社集英社
東京都千代田区一ツ橋二‐五‐一〇 郵便番号一〇一‐八〇五〇
電話 〇三‐三二三〇‐六三九一（編集部）
〇三‐三二三〇‐六〇八〇（読者係）
〇三‐三二三〇‐六三九三（販売部）書店専用

装幀……新井千佳子（MOTHER）
印刷所……TOPPAN株式会社
製本所……加藤製本株式会社
定価はカバーに表示してあります。

ISBN 978-4-08-721298-3 C0274

Printed in Japan

集英社新書　好評既刊

ノンフィクション――N

妻と最期の十日間　桃井和馬
鯨人　石川梵
ゴーストタウン チェルノブイリを走る　エレナ・ウラジーミロヴナ・フィラトワ 池田紫・訳
笑う、避難所 石巻・明友館136人の記録　頓所直人 写真・名越啓介
チャングム、イ・サンの監督が語る 韓流時代劇の魅力　イ・ビョンフン
女ノマド、一人砂漠に生きる　常見藤代
幻の楽器 ヴィオラ・アルタ物語　平野真敏
風景は記憶の順にできていく　椎名誠
実録 ドイツで決闘した日本人　菅野瑞治也
「辺境」の誇り――アメリカ先住民と日本人　鎌田遵
奇食珍食 糞便録　椎名誠
橋を架ける者たち――在日サッカー選手の群像　木村元彦
ナチスと隕石仏像 SSチベット探検隊とアーリア神話　浜本隆志
堕ちた英雄「独裁者」ムガベの37年　石原孝
癒されぬアメリカ 先住民社会を生きる　鎌田遵
羽生結弦を生んだ男 都築章一郎の道程　宇都宮直子
花ちゃんのサラダ 昭和の思い出日記　南條竹則
ある北朝鮮テロリストの生と死 証言・ラングーン事件　羅鍾一 永野慎一郎・訳
原子の力を解放せよ 戦争に翻弄された核物理学者たち　浜野高宏 新田義貴 海南友子
ルポ 森のようちえん SDGs時代の子育てスタイル　おおたとしまさ
シングルマザー、その後　黒川祥子
9つの人生 現代インドの聖なるものを求めて　ウィリアム・ダルリンプル パロミタ友美・訳
財津和夫 人生はひとつ でも一度じゃない　川上雄三
ルポ 虐待サバイバー　植原亮太
スタジオジブリ物語　鈴木敏夫 責任編集

ヴィジュアル版――V

江戸を歩く　田中優子／石山貴美子・写真
フェルメール全点踏破の旅　朽木ゆり子
直筆で読む「坊っちゃん」　夏目漱石
奇想の江戸挿絵　辻 惟雄
神と仏の道を歩く　神仏霊場会編
世界遺産 神々の眠る「熊野」を歩く　植島啓司／写真・鈴木理策
藤田嗣治 手しごとの家　林 洋子
フランス革命の肖像　佐藤賢一
完全版 広重の富士　赤坂治績
ONE PIECE STRONG WORDS［上巻］　尾田栄一郎／解説・内田 樹
ONE PIECE STRONG WORDS［下巻］　尾田栄一郎／解説・内田 樹
天才アラーキー 写真ノ愛・情　荒木経惟
藤田嗣治 本のしごと　林 洋子
ジョジョの奇妙な名言集Part1～3　荒木飛呂彦／解説・中条省平
ジョジョの奇妙な名言集Part4～8　荒木飛呂彦
NARUTO名言集 絆―KIZUNA―天ノ巻　岸本斉史／解説・伊藤 剛
NARUTO名言集 絆―KIZUNA―地ノ巻　岸本斉史／解説・F・トゥルモンド
ウィーン楽友協会 二〇〇年の輝き　オットー・ビーバ／イングリード・フックス
ONE PIECE STRONG WORDS 2　尾田栄一郎／解説・内田 樹
伊勢神宮 式年遷宮と祈り　石川 梵／監修・河合真如
美女の一瞬　金子達仁／写真・小林紀晴
ニッポン景観論　アレックス・カー
伊勢神宮とは何か　植島啓司
野生動物カメラマン　岩合光昭
ライオンはとてつもなく不味い　山形 豪
サハラ砂漠 塩の道をゆく　片平 孝
反抗と祈りの日本画 中村正義の世界　大塚信一
藤田嗣治 手紙の森へ　林 洋子
ニッポン巡礼　アレックス・カー

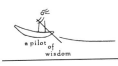

集英社新書　好評既刊

男性の性暴力被害
宮﨑浩一／西岡真由美　1185-B

男性の性被害が「なかったこと」にされてきた要因や、被害の実態、心身への影響、支援のあり方を考察する。

死後を生きる生き方
横尾忠則　1186-F

八七歳を迎えた世界的美術家が死とアートの関係と魂の充足をつづる。ふっと心が軽くなる横尾流人生美学。

ギフティッドの子どもたち
角谷詩織　1188-E

天才や発達障害だと誤解されるギフティッド児。正確な知識や教育的配慮のあり方等を専門家が解説する。

推す力　人生をかけたアイドル論
中森明夫　1189-B

「推す」を貫いた評論家が、戦後日本の文化史とともに〝虚構〟の正体を解き明かすアイドル批評決定版！

スポーツウォッシング　なぜ〈勇気と感動〉は利用されるのか
西村　章　1190-H

都合の悪い政治や社会の歪みをスポーツを利用して覆い隠す行為の歴史やメカニズム等を紐解く一冊。

一神教と帝国
内田　樹／中田　考／山本直輝　1191-C

ウクライナ戦争の仲介外交など近隣国の紛争・難民問題に対処してきたトルコから「帝国再生」を考える。

ルポ　無料塾「教育格差」議論の死角
おおたとしまさ　1192-E

余裕がない家庭の子に勉学を教える「無料塾」。平等な教育を実現するだけでは解決できない問題とは？

正義はどこへ行くのか　映画・アニメで読み解く「ヒーロー」
河野真太郎　1193-B

多様性とポスト真実の時代と向き合う〝新しいヒーロー〟とは。MCUからプリキュアまで縦横無尽に論じる。

イスラエル軍元兵士が語る非戦論
ダニー・ネフセタイ　構成・永尾俊彦　1194-A

愛国教育の洗脳から覚め、武力による平和実現を疑う彼の思考から軍備増強の道を歩む日本に異議を唱える。

さらば東大　越境する知識人の半世紀
吉見俊哉　1195-B

都市、メディア、文化、アメリカ、大学という論点を教え子と討論。戦後日本社会の本質が浮かび上がる。